我
思

敢于运用你的理智

湖北省公益学术著作
Hubei Special Funds 出版专项资金
for Academic and Public-interest
Publications

荀学源流

马积高　著

长江出版传媒｜崇文书局

图书在版编目（CIP）数据

荀学源流 / 马积高著. —— 武汉：崇文书局，
2023.7
（崇文学术文库·中国哲学）
ISBN 978-7-5403-7299-6

Ⅰ．①荀… Ⅱ．①马… Ⅲ．①荀况（前313-前238）
－哲学思想－研究 Ⅳ．① B222.65

中国国家版本馆CIP数据核字（2023）第062993号

2023年度湖北省公益学术著作出版专项资金项目

荀 学 源 流
XUNXUE YUANLIU

出 版 人　韩　敏
出　　品　崇文书局人文学术编辑部·我思
策 划 人　梅文辉(mwh902@163.com)
责任编辑　许　双(xushuang997@126.com) 鲁兴刚
责任校对　魏红艳
装帧设计　甘淑媛
出版发行　长江出版传媒　崇文书局
地　　址　武汉市雄楚大街268号C座11层
电　　话　(027)87677133　邮政编码　430070
印　　刷　湖北新华印务有限公司
开　　本　880 mm×1230 mm　1/32
印　　张　11.5
字　　数　257千
版　　次　2023年7月第1版
印　　次　2023年7月第1次印刷
定　　价　98.00元

（读者服务电话：027－87679738）

我
思
敢于运用你的理智

ISBN 978-7-5403-7299-6

9 787540 372996 >

前　言

在近些年讨论我国传统文化的论著中，"天人合一"说被给予了特别的注意，并在许多论著中受到很高的评价。我国古代确实有很长很深的天人合一的思想传统，可以说从殷、周以来长期在文化思想史上占据统治的地位。但它并不是我国古代关于天人关系的唯一的学说，我国古代还有由荀子开创的天人相分的学说，并在后世得到继承和发展，形成了另一个思想传统。两相比较，我认为，后一传统的价值更大，尤其不能忘记。

什么是天人合一？有学者说它有两种含义：天人相通与天人相类。(张岱年《中国哲学大纲》) 如以其所举诸家为例，可谓持之有故，言之成理。然提出"天人一也"(《春秋繁露·阴阳义》) 的董仲舒，既讲"人副天数"(同上《人副天数》)，也讲"天人相与"(《汉书·董仲舒传》："臣谨案《春秋》之中，观前世已行之事，以观天人相与之际，甚可畏也。")。"人副天数"，可说是指天人相类，"相与"意指交感，则属于相通的一种表现。可见相通与相类，有时虽相区别，有时亦互相渗透，难以截然划分。若不以其所举为限，而从历史上出现的各种天人合一说作较全面的观察，则其含义尤为纠缠不清。例如：以对"天"的看法不同分，有上帝的意志即人间的准则的天人合一说，有某种所谓宇宙终极法则（道、理、气化……）即人类社会法则的天人合一说，其间相通之处往往亦即相类之处，只是强调的方面或有不同；有神（有人格意志的主宰神）与无神的界限有时亦较模糊，如《周易》的理论体系即在有神与无神之间，子思、孟子所讲的"天命之性"的"天"也在两可之间。所以，如一言以蔽之，则所谓天人合一说，就是天道与人道合一的学说，无需更立二义；如就其理论表现形式分，则主要有这样几种：（1）毫无隐讳的上帝意志即人类生活准则说，以及由之演变的天人交感说。这是较为原始粗糙的一种，《诗》《书》所载及墨子天志说属之。（2）天人之道皆以自然为宗说，这是道家的天人合一说。（3）以阴阳八卦的变化绾合天、人的天人合一说，这是《易传》的观点，扬雄《太玄》、司马光《潜虚》、邵雍《皇极经世》皆其演变。（4）以阴阳五行的变化绾合天、人的天人合一说，这是阴阳五行家的观点。（5）以性善说绾合天、人的天人合一说，这是儒家思孟一派的思想，后来理学家大体沿着其思路发展，然亦吸取《周易》的阴阳变化之论，其间又有以性理贯通天人和以气或心贯通天人之别。此外尚有其他说法（如王充以气、命贯通天人等），然影响较大的是以上五种。

应该肯定，天人合一说在中国历史上起过积极的作用。就以最粗糙的天人交感说而论，它虽把人间帝王的威权移到天上，又假天上上帝的威权维护人间帝王的统治，但上天"福善祸淫""天听自我民听，天视自我民视"等说，在一定程度上也起过抑制人们（包括暴君污吏）暴行的作用。道家的以自然为宗说和从思、孟开始的以性善绾合天人说，长期在我国古代相辅而行，除对法家的尚功利、峻刑罚的主张起了调节作用外，彼此又有互相补救的作用：盖将封建伦常抬高到天命之性或天理的高度，其弊往往流于不近人情，"以理杀人"（戴震语），人们则以任性自然救之；任性自然，其弊易流于放荡不检，或苟且偷安，人们又往往以"杀身成仁，舍生取义"（孟子语）或"天行健，君子以自强不息"（《易传》语）救正之。《易传》的天人合一的世界图式，蕴含的哲理较丰富，人多言之；阴阳五行说神秘的成分虽较多，然中国的传统医学以它为理论基础，在临床实践上也取得巨大的成效，其中有些且已得到科学上的验证。对这些，我们自然都不能忽视，而要把其中合理的成分继承下来，并加以发展。

但是，必须看到，所谓天人合一，并不是人与自然界关系的科学的认识和说明，而只是从天、人间相通相类那一部分事实出发所作的玄想或神秘幻想的推衍，把天、人这两个对立的统一体强拉入合一的框架。对立的统一与合一是不相同的。对立的统一是首先承认它们为不同的事物，有其各自的特点和规律，只是它们处在一个统一体中，互相联系，互相影响；尽管也有某些贯穿宇宙万物的共同规律，然其表现形式亦不同，仍有各自的特点。这是辩证唯物的天人观。合一则是抹煞其各自特点和规律，完全视为一体。当然，中国的天人合一论者并不完全如此。其中有些也承认人有某种能动性，能对上帝的意志或自然界的规律作某种积极的或消极的选择。《易传》就较富于这种思想，它往往告诉人们：某种卦象，如用此种态度去对待则吉，用另一种态度去对待则凶，这可说是羞羞答答地承认天与人的区别。孟子及理学家的人性论也含有某种承认人为可改变天命的成分。这大概就是现今某些人说中国古代天人合一说含有天人统一观的成分或接近天人统一观的理由。然而在一定程度上承认人为可以改变天定，与认为它们各有特点和规律而互相制约、互相影响是不同的。由前一观点，观察一切问题，都以不能违背天（上帝）志、天道为限（尽管所谓天志、天道有一些实际是人志、人道的反射）。由后一观点，则天和人首先是分别研究、观察的对象，然后才是它们之间的关系，其相关者采取相关的对策、措施；其不相关者，则分别采取不同的态度。我国古代的自然科学虽曾有其光辉的成就，后来却长期停滞，其原因颇多，但应该承认：束缚于天人合一说，不能把自然界之物当作独立的对象来研究，也是原因之一。从思想方法上说，还是一个重要原因。其实，不仅自然科学，中国封建制度下的小农经济长期停滞不前，也与天人合一说有某种关系。因为按天人合一观，家族关系是天属，自然不能离亲别土出外经商与做工；自给自足的自然经济是天、人的和谐，当然也不想去打破。这不是危言耸听。天人合一说本是自给自足的自然经济的产物，也是以封建宗法制为基础的政治制度的要求，它当然要为巩固这种政治、经济制度服务。

如果回忆一下中国的近代史并到民间去了解一下俗文化，对天人合一说的负面影响也许会有更多的发现和体会。在晚清，一些守旧的王公大臣和士大夫曾用"天道""天理"反对改革和革命，人们现今大都以陈腐谰言视之，无须引证。仅举两事：一件是当时洋务派办工业，几乎每一步都要引起争论，而围绕修铁路的斗争尤为剧烈。其原因就是铁路对天人合一的自给自足的自然经济的破坏比较大，故引起守旧派的顽强抵抗。其中通政使司参议刘锡鸿（此人后随郭嵩焘出使英法，处处与郭为难）所陈修铁路之害二十五条，有一条说：修铁路会惊动山川之神、龙王之宫、河伯之宅，"山川之神不安，即旱潦之灾易召"，尤为彰明较著地抬出天人感应说来作护身符。这在今人看来也许觉得可笑，当时却是堂而皇之的理由。这也许是颇遥远的事了。本世纪三十年代初，我的家乡衡阳动工修一条公路通邵阳，我就亲眼看到一些农民议论纷纷，说这会泄了地气，我们那个地方从此将不安宁，叹息没有有权势的人来阻止。另一件是义和团运动。这个运动具有反帝的意义，当然是应予赞许的；然而他们认为练拳诵咒，"学法画符，诸神附体"，即"能避火枪刀矛"（刘以桐《民教相仇都门见闻录》），其在天津的揭帖又称："要摈鬼子不费难，挑铁道，把线砍，旋即毁坏大轮船。"（《拳乱纪闻》）根据这个口号，他们把北京、天津、保定一带的铁路毁坏，电线砍断，并烧毁铁路沿线的车站。（据林增平《中国近代史》）这就是可悲的了。我们知道，英国工业化初期，工人也有捣毁机器之举，似可与上述两事相比，其实有所不同：人家只是因为机器使一些工人失业，故起而反对；我们除了有仇外、排外的复杂心态外，还有一个天人合一的传统思想作支撑，甚至用天人交感的巫术去捍卫"天人合一"的自然经济。当然，这也是过去的事了，但总是存在过的事实，是东方文明的一种表现，我们实不能把它说得那么完美。

不过，论者也许会说：有一段时期，由于我们迷信人力可以任意改天换地，大肆毁林炼铁，围湖造田，毁草种粮，造成水土流失，水旱为灾，这不就是不讲天人合一的恶果么？这确是严重的恶果，也是今天一些人热衷于天人合一说的重要依据和动机。细思却尚当有辩：盖人类要生存、发展，对原始的自然界与人的"和谐"（其实并不和谐，那时猛兽毒蛇多，人的生命时时在受威胁）不断有所破坏，是必然的，谁也无法阻挡。哲人庄周先生主张回归原始，但他似乎住着房子，不穴居野处，食着五谷，不靠采集野果度日；诗人陶潜先生提倡回返自然，却也种秫饮酒。问题是你的破坏要有度，而且要有新的建设，保持天、人在新的条件下得以和谐相处，不能鲁莽行事。那种肆意破坏自然界的行为，其实是破坏了天、人的矛盾统一的运动，而不能简单地说是破坏了它们的合一；且其原因是不能把自然界作为一种特殊对象来研究，对自然界的规律茫然无知，以为人可以任意主宰它。以为人可任意主宰自然界与以为天道即人道，看似相反，实为殊途同归，都不利于人类的生存和发展。

仍然回到民间。中国少数民族的情况我不太了解，姑置不论；就汉族来说，阴阳五行与阴阳八卦的天人合一说，实在已深入到民俗的许多方面，占卜、看相、堪舆（勘测房屋、坟地的吉凶）、算八字、婚丧择吉、出外卜日，不一而足，连汉代职掌星历的司马谈也说阴阳家"拘而多畏"。五十年代到"文革"时期，此类现象似乎一度销声匿迹。但那是用行政手段压下去的，并没有配合宣传无神论和天人相分的观点，故近二十年来又大为泛滥。这些似乎都是天人合一说中的较粗者，但相信它的绝不限于没有文化的"群氓"，大学生、高级知识分子也有相信的，有的人还颇知"易理"和五行生克之"理"，"理直气壮"地为之作宣传。据报载：四川成都青羊宫还有人假科学之名公开登记营业。我绝非否定《易》学的价值，也不否认五行生克说包含某种带哲理性乃至带科学性的推测；但《周易》本是卜筮之书，阴阳五行说也含有某种神秘幻想的成分，它们都不能不有与神学相通之处。这似乎是我们在张扬天人合一说时应当提防的。

我非故意同鼓吹天人合一论者为难，更非抹煞这一学说存在的价值。但学术研究应该有广阔的自由空间。面对我们正在进行的既改变人的生活，也改变人与自然的固有关系的四个现代化建设，我觉得，在回顾历史时，虽然不应忘记我们的祖先所大力推行的天人合一说，吸取其中合理的成分，注意自然环境的保护和生态的平衡；但更不能忘记：天、人原本是对立的统一体中的两面，天道、人道有许多方面并不是相合的，而是相分的。为了不破坏它们的统一性，我们必须研究它们各自的特点和规律。这样，才能更快地发展科学技术，更好地处理我们社会生活中的矛盾，也才能更好地处理我们与自然界的关系。离开对自然科学的深入研究，忘记我们必须不断改变现状（包括与自然界的相关部分）的现实和前景，而陶醉于对历史上天人合一的玄想的向往，恐怕同我们前进的方向并不吻合。

与天人合一说相反，由荀子开始提出的天人相分说较接近于天、人统一观。荀子的天人相分说有两层含义：一是自然界的规律与人间治乱的规律是不同的，即所谓"天行有常，不为尧存，不为桀亡"。但并非不相关，自然界对人类有生养的功能（"天职""天养"），也可有某种破坏作用（水旱不时等天灾），因此，人类应"制天命而用之"（均见《荀子·天论》）。二是人的自然素质（"性"）与后天行为（礼义等）是相分的，礼义起于"圣人"之"积伪"（见《荀子·性恶》等篇，详本书第三章），即人类文明是在后天实践中逐渐积累而成的。概言之，就是天道与人道，虽有联系，但不相同。当然，荀子的天人相分说也有缺点：他虽重视掌握已知的自然规律为人类服务，但对自然界的所以然主张不去深究，因而有"唯圣人为不求知天"之说。他认识到礼义乃"积伪"而生，但仅归之于"圣人"，而不知（或有意回避）它是人类在长期生活实践中积累的产物。但较之把天看成上帝的意志或某种绝对理念（道、天理）是有重大区别的；较之用元气的变化运行来解释一切天功人事，也有重征实和带玄想之别。

荀子是孔子、孟子以后的儒学大师。他继承儒家以礼义治国的思想，同时兼采道、名、法、墨诸家之说，是战国末期一位集大成的思想家。除天人相分说及与之相联系的性恶论、群分说、知行观、正名论、教育观具有独创性和很高的理论价值之外，他的王霸论、富国论和辞赋创作也颇具特色。但因其天人相分说公开触犯了"天"的权威（实际上也触犯了帝王的权威），故自汉以来，虽长期与孟子并称大儒，其影响却渐居孟子之下。自唐韩愈以孟子直接孔子之传，目荀子为"大醇小疵"，宋儒（特别是王安石和理学家）益扬其波，几以荀子为异端，其影响更日益缩小。尽管如此，历代在某一方面对荀学有所继承的仍不乏其人。举其较著者：汉有贾谊等，汉魏之际有徐幹、仲长统等；唐时的柳宗元更在多方面继承和发展了荀学；柳的朋友刘禹锡、吕温、牛僧孺及其前辈李筌等对阐扬荀子的天人相分说也有不同程度的贡献；宋明时期能于荀学有所继承者较少，然明之王廷相、李贽，或发扬其天人相分说，或表彰其学说的独创性，亦堪注意；清代表彰荀学者尤众，形成了荀学复兴之势，晚清的章太炎更高举尊荀的旗帜，成为一位在多方面对荀学有所继承和发挥的大师。

五四新文化运动以来，受新思潮的推动，荀子的无神论（或唯物论）的观点和天人相分说在许多学者的著述中都受到推崇。近些年来，由于天人合一说的风行，他似乎又被淡忘了。至于他的学说在历史上的流衍，就更少受人注意，即使偶尔提及，也仅限于从唯物倾向的角度说；把他的天人相分说及其与之相联系的理论体系当作一条历史长河加以清理，似尚未见其人。我这本小书就是企图作一次初步梳理的尝试。荀学虽博大，但其核心是天人相分说，故本书虽亦涉及荀学的各个主要方面，但重点在他的这一学说；在观察荀学的流衍时，尤以此为主，其他则稍略。又五四以后学者的著述之涉及荀子者，今人多易见到，且评价的尺度已迥异前人，即使对荀子的评价较高，也不能再归入荀学之流。故本书的论述大致以辛亥革命为下限（辛亥革命到五四新文化运动之间尚有数年，以无可述，故舍去不计），以后不复论及。

我直言不讳：写这本小书的目的是要给炒得过热的

天人合一说泼一点冷水，为天人相分说争一点存在的空间。但绝非一时的心血来潮，而是早怀此意，有感而发。

五十二年前，当我还是一个大学生的时候，学校设有关于荀子的专题课，我因此读了荀子的著作。当时我即对他的天人相分说感兴趣，认为在先秦是石破天惊之论。因而在作毕业论文时，我选择了荀子，经骆绍宾师的指导，确定以《荀子通论》作论题。绍宾师早年曾计划写一同题的著作，后因专研古文字语言学而搁置，就倾其所积荀学的资料以授我。我在准备写作时又读了一些时人的有关著述，还因此读了一点介绍唯物史观的书。故论文虽遵老师的要求，基本上是用骈体文写的，却力图用唯物史观去评论荀子的思想。这种奇异的结合，写起来特别困难，常要为使辞能达意而执笔踌躇，约三万字的文章竟用了近三个月的时间才写成。故写完后我特地抄存一份，希望以后能用白话加以改写和扩充。但后来忙于别的事，一直无从重加考虑。十年动乱期间，我的旧稿和书籍几乎荡然无存，《荀子通论》亦杳若黄鹤，不知去了何方，或已付之一炬，就更无心此事而去做别的工作了。但绍宾师留下的手批《荀子集解》，却侥幸地保存下来，偶尔重读，不免感慨，有一种旧债未偿的缺憾。这也是我作这本小书的动机之一。但时过境迁，我感到，仅仅对荀子再作一番评价，已不能表达己意了。遂据所知，从源、流两方面加以延伸，写成上、下两篇。上篇共八章，对荀子思想学术的主要方面，作扼要的论述，并略探其源，重点在揭示荀学与孟学之异。意在说明：在儒家中，除了有张扬天人合一说的孟学一派外，还有开创天人相分说的荀学一派，而近之某些谈儒学者，似乎将后一派忘记了。下篇共五章，论述荀学对当代及后世的影响，其间颇涉及反荀的言论、著述，但重点在论述荀学怎样在曲折的历史潮流中得到承传和发展。

荀学本颇博大，除上承"仲尼、子弓"的儒学传统外，还于批判中吸取当时各家之说；其流尤繁，散在二千余年来的各家著述之中。本人识固有限，学尤不足，疏漏谬误，在所难免，尚祈关心荀学者有以正之。但有一点需要声明：本书下篇所论，均以有关荀学者为中心，凡与荀学无关者，均置不论，故于所涉及的思想家，不可能作全面的评价。如汉之王充，从其反对谶纬神学来说，对我国古代思想史的贡献不可谓不大，前人也颇有认为他是继荀子之绪者。本书则据其理论体系将其归属于另一种天人合一说，基本上否定它与荀学的继承关系。宋之王安石、叶适亦然，过去人们未对其有关天人关系的论述加以具体观察，也有误认为他们是衍荀学之绪者。本书则以大量论据，揭示他们不仅是天（上帝）人合一说的鼓吹者，而且对荀子吹毛求疵，是反荀的健将。凡此，似乎都在剥落他们的思想光辉，也确实从一个方面揭露了他们的思想局限，但绝不是对他们的思想的全面评价。理学家亦然，他们自有其在理论上的贡献，然从其反荀的角度立论，就不得不忽略。希望不要误会：以为我觉得他们毫无是处。其实，我不过是从另一角度看，指出他们的弱点，甚至有违反历史潮流、阻碍社会进步之处罢了。

如何对待中华民族的历史文化遗产，是一个极为复杂的问题。我绝不敢以自己的是非为是非，但希望要有不同意见的争论，不要匆忙地定于一说。例如，不要以为只有儒家好，就要建立和推行新儒学；在儒家中，不要只弘扬孟学一派，非孟者即斥；也不必圈定儒、道、释三家才是中国传统文化的主干，把法、墨、名等诸子百家（包括那些所谓"异端"思想家）排除在外；而应打开眼界，从社会主义现代化的需要出发，凡好的拿来，不好的剔去。换言之，就是对所有的历史文化遗产一视同仁，都只取其精华，而去其糟粕。这已经超出我写这本小书的目的了，算是由此推扩开来的一种感想吧。

马积高

1998 年 6 月 3 日

目　录

上　篇

第一章　荀子的生平及其时代

研究一个思想家首先要了解他的生平及其时代，这似乎已是一种公式。但对某些思想家来说，叙述起来往往平淡无味。因为这些思想家的生平史料今存者不多，且已经许多人考证，难以有什么新的发现，于其时代亦然。荀子就是这样的思想家。但缺而不论，关于他的思想又难以说清，所以本书仍只好从此说起。

荀子的事迹始见于《战国策·楚策》，又《韩非子》有"燕王哙贤子之而非孙卿"语。汉以来则《史记》有《孟子荀卿列传》，刘向有《孙卿书录》，其《新序》亦间载其事（《荀子·强国》篇注引）。此外，韩婴《韩诗外传》、桓宽《盐铁论》及应劭《风俗通义》亦载其事。诸书或称荀子，或称孙子，司马贞《史记索隐》、颜师古《汉书》注均以为汉宣帝讳询，故改称孙。清谢墉以为"汉时尚不讳嫌名"，"盖荀音同孙，语遂移易"（转引自王先谦《荀子集解》卷首《考证》）。胡元仪则谓："盖周郇伯之遗苗。郇伯公孙之后，或以孙为氏，故又称孙卿焉。"（同上）按谢、胡之说均可通，而胡说无据，当以谢说为是。又《史记》只称荀卿，不著其名，刘向始言"孙卿名况"，则"卿"盖为美之之辞，犹荆轲之称荆卿、庆卿，或以为其尝为卿于齐，恐未足据。至其生平事迹，则诸书所载，颇多龃龉，前人考证，亦有疑义，难可究诘。考虑到汉以来诸家之说，多在《史记》的基础上加以补充订正，现先引其文：

> 荀卿，赵人。年五十，始来游学于齐。……田骈之属皆已死，齐襄王时，而荀卿最为老师。齐尚修列大夫之缺，而荀卿三为祭酒焉。齐人或谗荀卿，荀卿乃适楚，而春申君以为兰陵令。春申君死而荀卿废，因家兰陵。李斯尝为弟子，已而相秦。荀卿嫉浊世之政，亡国乱君相属，不遂大道，而营于巫祝，信机祥；鄙儒小拘如庄周等，又滑稽乱俗；于是推儒墨道德之行事兴坏，序列著数万言而卒。因葬兰陵。

《史记》这篇传记很简略，然有两点很重要：一是荀子在齐襄王时（前283—前265）曾为稷下学人之长，"三为祭酒"；二是在楚曾为兰陵令，其卒在楚春申君死（前238）之后。这两点可说是考证他的生平的两个坐标，也是后人没有疑义的地方。《史记》的记载引起后人议论的主要是"年五十，始来游学于齐"一语。盖从齐襄王初年至楚春申君卒共四十余年，若荀卿五十岁至齐在襄王中期，当春申君死时，他年已八九十岁，这是没有多大问题的。问题是，据桓宽《盐铁论·论儒》篇，他在齐湣王时（前301—前284）已至齐，假定在湣王末年，他到春申君死时已是九十余岁了。又同书《毁学》篇说："李斯之相秦也，始皇任之，人臣无二，然而荀卿为之不食。"李斯相秦未知确切年代，始皇初并六国时（前221）他尚为廷尉，后为卿（均见《史记·始皇本纪》），至始皇三十四年（前213）《始皇本纪》始称之为"丞相"。其任此职，即使不在此年，也当在此前五六年内（因二十八年尚为卿）。这样算来，荀子就活到一百余岁了。这是不合常情的。因此宋晁公武《郡斋读书志》、清胡元仪《郇卿别传》及所附考证，皆以为《史记》之"年五十"（刘向《叙录》同），当依应劭《风俗通义·穷通》所记作"十五"，以与生平之下限合。

但改"年五十"为"年十五"，也遇到困难。清汪中《荀子通论》曾指出："颜之推《家训·勉学篇》'荀子五十始来游学'，之推所见《史记》古本已如此，未可遽以为讹字也。"这还不算，最大的疑窦是，《韩非子·难三》篇有云："燕王哙贤子之而非孙卿，故身死为僇。"燕王哙前320年即位，前315年让位于子之，燕大乱，齐趁机攻燕，次年燕王哙为齐兵所杀。如荀子当时在燕，计其年当不少于二十岁。以此推论，荀子至齐湣王末（前285前后）正好约五十岁，而非十五岁。可见司马迁"年五十"之说是有来历的。而韩非为荀子学生，似非妄言，未可抹煞。我认为，可疑的倒是《盐铁论·毁学》所言荀子生平的下限。前已指出，李斯为秦丞相虽可能在始皇三十四年或稍前，但其在始皇统一六国前早已获得信任，由长史、客卿仕至廷尉（当时秦的廷尉是仅次于丞相的要职），《盐铁论》盖以其后为丞相而终言之。《史记·李斯列传》云："（始皇）二十余年，竟并天下，尊为皇帝，以李斯为丞相。"即是终言之，实际当始皇二十六年李斯还是廷尉。荀子的去世盖在春申君死后数年间。当时李斯已在秦掌权，故"为之不食"。然即使如此，荀子大概也活到百岁左右了。这仍是颇不寻常的，但在没有别的证据之前，只好暂时作如是观了。

荀子虽然可能生于前335年左右，卒在前235年前后，然其主要政治和学术活动却在其后半生，即游齐以后到仕楚为兰陵令的这一段时期。这时他除了活动于齐、楚外，据《荀子》书中《儒效》《强国》篇所载，他曾入秦，与秦昭王及其相范雎讨论军事及政治，其时盖在秦昭王四十年（前266）。又据《议兵》篇载，他曾返赵与临武君议兵于赵孝成王前，其时当在前265年至前245年间。刘向《叙录》据《国策》，以为他这次返赵，是有人谗之于春申君，旋春申君又听人言，请之返楚，仍为兰陵令。《国策》所载荀子在赵与春申君书，汪中《通论》颇疑之，姑不论，然荀在仕楚期间曾返赵应是无疑的。其入秦，大概亦在仕楚之后。因此，我怀疑荀子去齐之楚，开始并不是作兰陵令，而只是为春申君之客，否则他是难以入秦的。

荀卿的著述《荀子》亦当是他后期所作。因为他的书中除提到秦昭王、范雎及赵孝成王等外，还提到韩上党地为秦所绝，一度归赵，终为秦夺事（见《议兵》篇）。秦围邯郸，平原君求救于魏信陵君，得却秦存赵事（见《臣道》篇）；并有"春申道缀，基毕输"（见《成相》篇）语；这都是他后期所见闻者。"春申道缀"语所指事尤晚，可能是指李园之党攻杀春申君事。但除此以外，他的书的大部分也不会写成得太晚。据《史记·吕不韦列传》说："是时诸侯多辩士，如荀卿之徒，著书布天下。吕不韦乃使其客人人著所闻，集论以为《八览》《六论》《十二纪》，二十余万言，以为备天地万物古今之事，号曰《吕氏春秋》。"吕书据自序成于秦王政（即始皇）八年（或据其下有"岁在涒滩"语，谓为六年）。二十万言之书，非顷刻可就，当有一段准备时间，可知荀子之书在秦王政初年就已传布了。

荀子的活动及其著述既均在战国末期，因此，我们必须把当时的情况作概略的叙述。

大家都知道，春秋战国是我国古代社会历史和学术思想的一个大变革的时代。从社会性质说，是由封建农奴制（一说奴隶制）转变为以封建地主土地所有制为主的制度。这个过程，到战国末期大体已经完成。从政治形势说，这时是列国兼并纷争，由五霸主盟，演变为七雄峙立，互相攻伐，最后形成秦国独强的局面，最终实现统一。与前两者相应，以世卿世禄为主的贵族民主制也逐渐演变为帝王独裁的封建专制制度。这一过程，到战国末期同样也已基本形成。这些，史家多有论述，无庸多说。至于学术思想，其总的趋势也是由春秋末年开始的百家争鸣到逐渐趋于融合，但其间分合变化较为复杂，且最终未能统一。这与了解荀子的思想关系至大，故前人虽多论述，这里仍拟稍作说明。

从春秋末年开始形成的不同学派，汉司马谈分为阴阳、儒、墨、名、法、道德六家，班固《汉书·艺文志》分为儒、道、阴阳、法、名、墨、纵横、杂、农、小说十家，杂家缺乏独立性，故后人亦总称为九流十家。十家中，纵横、农、小说三家也包含着可以总结的历史经验，但分属于外交、农事、民情风俗等专业，不能算是完整的理论体系。另外，《汉书》还有《兵书略》，录有许多当时军事家的著作，亦此类，但价值更高。这些均姑从略，而主要论述司马谈所说的六家。

六家排列的次第，司马谈是先阴阳而殿以道德，盖以阴阳为史官职守，而道德为其思想指归。《汉志》则盖以其在汉时的地位为先后。若就产生的先后言，则名、法、阴阳形成学派在儒、墨之后，墨在儒之后，近人多无异辞。惟道家的形成是在儒家之先抑在其后，至今议论未定。这是著《老子》的老子究竟是在孔子前还是孔子后而引起的。老子其人，司马迁已弄不清楚，他在《史记·老庄申韩列传》中讲了三个人，其一是孔子曾经向其问过礼的老子，自然年长于孔子；其次是老莱子，与孔子同时；最后是周太史儋，曾见秦献公。秦献公公元前 384 年至前 362 年在位，其时距孔子死已百余年，太史儋即使年事已高，也应是战国早期人。司马迁又说："老子之子名宗，宗为魏将，封于段干。宗子注，注子宫，宫玄孙假，假仕于汉孝文帝。"叙次较翔实，似非妄言。据此，从老子至假共七世。以三十年为一世计算，至汉文帝时（前 179—前 157），距老子之生约为四百余年，其人应生活在孔子后的战国初年。若以二十或二十五年为一世计算，则可基本上与太史儋的活动年代相符。因此，老子为太史儋的可能性是较大的。问题是：不仅道家的《庄子》曾记载孔子问礼于老子，儒家的《礼记·曾子问》亦载孔子问礼于老子，可见老子明为孔子师。但如细心读《庄子》及《曾子问》所载，则可见其内容是不同的。《曾子问》所载都是关于孔子问丧礼的事，而老子的回答都是就礼论礼，如：

> 曾子问曰："葬引至于垭，日有食之，则有变乎？且不乎？"孔子曰："昔者吾从老聃助葬于巷党，及垭，日有食之。老聃曰：'丘，止柩就道右，止哭以听变。'既明反而后行。曰：'礼也。'……"

余类似。这个老子，可称是礼学专家。《庄子》所载则不同，如该书《德充符》云：

> 无趾语老聃曰："孔丘之于至人其未耶？……"老聃曰："胡不直使彼以死生为一条，以可不可为一贯者，解其桎梏，其可乎？"

其余各篇所载略同，都是以道家的观点批判孔子，而未尝言礼。惟《史记》载孔子问礼于老聃，"老子曰：'其人与骨皆已朽矣，独其言在耳。'"盖亦道家所传。这个老子，与礼学专家的老子实判若两人。我认为，他并不是孔子师的老子，而是作《老子》者或其门人的假托。盖儒学的内容虽较丰富，而其核心之一是礼，道家为了打倒礼，就托名孔子师的老子著书以反之。这种假托的手法，在战国是常见的。如《管子》托名管仲，《晏子春秋》托名晏婴等，不胜枚举，而以道家尤甚。《庄子》书所写的孔子、颜回，即有时是借之传播道家思想，有时是作为批判的靶子。又儒家言必称尧舜，道家著书则托名更古的黄帝等来压他们，如《黄帝四经》《黄帝泰素》之类，无不是托黄帝以尊其术，至汉遂以"黄老"并称。又庄子以前，罕见称引《老子》之言，惟《太平御览·兵部》录有"墨子曰：……故老子曰：'道冲而用之，有不盈也'"语，而今传本《墨子》不载，未可据信。这也可见道家的兴起较晚，大约要到战国初期，可能在墨子之后。然申不害已吸取《老子》的一些观点来发挥其帝王的统治术（见后），可见《老子》之书也不会产生得太晚。不过，孟子尚未注意《老子》，他所批判的道家代表是杨朱，则《老》学在孟子时似尚未盛行，只有少数人了解（如庄周），稍后则齐稷下学人田骈、慎到、宋钘、尹文等人都深受其影响了。

各家学派虽相异，然均为针对某种现实而发，故虽分立对峙，亦互相吸取。为论说的方便，拟分为政治伦理道德观、天人观和名辩三个方面略加比较。又考虑到阴阳家的政治伦理道德观多类儒，甚至可说是出于儒（详后），名家的政治道德观又不一，故在政治伦理道德方面只说儒、墨、道、法四家。

一、政治伦理道德观

儒家孔子的政治伦理道德思想,可以简单地用"仁"和"礼"这两字来概括。这两者在孔子的思想中孰轻孰重,近人争论不休。或执其仁者"爱人"(《论语·颜渊》)等语,以为孔子最高理想是仁;或执其"克己复礼为仁"(同上)之语,以为礼才是仁的内核。其实仁与礼是孔子思想中既相区别又相联系的两个概念。礼以制分,孔子是阶级社会中统治阶级的思想家,他当然不可能泯灭阶级,也不可能否认阶级中的等级,而要维护这种分别(极言之,就是无阶级的社会,也还有尊卑长幼的区别,但这非所以论孔子)。从这个角度说,礼是孔子思想的核心。但孔子之所以为孔子,是他还强调仁。仁者"己欲立而立人,己欲达而达人"(《论语·雍也》)。故在孔子看来,"君君,臣臣,父父,子子"(《颜渊》),君臣、父子乃至兄弟、夫妇、朋友间的关系都应该是互有义务和责任的,"臣事君以忠",君则要"使臣以礼"(见《八佾》),并非单方面的绝对服从。换句话说,孔子是要用仁来作为调节礼的手段,即本着互相爱护的原则来处理不同阶级和等级间的人际关系。也可以说,他讲"爱人",是从人施于他人的方面说的;讲"克己复礼",是从人对己的要求说的。这是一种典型的阶级调和论。但在还有许多人是农奴(或奴隶)的时代,这个观点无疑是有进步性的,在社会上的阶级矛盾还没有激化到需要彻底破裂的时候,这个观点也是合理的。墨子的政治伦理学说主要是兼爱和尚同(非攻是兼爱的引申)。其异于孔子之处是:孔子是以与宗法制相联系的礼作为考虑政治道德问题的一个基本出发点,以孝悌作为人的行为的始阶,由齐家而治国,由亲亲而仁民爱物。墨子则摒弃宗法制的政治伦理道德体系，并反对繁文缛节的礼乐，而假借"天志"（"天意"）作权威，建立另一种既"兼相爱""交相利"，又从下到上、一级服从一级的统治与被统治的关系。他不但反对久丧厚葬，还曾说："天下之为父母者众，而仁者寡，若皆法其父母，此法不仁也。"（《墨子·法仪》）故孟子说他是"无父"的"禽兽"。其实，孟子和孔子都未尝轻许人以仁，只是为尊者讳，不用这个标准来衡量父母而已，遽斥墨子为"禽兽"，实在过分了。墨子又说要"上之所是必皆是之，所非必皆非之"（《尚同》），以形成自庶人一级一级上同于天子的政治局面。故郭沫若说他是极端专制制度的始作俑者（见郭著《十批判书·韩非子批判》）。如仅从《尚同》篇来看，其说甚是，从整个墨子思想看，他也确有加强王权的倾向。但墨子也像孔子一样主张尚贤，又说过："天下之为君者众而仁者寡，若皆法其君，此法不仁也。"（《法仪》）其所谓尚同，与《天志》合起来看，最后是上同于天的兼爱交利，并未把君权绝对化。且加强王权，在诸侯割据纷争的条件下，也不失为一种进步主张，故尽管法家的集权思想与尚同有某种继承关系，我们似不能以后来法家把君权绝对化而归罪于墨子。从基本精神说，墨子的政治伦理道德学说与孔子是接近的，他也企图用爱心来调节不同阶级、等级的人们之间的关系，以顺应宗法制及礼已遭到破坏的形势和广大人民反对繁琐的礼仪的要求，在理论形式上对孔子之说作一些修正和发展罢了。

道家与法家的政治伦理道德观则基本上是与儒、墨对立的，但彼此又有不同。有人认为，儒家主张帝王"垂拱而治"与道家的无为而治有相通之处，并以此作为儒家学习道家的依据。其实不然。儒家的"垂拱而治"是指君道要无为，任贤而治，这是针对帝王世袭制、君主不能皆贤而提出的一种治国方案，也是为了防止君主专制的一种方案。道家的无为而治，则是指"绝圣弃智"，一切因顺自然，君主既不要有所兴废，臣下亦不要施其智能，改变现状。用《老子》上的话说，就是："是以圣人之治，虚其心，实其腹；弱其志，强其骨。常使民无知无欲，使夫智者不敢为也。"（《老子》第三章）概言之，让所有的人都吃饱饭就行了，不要再干任何事情。故道家所谓"德"（约当于今人所谓"道德"），也如其所谓"道"（略当于今人所谓宇宙、社会总规律）一样，都是自然而然的，不要任何修正和规范（"绝仁弃义，民复孝慈"，见《老子》第十九章）。我们知道：人类的道德，是在社会实践中逐渐加以规范、修正而形成和发展的。否定任何规范，就等于把人们的道德水准降低到原始的状况，降低到和禽兽相近的地步。故道家（不算黄老派）的无为，从政治上说，颇有类于无政府主义（故《庄子》中有无君思想）；从伦理道德观上说，实质上近于非道德主义。法家有所不同。有人认为，法家出于儒家，法由礼变，其言不无道理，然未的。古代本为礼、乐、刑、政并重，"礼不下庶人，刑不上大夫"。法的主要源头是刑、政。战国时"礼坏乐崩"，于是把礼的一部分与刑、政相结合而成为法，其主体仍是刑（律）、政（令），礼只占其中的一小部分（即规定尊卑等级的部分）。法家所谓法，与过去刑、政的不同之处是：过去的刑法常是不成文的（尽管商、周和春秋时郑子产都颁布过刑律），是随当权者的意志施行的（对奴隶、农奴则随主人的意志）；政令也是随时变化的，缺乏一贯性、规范性。法家的法则是带某种永久性和规范性的，除其本身所带有的阶级性外，一般是施于全体臣民的。故法的出现是历史上的一大进步。它反映在农奴制崩溃后，士、庶的界限有所突破而产生的客观要求。然法既齐一，必有强力权势以行之，故商鞅相秦，说孝公以变法，必首劝之以独断（"论至德者不和于俗，成大功者不谋于众"，见《史记·商君列传》）；继之以黥太子师公孙贾，惩民之议令者"尽迁之边城"，复劓犯约之公子虔（同上）。故法家必张王权、借势力，以行其法令。这颇与墨子尚同之旨同。但君主权势的膨胀，也有破坏法的作用，故后来稷下黄老学派从《老子》中吸取君道无为的思想，而与法家的任法相结合。慎到即其代表。他说："君臣之道，臣事事而君无事，君逸乐而臣任劳，臣尽智力以善其事，而君无与焉，仰成而已。"（《慎子·民杂》）又说："大君任法而弗躬。"（同上《君人》）即此意。但慎子虽任法而不废礼，也不废贤智，认为"法制礼籍，所以立公义也。凡立公所以弃私也。明君动事分功必由慧，定赏分财必由法，行德制中必由礼"（同上《威德》），则于儒、墨亦有所取。不过，慎子说："礼从俗，政从上。"（《慎子》佚文）又说："法虽不善犹善于无法"，"慕贤智则国家之政要在一人之心矣"。（《威德》）"以道变法者君长也。"（佚文）可知在他的思想中，法与君权是最重要的，而任贤由司礼则只是一种补充。荀子在《解蔽》篇说："慎子蔽于法而不知贤。"大体上是与慎子的思想相合的。法家既欲张君权，又主张君主要无为，必然要产生一个问题：大臣的权势膨胀怎么办？因而又产生了君主的统治术问题。故与商鞅大约同时的申不害又专言术和势。尚法与尚术尚势虽异（《韩非子·定法篇》即分言之），实亦相承。这本是历史的必然产物，与道家似不相干。但道家强调处世的态度是因，即顺着自然的趋势去求得生存。故道家虽主张归真返朴，回复到人类的原始状态，却也不能不研究现实中的矛盾及处之之道。老、庄都精于此，然态度有异：庄子专钻空隙，以求游刃有余，著名的庖丁解牛的寓言就是说的这个道理；《老子》则主张以"柔弱胜刚强"，并提出了"将欲歙之，必固张之；将欲弱之，必固强之；将欲废之，必固举之；将欲夺之，必固与之""鱼不脱于渊，国之利器不可以示人"_{（均见《老子》第三十六章）}这些有名的权术。人们常说，《老子》实是主张无为而无不为，此即一端。法术家中的术家即于此与道家联姻，操势、术以御臣民，形成其一套人君南面之术。其尚势之说未详，荀子说他"尚势而不知知"，盖不尚贤智而独持权势之意。至其尚术，则见于《群书治要》载《申子·大体篇》中，其言曰：

> 明君如身，臣如手；君若号，臣如响；君设其本，臣操其末；君治其要，臣行其详；君操其柄，臣事其常。为人臣（按：郭沫若《十批判书》引"臣"作"君"，未详所据）者操契以责其名。名者天地之网，圣人之符；张天地之网，用圣人之符，则万物之情无所逃之矣。故善为主者，倚于愚，立于不盈，设于不敢，藏于无事。窜端匿迹，示天下无为。是以近者亲之，远者怀之。

> 示人有余者人夺之，示人不足者人与之。刚者折，危者覆，动者摇，静者安。名自正也，事自定也。是以有道者自名而正之，随事而定之也。……主处其大，臣处其细。以其名听之，以其名视之，以其名命之。镜设精，无为而美恶自备；衡设平，无为而轻重自得。凡因之道，身与公无事，无事而天下自极也。

这里除综核名实这一思想与法治关系密切外，其余多取于《老子》，有的连语言也与《老子》相似。此外，在同篇中，申不害还将人君的防闲群臣，比喻为"人君之所以高为城郭而谨门闾之闭"以"防寇戎盗贼之至"，这虽不出于《老子》，但与《老子》"不尚贤"（《老子》第三章）、"绝仁弃义"（同上，第十九章）是相通的。到战国末集法、术、势三者之大成的韩非子，就把这一点发挥得更彻底了。

二、天人观

天人观是先秦诸子思想的重要组成部分，也是荀子思想的重要组成部分，本书第二章将作较详的论述，为避免重复，这里只作极简单的介绍。

近人多谓中国古代的天人观是天人合一，其实不尽然。且不说远古神话所反映的是人与自然界的斗争，就是先秦诸子也不都是天人合一论者。法家专论人事，固然多不是（惟韩非颇露此意），儒家孔子虽讲"畏天命"（《论语·季氏》），又说"务民之义，敬鬼神而远之"（《论语·雍也》），对天命是怀疑的，更未说天人是合一的。子思提出"天命之谓性"（《中庸》），才把天命与人性结合起来，后由孟子加以发挥，才形成了天人合一的人性论和政治伦理道德观。但孟子认为人性的完善，只能保证获得"天爵"（精神上的高贵地位），"人爵"（权力和财富）则由"天"来决定（详见《告子上》）。可见他实际上认识到天、人之间存在着矛盾，只是力图把人为与天定加以弥合而已。

在先秦诸子中首先提出比较完整的天人合一观的是墨子和道家中的老子。他们都在一定程度上把"天"理性化，但又有所不同。墨子是通过把"兼相爱，交相利"说成"天志"（《墨子·天志上》），给神权注入理想的内涵，并以此作为人事的最高准则，从而把天、人合一起来。可称一种直截的顺天而有为的天人合一论。老子则以自然之"道"作为宇宙万物的根本，基本上排除上帝意志的作用，而以"人法地，地法天，天法道，道法自然"（《老子》第二十五章）的方式把天、人合一起来，以鼓吹其顺道无为、归真返朴的社会、人生理想，可称为顺道无为的天人合一论。

《易传》和阴阳五行家的天人合一观则较复杂。它们都借助于前人对自然界的认识，并博采儒、道等家（还包括传统的巫术）之说以构筑其理论体系，但所选择吸取的侧重点有异，其用来作为构筑理论框架的原始依据和形式更不同：《易传》是为发挥本为卜筮之书的《易》象（卦、爻）之理而作的，侧重在吸取道家用天地阴阳变化之"道"来说明事物变化的观点，把天道与人事的变化都纳入了阴（－－）、阳（－）八卦的变化之中，构成了一个以二（阴、阳）为基数的天人合一的世界图式，以象征自然之物的乾（天）、坤（地）、震（雷）、巽（风）、坎（水）、艮（山）、兑（泽）、离（火）八卦的变化来推测各种人事的变化。阴阳五行家则把木、金、水、火、土等"五行"（见《尚书·洪范》）的相生相克之理与阴阳之说结合起来，又较多地吸取墨子天人交感之说和巫术中的机祥之说，把天道（上帝的意志）与人事的变化都纳入阴阳五行循环变化之中，构筑了一个以二、五两数相结合的天人合一的世界图式。关于这两种天人合一说，本书后面还将论及，这里就从略了。

由上述的简单说明可知：从孔子至荀子以前，人们对天人关系的看法有一个由不确定到逐渐确立天人合一的过程，相对于殷、周（春秋以前）的天命（上帝的意志）决定一切的天人合一说而言，则是由怀疑到再建的过程。各家再建的途径不一，然亦互相影响,故又大体上显示出由粗到精、由略到详的演进程序,而《易传》与阴阳五行说则带有集成的性质,故后世的天人合一说亦多循着这两说的道路发展。我国的医学、天文学以及各种方术(星相、堪舆、算命等),尤多承其绪。哲学家则稍不同,除董仲舒等少数人外,他们多致力于发展孟子以人性沟通天人的理论,而使之与阴阳八卦、阴阳五行说结合起来,以构造更为庞大的天人合一的理论体系。不过,这里有一问题,即子思、孟子的学说在当时是否就与阴阳五行说有某种关系?若果如荀子所说,他们曾"按往旧造说,谓之五行",则后人的结合也是由来有自了。对此,本书亦拟在后面再加讨论。

三、名辩与思想方法

名辩的兴起和展开,是这一时期社会大变化和百家争鸣的产物,也是百家争鸣的一项重要成果。《汉书·艺文志》载,东汉时尚有著作流传的名家有七,邓析为首,次尹文、公孙龙、成公生、惠子、黄公、毛公等。今惟存前三家之作,或不全,或疑为伪托。然当时名家并不止此。先秦古籍中提到的辩者尚有宋钘、兒说、貌辩、昆辩、桓团等人。墨子后学的"别墨"更是名辩大家。据后人考证,在今传《墨子》的《经说》上下及《大取》《小取》等篇即别墨之说。(故以下凡举这些篇中语,均不视为墨子本人之言。)涉及名辩者更不只这些人。儒、道、法各派及墨子本人都包含名辩的成分。由于我们的目的不是写先秦名辩史,而只是介绍名辩发展的概况,以便了解荀子在这方面的吸取和批判,故只就其所涉及的某些主要方面略加说明。

名辩之兴，首先是由于社会大变动所引起的政治伦理方面的名实淆乱，故名实之辩首先亦由此展开，而且有些思想家主要只关注这一方面。孔子说："必也正名乎？""名不正则言不顺，言不顺则事不成，事不成则礼乐不兴，礼乐不兴则刑罚不中，刑罚不中则民无所措手足。"（《论语·子路》）郭沫若说："这里所说的'正名'，并不是后人所说的大义名分之谓，而是日常所用的一切事物之名，特别是社会关系上的用语。"（《十批判书·名辩思想的批判》）但从孔子的言论来看，他所正的名，主要还是君臣、父子、兄弟、夫妇、朋友等伦理关系，卿、大夫、士、君子、小人、野人等不同身份及仁、义、利、礼等政治、道德范畴之名，仍是以大义名分为主的，只是不限于此，而且包含了某些新的内容罢了。墨子没有讲要正名，但他说："凡出言谈由文学之为道也，则不可不先立义法。若言而无义，譬犹立朝夕于员钧之上也，则虽有巧工，必不得正焉。"（《墨子·非命中》）又说："故言必有三表（按：《非命中》作'三法'）：……有本之者，有原之者，有用之者。于何本之，上本之于古者圣王之事；于何原之，下原察百姓耳目之实（按：《非命中》作'征以先王之书'，盖其弟子传闻异辞）；于何用之，废（按：《非命中》作'发'）以为刑政，观其中国家百姓人民之利。"（《非命上》）这不仅可施于正名，而更着意于树立论辩的标准了。其后儒家子思、孟子和孟子与之辩论人性、仁义的告子，他们在展开论辩时都先要给性、仁、义等正名。这些都大抵以政治伦理道德为名辩的范围。今传《管子》中的《心术》《内业》《白心》三篇，经近人刘节、郭沫若考证为黄老学派宋钘、尹文的遗说，其中也言正名，如《心术》云："物固有形，形固有名。此言〔名〕不得过实，实不得延名。姑形以形，以形务名，督言正名，故曰圣人。"《白心》云："原始计实，本其所生。知其象则索其形，缘其理则知其情，索其端则知其名。……是以圣人之治也，静身以待之，物至而名自治之。……名正法备，则圣人无事。"他们的正名，才可说是正一切事物之名，他们又将名与实连言，强调据实以定名，这都是正名说的重大发展。《白心》在谈到"索其端以定其名"之后，还提到："天不为一物枉其时，明君圣人亦不为一人枉其法。"则正名即所以定法，其说盖本于法家，前引申不害之说，即主张循名责实，可见正名说到了法家和黄老学派手里，其中心又由一般的正政治伦理道德之名，而转为名法结合，重点落在因时定法、任法为治了。

真正务辩一切事物之名的是墨子后学《经说》的作者们与《汉志》所举的那些名家和道家的庄子。他们进行名辩的方法、途径也与前举儒家、墨子及宋钘、尹文等不同，即重点不在据实以定名，而着重深入探讨名实关系和名的同异问题。这二者本是有内在联系的，但当时的名辩家往往集中于讨论后者，透过后者的争辩表达他们对前者的看法。对于这个问题，很明显地分成两派：大抵公孙龙等重在辨其异，惠施、庄周等重在合其同，墨家后学则各异其说，或同于前者，或同于后者，也有通达之论，故这里只着重介绍前两说。

公孙龙有著名的《白马论》《坚白论》(见今存《公孙龙子》)，以为白马非马，坚白石二，即重在分析。公孙龙的这两个著名的例证，是基于他对名与实、指与物的看法，其《名实论》云："天地与其所产焉，物也。物以物其所物而不过焉，实也。实以实其所实[而]不旷焉，位也。出其所位非位，位其所位焉，正也。"这里的要义在于"位"。"位"不是指我们今天所谓事物的特殊位置，而是指我们某种感官所能感觉到的那种特性。他认为"坚白石"应分为二，就是认为白石是由视觉形成的概念，坚石则是由触觉形成的概念。白马与马都是视觉可以判定的，但他认为白马是具体的，马则是抽象的，即由各色的马所形成的概念（按：公孙龙的看法是把各种色"藏"起来了），故说白马非马。同样，他说"鸡三足"亦此意，盖鸡有左足、右足，这才是最具体的，说足，是略去了左、右，故从概念上说，鸡的足有三，即足、左足、右足。因此，公孙龙的名实论，又称为"指物论"。指，其实即是名（概念）。盖以其皆有所特指，故谓之指。《指物论》说："物莫非指，而指非指。天下无指，物无可以谓物。"这"而指非指"一语，颇费解。其实，我们只要了解他所谓"指"是与具体事物联系在一起的，就好理解了。其意盖谓各种物都是特有所指的一种概念，故说这种概念不是"概念"，而是实在的。他在其后说："非有非指者，物莫非指也。物莫非指者，而指非指也。"即是申明此意。由此可见：公孙龙还是主张指实以定名的。但他过于强调异的方面，而忽视其同的方面，故流于诡辩。然他这种分析，仍有助于人们注意概念所反映的事物的区别性，是思想方法论的一种发展。

惠施的著述今不存，但《庄子》中载有惠施与庄周的辩论，可略知其意。《庄子·天下》篇更有一段较完全的摘要，其言曰：

> 惠施多方，其书五车，其道舛驳，其言也不中。历物之意曰："至大无外，谓之大一。至小无内，谓之小一。无厚，不可积也，其大千里。天与地卑，山与泽平。日方中方睨，物方生方死。大同而与小同异，此之谓小同异；万物毕同毕异，此之谓大同异。南方无穷而有穷，今日适越而昔来。连环可解

也。我知天下之中央，燕之北、越之南是也。泛爱万物，天地
一体也。"

由此可知，他虽注意到事物及反映事物的概念是有区别的，但他
所看重的不是它们的"异"（"小异""大异"），而是它们的相对
性或同的方面。应该说，惠施是一位很聪明的人，他所说内外、
厚薄、高下、生死、时间、空间等概念都具有相对性，并不是诡
辩，而是包含着真理性和科学性的。"万物毕同毕异"的总概括
也是对的。惟"连环可解也"一语不甚可解，如理解作"以不解
解之"，则近于诡辩；如理解作"连环"也是由无数的"无内"积
微而成，那就是一种很有远见的揣测。近人或谓其说为绝对的相
对主义的诡辩，恐非是。真正陷于绝对的相对主义的是庄子，他
在《齐物论》中说：

> 是（此）亦彼也，彼亦是也。彼亦一是非，此亦一是非。果
> 且有彼是乎哉？果且无彼是乎哉？彼是莫得其偶谓之道
> 枢。枢，始得其环中以应无穷。是亦一无穷，非亦一无穷也。故
> 曰莫若以明。

这种"不遣是非"的观点，当然是彻底消解事物的区别，而惠施
尚不至此，故按庄子的观点来看，惠施之道是"舛驳"。该篇还
有一段话是驳公孙龙《指物论》的，意亦同：

> 以指喻指之非指，不若以非指喻指之非指也。以马喻马
> 之非马，不若以非马喻马之非马也。天地一指也，万物一马
> 也。可乎可，不可乎不可。道行之而成，物谓之而然。恶乎
> 然？然于然。恶乎不然？不然于不然。物固有所然，物固有
> 所可。无物不然，无物不可。故为是举莛与楹，厉与西施，诙
> 诡谲怪，道通为一。

这是说：万物之名都是我们"谓之而然"，从其分来说，固有所然；但既然都是人所赋予的（如马，人称之为马，就为"马"），那就随便称为什么也可以，不必有什么大小、美丑等的区别了。这就是所谓"道通为一"。基于这种观点，指物之辩，当然就不必要或多余，故说"以指喻指之非指，不若以非指喻指之非指"。意谓你那么斤斤于辩白马非马，坚石不同于白石，不如说这些概念（指）都是不确定的，那要更干脆些。这才真正是诡辩，故他自己也承认这是"诙诡谲怪"。

由异同之辩的展开，我们可以看到，其争论牵涉的范围很广，包括宇宙观、认识论和思想方法论上的问题。后两方面尤为重要。从认识论的角度说，公孙龙肯定名以指实，惠施认为名实都有相对性，都未提出名能否反映实的问题；庄周认为名无固实，随意所施，就陷入纯粹的观念论。按《老子》说："道可道，非常道；名可名，非常名；无名，天地之始；有名，万物之母。"（《老子》第二章）其言包含两层意思，一是有生于无，从名实问题的角度说，是名原论。二是可道之道、可名之名非常道、常名。其常道、常名，盖指万物的总根源、总规律、总概念。《老子》接着说："故常无，欲以观其妙；常有，欲以观其徼。"（陆德明《释文》："徼，边也。"边即边际，指事物之界限区别。）并没有说道不可认识，也未说事物的区别并不存在。《老子》又说"长短相形，高下相倾"，指出概念是相对的。故惠施、庄周的名辩都可谓从《老子》出，但惠施是发挥《老子》而不离其宗，庄子则走得更远了。

老子在名辩方面的主要贡献还在于他能用朴素的辩证方法去认识和处理事物，如"有无相生，难易相成"（第二章），"祸兮福所倚，福兮祸所伏"（第五十八章），"道冲，而用之或不盈"（第四章）等等，虽归于循环论（第二十五章"道曰大，大曰逝，逝曰远，远曰反"），其在理论思辩方面对后人的启发颇大。其他一些思想家（《易传》作者除外）在辩论中虽间亦显现辩证法的火花，但主要是在形式逻辑上下功夫，上举公孙龙、惠施的同异之辩即其例。墨家后学（"别墨"）于此尤多精到之语，如《墨子·经说上》释"名：达、类、私"云："名：物，达也，有实必待文，多也（按：意谓虽有其实，但所包众多，必须有文字以说明之）。命之马，类也，若实也者必以是名也。命之臧（人中的奴隶），私也，是名也，止于是实也。"就是分析事物之名的同异所作的总体归纳。但墨辩的精义还不在于仅就名实的异同作了合乎逻辑的分析、归纳，而在于对论辩的逻辑推理作了一些精辟的论述，从另一方面对名辩的方法作出了贡献。《墨子·小取》云：

> 夫辩者，将以明是非之分，审治乱之纪，明同异之处，察名实之理，处利害，决嫌疑，焉摹略万物之然，论求群言之比，以名举实，以辞抒意，以说出故，以类取，以类予。有诸己不非诸人，无诸己不求诸人。或也者，不尽也。假者（按：指假设），今不然也。效者（按：犹今言证据），为之法也；所效者，所以为之法也。故中（按：读去声）效，则是也；不中效，则非也，此效也。辟（按：譬喻）也者，举也（按：同"他"）物而以明之也。侔（按：类举）也者，比辞而俱行也。援也者（按：犹今言引证），曰"子然，我奚独不可以然也？"推也者，以其所不取之同于其所取者予之也。（按：此"推"，指一种特殊的推理法，即利用论敌所肯定的同类性质之事物，否定他所否定的事物，与上文"以类取"的类推法相辅相成。）是

犹谓也者，同也；吾岂谓也者，异也。(按：以上二句指肯定的判断与否定的判断。)夫物有以同而不率遂同，辞之侔也，有所止而正。(按：此句谓凡事物有同的方面，但终究不全同，在类举时要加限制和辨正。)其然也，有所以然也，其然也同，其所以然不必。其取之也，有以取之，其取之也同，其所以取之不必同。(按：以上两句意谓肯定同一事物，但出发点不必相同。)是故辟、侔、援、推之辞，行而异，转而危(俞樾云：同"诡")，远而失，流而离本，则不可不审也，不可常用也。故言多方(按：术也)，殊类异故，则不可偏观也。(按："是故"以下总言事物复杂，各人理解又不同，在推理时都要慎重，不可滥用。)

这段话可说是对战国时期思辩逻辑所作的一次高水平的总结。

不过，墨家的这些总结可能产生得较晚，也可能未受到注意，从我们今天所见到的战国诸子的著述及言论来看，他们的论辩虽有较强的逻辑性，但转换或偷换概念的情况是很常见的。特别是由于科学水平和社会历史观的局限，他们在由已知推未知时常不免片面化，甚至流于主观臆测或玄想。《老子》中的合人于天的天人合一论和驺衍的天人交感的世界图式论就是两个极端的例子。天(自然界)和人(人类社会)虽然处在同一宇宙之中，有互相依存的关系，人必须合理地利用自然界而不能任意破坏它。但自然界有其规律，人类社会也有其发展规律，认为天有意志能与人交感，固谬；把两者的规律混同起来，也是一种玄想。近人艳称中国古代的天人合一观，实则不管是哪一种，都距离科学的天人统一观颇远，顶多只是在其玄想中包含了某些合理的因素而已。

以上所述并不能完全概括出荀子生活时代的学术思想的面貌。当时各家争鸣中涉及的问题不仅没有展开论述,有些甚至完全没有提到,例如对后世影响很大的精气说的产生、历史观的演进、孟子以外的人性论、其流甚远的义利之辩、王霸之辩等,均其例。但仅从上面的介绍,已可见其丰富多彩和错综复杂了。

荀子的思想就是在这种错综复杂的斗争中形成的。他所著的《荀子》与其同时代吕不韦主编的《吕氏春秋》,都可说是对当时各种学派及其观点所作的总结。荀子的学生韩非所著《韩非子》也有类似的性质。但三书的主导思想不同。荀子是以儒家思想为主导,批判地吸取各家之说,故其思想理论虽带有某种综合性和集大成的性质,但有较严密的理论体系,代表着儒学的新发展。韩非则相反,他虽然吸取了道家的某些思想,于儒、墨诸家则基本上持排斥的态度,虽集法家的法、术、势之大成,同时也把以前法术家的某些思想引向了绝对化、极端化。《吕氏春秋》又不同,它是集众门客所作而成,虽有一个论述的框架,也有一定的去取标准(详第九章),反映了一个较有远见的政治家对各种学说的择取,却缺乏内在的严密的逻辑性。这三部书尽管不同,但有两种共同的倾向值得注意:一是都在针对当时即将统一的形势,企图构筑一种适应其需要的意识形态。二是从这三书的批判和吸取中可以看出各家学说在当时地位的升降。儒、墨虽被韩非同列为显学,但除尚同说为他所发展外,墨子的许多主要观点大都被修正或抛弃了;对儒家尤鲜所取。道家的地位则上升了,三书都多有吸取。阴阳家虽仅被《吕氏春秋》大量吸取,但荀子大力批判思、孟,五行说是主要的标的,可见阴阳家在当时已形成较大的影响。名家的影响也颇大,三书都有批判和吸取;但抽象的同异之辩已被视为"无用"而忽略，名实的关系仍被纳入了政治或政治伦理道德的旧轨道。这些，也反映出战国末期的思想趋向，并对我们认识荀学的价值和汉以后学术思想的走向有重要意义。

第二章　荀子的天人观

天人关系是我国古代思想史上的重要问题。荀子的天人观既是先秦思想史上最有独创性的观点，又是对此前有关天人关系看法的批判性总结，也是荀子整个学说的理论基础。关于后者，这里暂且不说，主要就前两方面作一些探讨。

一、对荀子以前有关天人问题的思想、学说的简要回顾

前章已对战国时的天人观有所介绍，这里略加申述。

天人关系，即人与自然界的关系，它是世界上各个民族早就关心的问题，在古代神话传说中即较突出地反映出来。只是由于各民族所处的自然条件不同，既有某些共同之处，又有各自的特色。在我国古代神话传说中，或把各种自然力神化，或把征服自然的幻想寄托在那些具有超人力量的英雄人物的身上，这是与世界上其他一些民族大体相同的。但我们的祖先很早就进入农业社会，故那些神化的自然物，如风伯、雨师、雷师、羲和、嫦娥等多是一些可亲的人物形象，而征服自然的英雄传说，如女娲补天、后羿射日、鲧禹治水、精卫填海、夸父追日等，则多与改善农业生

产条件有关。

上帝或类似上帝的神，是人类进入了阶级社会，并且形成了统治着较广地域的君主国家时才产生的。正如恩格斯所说："一个上帝如没有一个君主，永远不会出现，支配许多自然现象，并结合各种互相冲突的自然力的上帝的统一，只是外表上或实际上结合着各种因利害冲突互相抗争的个人的东洋专制君主的反映。"（《马克思恩格斯通信集》第1卷，《恩格斯致在布鲁塞尔的马克思的信》）我国古史《尚书·虞书·皋陶谟》中已有"天命有德""天聪明自我民聪明，天明畏自我民明威"和"以昭受上帝，天其申命用休"的话，似乎那时就已形成天由上帝主宰的观念了，但此篇是否为虞舜时所作，尚为可疑。商、周时已形成了"上帝"的观念，则无疑义（《尚书》的《汤誓》《大诰》中均有"上帝"之名，《诗经》中尤多见"上帝"一词）。自从产生了上帝，天人关系就成了上帝与人的关系。上帝不但是自然界的主宰，也成了人间治乱、王朝兴废、个人升沉祸福的主宰。这就是流行于商、周并对后世有深远影响的天命观或天命论。

但我国古代的上帝，与外国某些地区和民族的上帝又有所不同。首先是我国古代始终没有形成代理上帝行使职权的宗教团体。上帝虽然是超乎皇权之上的力量，却始终同皇权结合在一起，帝王即天子。只是"天命靡常"（《诗·大雅·文王》），王朝有兴废而已。其次，我们的古人常把天命观和民本思想结合起来，所谓"天视自我民视，天听自我民听"（《孟子·万章上》引《书·太誓》），所谓"皇矣上帝，临下有赫，监观四方，求民之莫"（《诗·大雅·皇矣》），即是这种思想的明确宣示。到春秋时，则有人更进一步，公然说："国将兴，听于民；将亡，听于神。"（《左传》庄公三十二年载史嚚语）"天道远，人道迩。"（《左传》昭公十八年载子产语）把重视民意和人事放在听天命、遵天道之上了。这两者对我国以后思想的发展都有深刻影响。由前者，我国历史上的思想家很少有人敢于公开否定上帝的存在；由后者，我们古代思想家迷信上帝者亦较少，而且有许多人实际上降低或否定了上帝的权威。秦以后姑不论，春秋战国时期的主要学术流派均或多或少有这种倾向。这里仅就儒、墨、道三家作概略的分析。

以孔、孟为代表的儒家在天人观上基本上是对史嚚、子产等人的观点的继承和发展。孔子说："君子有三畏，畏天命，畏大人，畏圣人之言。"（《论语·季氏》）又说："知我者其天乎？"（《论语·宪问》）可见他承认天是一种人格神，承认有所谓"天命"的。但他又说"务民之义，敬鬼神而远之"是"智"（《论语·雍也》），可见他的行为还是侧重"务民之义"，即重人道，天命、鬼神不过是想象中可以监督人的行为的力量而已，这是一方面。另一方面，孔子对天命是否能正确地监督人事还持不太肯定的态度。孔子曾说："天之将丧斯文也，后死者不得与于斯也；天之未丧斯文也，匡人其如予何？"（《论语·子罕》）实际上，孔子一生的理想还在于实现他的"仁"，使人们能按照君臣、父子、夫妇等人伦关系互相协调、和睦相处。为此，他的毕生"栖栖遑遑"，到处奔走，同不可知的命运相抗争。故就天人关系来说，孔子的思想可谓是尽人事，听天命，天命与人事是不统一的。

孟子的天人观有继承孔子之处：他也相信天命，认为舜之代尧，启之承禹都是天意决定的（见《孟子·万章上》），一个人之遇不遇，也是"天也"（《滕文公下》）。其不同是：孟子继承着子思"天命之谓性"的观点，把人之性善也看成是天之所命，从而提出了

"尽其心者，知其性也；知其性，则知天矣"（《尽心上》）的著名论断。孟子这个"尽性知天"的说法，从理论上说，是把天命论扩展了。除把天命论扩展到人性论之外，还把尽人道、人事也说成是知天命。但后一种扩大，却在人的成功与否和听天的"天"之间形成了尖锐的对立，因为那个天并不是人所能把握的。这本是人类社会生活实际的反映：人们的社会实践能否取得成功，是有各方面的条件的。主观努力不符合客观历史要求，固难成功；主观努力即使符合总体历史进程的趋势，也可能失败。这种情况是不可能用天命论来解释的，故孔子已感到困惑。但孔子并没有把积极有为牵扯到"尽性知天"上去，其困惑可说是感性的、朴素的；孟子强把两者合起来，就变成理论上的矛盾了。孟子大概是意识到了这个矛盾，故他又把性与命加以区别。《孟子·尽心下》说：

> 口之于味也，目之于色也，耳之于声也，鼻之于臭也，四肢之于安佚也，性也，有命焉，君子不谓性也。仁之于父子也，义之于君臣也，礼之于宾主也，知之于贤者也，圣人之于天道也，命也，有性焉，君子不谓命也。

这段话的意思是说，性、命都受之于天，但有区别：性包括人的物质要求与人的伦理道德，物质要求是不一定能达到的，虽是性，却只能归之于命；伦理道德的完美是可以独立自主去实现的，虽是天所命，却只能归之性。这是他采取的弥合性、命矛盾的一种方法。同时，孟子还把人所获得的荣誉、地位分为"天爵""人爵"两种。《告子上》说：

> 有天爵者，有人爵者。仁、义、忠、信，乐善不倦，此天爵也。公卿大夫，此人爵也。古之人修其天爵，而人爵从之；今

之人修其天爵以要人爵，既得人爵而弃其天爵，则惑之甚者也，终亦必亡而已矣。

这里他没有直接提到命，但实际是说，尽性则天爵、人爵随之，是正常情况；不尽性虽获人爵，终亦必亡。换言之，即使尽性而不获人爵，天爵还是在的。这是他从另一方面力图把天人在一定程度上合一起来。孟子的这些论辩，虽然颇牵强，但在理论上开启了以人性论作为论证天人合一的门径，也在一定程度上解决了在命运问题上天人不一的困惑。宋以后理学家以理气说性，正是循着这个思路发展成较为完整的天人合一说的。

从强调上帝的权威的角度看，墨子似乎是比孔子坚决得多。他在《天志上》说："顺天意者，兼相爱，交相利，必得赏；反天意者，别相恶，交相贼，必得罚。"这就是后人所说的"天道福善祸淫"（见《伪古文尚书·汤诰》）。他这种观点似乎是极粗糙的，但其所谓"天志""天意"实指"兼相爱，交相利"，还是在一定程度上把它理性化了。他还有一点超过了儒家，那就是"非命"，即否定人世治乱由于天命。他说：

> 古之圣王，举孝子而劝之事亲，尊贤良而劝之为善，发宪布令以教诲，明赏罚以劝沮。若此，则乱者可使治，而危者可使安矣。……昔者桀之所乱，汤治之；纣之所乱，武王治之。此世不渝而民不改，上变政而民易教……则岂可谓有命哉！（《非命中》）

故就天人关系说，墨子可谓一只手高擎着天意，教诫人们去顺从它；另一只手又高举着尽人事的旗帜，破除人们对命运的迷信。当然，这是就其实质而言，若仅从理论形式上看，他提倡的尽人事，正是为了顺天意，可以说是一种顺天有为论。较之孔子的尊天命、尽人事的观点虽觉得简单一些，却更直截一些。

道家的天人观则与儒、墨相反，尤与墨子针锋相对。道家的代表人物老子、庄子虽均不否认有上帝，但他们认为宇宙万物的本原和规律都是道。老子说：

> 有物混成，先天地生。寂兮寥兮，独立而不改，周行而不殆，可以为天地母。吾不知其名，字之曰"道"。（《老子》第二十五章）

庄子说：

> 夫道，有情有信，无为无形，可传而不可受，可得而不可见；自本自根，未有天地，自古以固存；神鬼神帝，生天生地；在太极之上而不为高，在六极之下而不为深，先天地生而不为久，长于上古而不老。（《庄子·大宗师》）

这个道究竟是什么，是精神？是物质？人们的理解不一，其实它是从自然界生长规律推衍出的一种假想的存在。要知道，道家（主要以老子为代表）的思想与儒、墨等家不同：儒、墨等家都是立足于人类社会去考察一切相关的事物的，道家则倒过来，以自然现象的变化规律作为考察一切事物（包括人类社会）的视点。那时人类的科学水平有限，对所有自然变化的究竟，都是无从解释的，只能用玄想去推测。例如，植物的生长多由于种子或果实，但未有种子或果实以前它是怎样形成的？当时无法解答；动物（包括人）的生长多由于雌雄的交合，但动物是怎样形成雌雄的？当时也无法解答。然而有一种现象却是可以看得见的：有些生物在冬天死灭了，消失了，到春天又生出来了。道家正是由此产生玄想："天下万物生于有，有生于无。"（《老子》第四十章）无者，无可见之谓，它总有一个究竟，故又称为道。他们又假想这种究竟当是相同的，故又称为"一"。《老子》说："道生一，一生二，二生三，三生万物。"（第四十二章）二即雌雄男女，三当指衍生的后代。概言之，道家的"道"，乃是从"有无相生"（《老子》第二章）推导出来的，而"有无相生"又是从自然界的变化推导出来的。同样，《老子》中经常说的生与死、柔弱与刚强、高与下、长与短等均首先是自然变化规律的总结，然后推之于人事。自然变化就当时可见者言，有一个特点：周而复始，春夏而秋冬，又由秋冬而春夏，由生而死，又由死而生。道家在政治上主张无为，在社会生活伦理上主张归真返朴，即是由自然变化的这个特点推导出来的。道家这种思想特点如果倒过来叙述，那就是《老子》所说的："人法地，地法天，天法道，道法自然。"（第二十五章）自然，有人解释为自然而然，有人解释为自然界，就《老子》的本意来说，前者为是；但自然而然的道，正是从自然界的变化推导出来的，故二者亦不相背。又天既法道，故道家的天人观可以说是人天合一（相通），顺道自然；也可说是以人合天，顺道无为。（按：《庄子·在宥》篇云："何谓道？有天道，有人道。无为而尊者，天道也；有为而累者，人道也。主者天道也；臣者人道也。天道之与人道也，相去远矣。"这是庄子后学的思想，与老、庄有所不同。但他以人道为"有为而累"，仍保留有以人合天之遗意。）

　　除儒、墨、道三家外，还要概括地说一下《易传》的天人观。《易传》，指今传《周易》中的彖辞、象辞、文言、系辞、说卦、序卦等。它们并非一人一时之作。据近人张岱年等的研究，其主要部分大体上形成于战国初期以后，荀子以前。其中各部分的观点不尽一致，然大体相同。《易传》是解说《周易》及其卦爻辞（合称《易经》）的。周易原是一种菩法，由八卦重叠成六十四卦所组成，每卦六爻，共三百八十四爻。八卦以乾、坤两卦为基础，取象天（阳）、地（阴）。余六卦分别取象于水（坎）、火（离）、雷（震）、风（巽）、山（艮）、泽（兑），其他五十六卦和每卦中的六爻亦各有取象。占卜者用蓍草占得某卦，然后根据其卦象和爻位的变化来推测所卜事物的吉凶。《周易》的这种构造，本身就包含了天人合一，以天象的变化来预测人事的思想。但《易经》的卦爻辞都很简质，大概是取历年占卜者的"繇辞"（即断语）汇编而成，不成体系。《易传》则把它理论化、哲学化了。其最突出的一点是吸取了道家的思想，提出了"一阴一阳谓之道"（《系辞》）的观点，还提出以"太极"作为宇宙本源（《系辞》："易有太极，是生两仪。"说者以两仪即阴阳），以此来作为宇宙万物生成和变化的规律，从而把天人合一的思想提高到哲理性的高度。但《易传》的天人观又与道家不同，它不仅发挥了《周易》所固有的阴、阳的观念，以之作为事物变化的基础，而且发挥了儒家的重人道和积极有为的思想，把道家的自然无为、以柔下为宗的天道，改造成为"刚健中正"（《乾·文言》）的天道，提出了"天行健，君子以自强不息"（《乾·象传》）的著名观点，以与儒家的及时"进德修业"（《乾·文言》）的人生理想相一致。故《易传》的天人观从总体来说，是与道家相反的，它的天人观是顺天有为的天人合一论。

与《易传》相类似的还有阴阳五行家的天人合一观。把宇宙间的事物概括为阴阳两类，而探究其消息变化，其源颇早，《周易》的卦、爻即以它为基础。五行之名始见《尚书·甘誓》而不言其目。《尚书·洪范》始云："天乃锡禹洪范九畴，彝伦攸叙。初一曰五行……一曰水，二曰火，三曰木，四曰金，五曰土。水曰润下，火曰炎上，木曰曲直，金曰从革，土爰稼穑。润下作咸，炎上作苦，曲直作酸，从革作辛，稼穑作甘。"这篇《洪范》，虽托名为周初箕子之辞，近人谓亦产生于战国，然《左传》昭公二十五年、二十九年及《国语·鲁语》均有五行说。五行为与人类生活联系密切的五种事物，人们把它归在一起，可能较早；五行配五味，"曲直作酸""从革作辛"很不好理解，则可能是后来讲五行说者加上去的。据《荀子·非十二子》篇说：子思、孟子"按往旧造说，谓之五行"。则五行说系由儒家思、孟一派所煽扬。但我们在《中庸》《孟子》中找不到直接的证明。近些年长沙马王堆出土的帛书和荆门郭店出土的竹简中有《五行》一文，以仁义礼智圣为五行，说者以为当系思、孟学派的遗说（据《古籍整理出版情况简报》1998 年第 11 期，蔡敏《战国典籍的重大发现——〈郭店楚墓竹简〉》）。这个发现确很重要，可以据此推测：原有五行说的存在（即荀子所谓"按往旧造说"，这"往旧"可能指《洪范》），而思、孟以仁、义、礼、智、圣附会之。但这还只是一种合理的推测，而非确证，且未知其详。今知较早的阴阳五行家是驺衍，其年代与孟子相接而稍后。《史记·孟子荀卿列传》介绍其学说云：

> 驺衍睹有国者益淫侈，不能尚德。……乃深观阴阳消息，而作怪迂之变，始终、大圣之篇十余万言。其语闳大不经，必先验小物，推而大之，至于无垠。先序今以上至黄帝，学者所共术，大并世盛衰，因载其机祥度制，推而远之，至天地未生，窈冥不可考而原也。先列中国名山大川，通谷禽兽，水土所殖，物类所珍，因而推之，及海外人之所不能睹。称引天地剖判以来，五德转移，治各有宜，而符应若兹。以为儒者所谓中国者，于天下乃八十一分居其一分耳。中国名曰赤

县神州……中国外，如赤县神州者九。……其术皆此类也。然要其归，必止乎仁义节俭、君臣上下六亲之施，始也滥耳。

司马迁这段话对驺衍学说的闳大不经描写得颇淋漓尽致，而于其阴阳五行之说则介绍殊为简略。但可以推知：驺衍不仅由小到大，推衍出一个广阔的宇宙空间，又由近及远，推衍出一个上及窈冥而不可考的宇宙和人类的历史长河。其推衍历史的方法是以阴阳消息与五行生克相配合，得出"五德转移，治各有宜"的结论，而五德的转移又有所谓机祥相符应。《吕氏春秋·应同》说："凡帝王将兴也，天必先见祥乎下民。"并举黄帝时"先见大螾大蝼"为"土气胜"，故色尚黄，禹之时"先见草木秋冬不杀"为"木气胜"，"故色尚青，其事则木"之类以为证，盖其遗说。由此可知：他是把天人感应纳入了阴阳变化和五行生克的有序框架之中。今传《管子》中的《幼官》《幼官图》《四时》《五行》等篇及《吕氏春秋·十二纪》正是这样把从天象、季候、声音、人体器官到政教设施都用阴阳五行的关系来配置的，形成了一幅以阴阳五行为联结、互相对应的天人合一的世界图式。很显然，这种图式是对《周易》的一种模仿，和《老子》的历史循环论也有联系。只是驺衍认为"治各有宜"，似乎又受到了法家历史进化观的某种影响；用机祥怪异之变以神之，则有取于传统的巫术，而与对神权加以淡化的《易传》和《老子》的旨趣有所不同。然据司马迁的介绍，其要在于"仁义节俭、君臣上下六亲之施"，则其终极的宗旨实在于儒。故驺衍的阴阳五行说在某种意义上可以说是杂采各家之说所创造的一种新的儒学理论体系。汉代董仲舒的学说正是它的嫡传。荀子的时代距驺衍不远，又在驺衍活动的齐国居住了很长的时间，其书中却没有提到驺衍，而把鼓吹五行说的罪过加在子思、孟轲身上，尽管我们尚未找到确切的旁证，但荀子不可能在当时众所周知的情况下乱说。他当是因思、孟在前，驺衍稍后，故去此取彼。这也证明驺衍之说确与儒学有密切的关系。注意这一点我认为是很重要的，因为它不仅预示着汉代儒学的一种方向，而且也可使我们对荀子天人观的意义有更深刻的了解。荀子盖深感带有浓厚神秘色彩的阴阳五行说的泛滥并已同儒家合流，故奋起加以抨击。虽客观上未能阻挡这种合流趋势的发展，但其思想的敏锐性和预见性是极可钦佩的。

二、荀子的天人观

荀子的天人观对前述各家的天人观都有所吸取，但别开生面，有着崭新的内容。在对它作论述之前，首先需对《荀子》书中"天"这个词作一点说明。《荀子》中的"天"有两种含义：一种是指"地"及地上生物以外的自然现象，包括日月星辰的运行，四时寒暑的迭代，风雨水旱的变异等，《天论》中"天行有常"之天即指此。但荀子认为地上生物都是天地阴阳之化所产生的，故天、地虽有别，亦常连类而言。故我们在论述其天人观时，亦不妨将其所言的"地"包括进去，而视其所谓"天"为自然界及其变化的规律。一种是指人的自然禀赋，包括人生下来就具有的形体、感官功能（包括思维能力）、情欲（好恶、喜怒、哀乐等）和社会地位（如以"楚王后车千乘"为天）。这个意义上的"天"常作形容词用，如《天论》中的"天官""天情"之类。这两种意义是有联系的，即均指自然而然，不假人为者。我们在这里讲的荀子的天人观，主要就其"天"的第一种意义言，至其第二种意义的"天"，则拟于论荀子的人性论时加以申述，这里只附及之。

荀子的天人观集中地表现在《荀子·天论》中，其他各篇亦曾涉及，其突出的特点是：

1. 用天人相分的观点排除天人合一的观点

荀子的批判锋芒首先针对着天命论和天人感应的传统观念。其《天论》开篇即说：

天行有常，不为尧存，不为桀亡。

这三句话非常重要。"行有常"，就是说，自然界有其自身的运行规律，人间的治乱是与之不相干的。故他又说："不为而成，不求而得，夫是之谓天职。"(同上，以下凡引《天论》均不注) 既然这样，那当然就排除天由上帝主宰，人间治乱、祸福都由天所命的陈腐见解。荀子的这个观点，可能有取于老、庄和《易传》，他用"阴阳大化"来说自然界风雨等现象，尤可能是受《易传》的启发。

但荀子的天人观，同老、庄、《易传》又有着根本区别。老、庄与《易传》尽管有崇尚自然无为或积极有为的不同，却都用带有玄想色彩的"道"来贯通天、人，并给鬼神、上帝留下了较多的地位。荀子则不然，他除了在引用旧文时保留了"上帝"一词外，理论上几乎没有给上帝、鬼神留下什么地位。荀子也讲道，但其所谓道是具体的，天、地、人之道各不相同，而且主要是讲人道。《儒效》说："道者，非天之道，非地之道，人之所以道也。"就明确指出天、地、人各有其道；如单言道，则指人道，且以君道为主。此类甚多，如云："道者何也？曰：君道也"，"至道大形，隆礼至治则国有常"(均《君道》)，"道过三代谓之荡，法贰后王谓之不雅"(《王制》)，"无道法则人不至，无君子则道不

举"（《致士》），"取天下者……道足以壹人而已"（《王霸》）等皆其
义。"天道"，则或谓"天行"（见前），"地道"，则或称为"数"，如
云："天有常道矣，地有常数矣。"（《天论》）他有时也泛言道，如
《解蔽》云："夫道者，体常而尽变，一隅不足以举之。"《天论》
云："万物为道一偏，一物为万物一偏。"据此，他似乎也认为有
一个贯串天地万物之道。然细按之，则知这里所谓道，不过是天、
地、人之道的一种合称，也可说是指人对宇宙万物（事）的全面
的认识。《解蔽》说："墨子蔽于用而不知文，宋子蔽于欲而不
知得，慎子蔽于法而不知贤，申子蔽于执而不知知（按：此字同
'智'，亦贤之意），惠子蔽于辞而不知实，庄子蔽于天而不知
人……此数具者，皆道之一隅也。"即此意。这与那种天人合一
之道是根本不同的。《荀子》书中惟《哀公问》所载孔子"大道
者，所以变化遂成万物也"一语，颇有贯通天人的意味。但唐杨
倞早已指出，《荀子·宥坐》以下五篇是荀子弟子所记，非荀子
所作，且荀子并未对孔子这段话有所论断，我们不能认为即是荀
子的思想。

　　天人合一或天人感应之说之所以在人们中有影响，除了帝王
需要用它来神化其统治这一重要原因之外，还有两个原因：一是
天行虽有常，然亦有反常的现象，即《天论》中所说的"日月
之有蚀，风雨之不时，怪星之党见"等，于是被视为上帝对人类
的惩罚或示警；一是人们的贫富升沉同他们的知愚、贤否并不相
应，于是被视为由天命所决定。对这两者荀子都作了解释。他认
为前者"是天地之变，阴阳之化，物之罕至者也"，可"怪"而
不可"畏"。这解释不算完满，在当时却只能如此了。对后者，他
似乎更难为力，只好说"是节然也"，即是一种偶然性，并把"楚

王后车千乘"与"君子啜菽饮水"，说成是"在天者"。这"天"如前面所说，当指天生的地位悬殊，非指天意。然人所承继的先代的社会地位，实是人为，而非天生，归之于"天"，既不正确，也容易给天命论留下空隙。这不足怪。人的命运既受客观的历史进程所制约，又有诸多偶然因素起作用，本来难以说清，故孔、孟均感到无可奈何，墨子虽非命，却只能就国家的治乱为说，回避贤者在治世也可能有升沉这类麻烦问题。荀子以偶然释之，比较起来，算是很高明的了。

2. 提出天、地、人参和"制天命而用之"的观点

前面说到：儒、墨都是强调人应积极有为的，但他们都尊天或法天。在上帝面前，他们充其量只能说是"夸父追日"中的夸父、"精卫填海"中的精卫，不敢仰望治水的大禹，更无论补天的女娲了。道家更不如，他们好比深山老林中的居民，靠采集野果为生，与大自然相处似颇和谐，可是没有给正在繁衍的子孙留下出路。在我国古代思想家中，真正能继承神话传说中大禹治水的精神，敢于面对自然界，并与之争胜的是荀子。（《荀子·不苟》"君子大心则敬天而道，小心则畏义而节"，似荀子亦有尊天的思想。按：荀子此处所言之"天"，是用"天"的第二义，即"天情""天官"之"天"。"敬天"，意即尊重天赋的本能。又荀子所谓"君子"与"圣人"有别。属于第二个等级的人物，故尚需敬天、畏义，若其所谓圣人积礼义而趋于自然矣。）

荀子之所以具有这种气魄，除了他认识到天、人相分，天不能主宰人以外，还在于他充分地认识到人的力量，认为只要发挥人的力量，就可以与天地鼎足而立，而不应无条件地屈从。《天

论》说："天有其时，地有其财，人有其治，夫是之谓能参，舍其所以参，而愿其所参，则惑矣。""有其治"，是他对人的力量的总的概括。这个"治"字包含着丰富的内容，可以说包括了荀子的整个理论。如仅就天人关系来说，则首先是人有天赋的认识自然界基本规律的能力，具备了利用自然为人类造福的条件。《天论》说：

> 天职既立，天功既成，形具而神生，好恶、喜怒、哀乐臧焉，夫是之谓天情；耳、目、鼻、口、形，能各有接而不相能也，夫是之谓天官；心居中虚，以治五官，夫是之谓天君；财非其类，以养其类，夫是之谓天养；顺其类者谓之福，逆其类者谓之祸，夫是之谓天政。……圣人清其天君，正其天官，备其天养，顺其天政，养其天情，以全其天功。如是，则知其所为，知其所不为矣，则天地官而万物役矣。

这段话极精。其中除"天职""天功"之"天"是指自然界（即前所谓第一义）外，其余均指天赋（即前所谓第二义）。所谓"清其天君，正其天官"，是人心要"虚壹而静"，才能综合五官的感觉，正确认识事物（详见《荀子·解蔽》）；"养其天情"，是指人类的情欲要得到适当的满足（详见《正名》《礼论》等篇）；四"类"字均指人类。"财非其类"二语，意谓利用自然，其意易明；"逆其类""顺其类"则指违拂人群的自然要求或顺应人群的自然要求。两者是荀子政治思想的基石。作为地主阶级思想家，荀子强调社会权利的分配应以人的贤、愚和地位的高下加以区别，认为"群而无分则争，争则乱"（《富国》）。但荀子比任何先秦的思想家都注意满足人类群体的物质需要，曾说："凡语治而待去欲者，无以道欲而困于有欲者也。凡语治而待寡欲者，无以节欲而困于多欲者也。"（《正名》）他也比其他任何思想家都强调人类群体的作用，认为"人之生不能无群"（《富国》），人所以别于禽兽，就是因为"人能群"（《王制》）。这里他把"养其类""顺其类"作为全天功、官天地、役万物的两个重要条件，就反映他这种认识。此外，荀子还提出一些应付自然突变的措施，如《天论》中所说的"强本而节用"之类，亦有可取，但比较起来，就不那么重要了。

正因为比较充分地认识到人的力量，特别在一定程度上认识到人类群体合力在利用、驾驭自然界方面的力量，荀子以伟大的气魄提出了"制天命而用之"的观点，《天论》说：

> 大天而思之，孰与物畜而制之！从天而颂之，孰与制天命而用之！望时而待之，孰与应时而使之！因物而多之，孰与骋能而化之！思物而物之，孰与理物而勿失之也！愿于物之所以生，孰与有物之所以成！故错人而思天，则失万物之情。

这是我国古代思想史上第一次提出的利用大自然，控制大自然的破坏的伟大号召，也是对天人关系所作的近乎科学的说明。其中特别值得注意的是：（1）荀子明确地把天看作是物，它既不是什么主宰万物的最高人格神，也不是什么高于一切的理念或普遍精神。（2）前已提到，荀子也充分认识到自然界的作用（包括它的生殖万物的功能及其变异对人类生活的破坏性），这里所谓"天命"，就是指自然界的作用及其规律与变态。但他坚决反对那种只对自然界顶礼膜拜，消极等待它的恩赐的懦夫思想和愚昧态度，而主张人类要积极地去驾驭、控制它（驾驭其规律，控制其破坏，即本文所谓"制""理"），使它为人类服务（"用之"）；对其中的某些"物"，甚至要发挥人的才能去改变它（"骋能而化之"）。这实际上是迄今人类在自然界中的所作所为的基本概括。至于人类在改造自然的过程中，由于未充分认识自然界的规律而破坏了自然界的生态平衡，那不是人类要利用，甚至"征服"自然这个命题的错误，更不是荀子的错误，而是愚昧无知的错误。荀子是很注意不破坏自然规律的，他曾郑重地说："群道当则万物皆得其宜，六畜皆得其长，群生皆得其命。故养长时，则六畜育；杀生时，则草木殖。……草木荣华滋硕之时，则斧斤不入山林，不夭其生，不绝其长也。鼋鼍鱼鳖鳅鳝孕别之时，罔罟毒药不入泽，不夭其生，不绝其长也。"《《王制》》这虽是根据实践经验所获得的朴素的认识，但是含有科学性的。与盲目提倡向地球开战者有天渊之别。

荀子的天人观也有不足之处，除前已提到的对天变和命运的解释尚有缺陷外，他在《天论》中还提出了"不求知天"的观点。他说：

> 列星随旋，日月递炤，四时代御，阴阳大化，风雨博施，万物各得其和以生，各得其养以成，不见其事而见其功，夫是之谓神。皆知其所以成，莫知其无形，夫是之谓天。惟圣人为不求知天。

应该指出：这并非说人们不要掌握已知、可知的自然规律。他在这里列举的"列星随旋"等等，就是一些当时已知的自然界的规律，对此，他是充分注意并研究对策的。他所不求知的"天"，是指形成这些规律的那些"不见其事"的"无形"的原因。故不能说他不要自然科学，他只是不重视深入探索未知的自然界的奥秘，这是一。其次，也不能说荀子一概地要求人不知"天"。他只是说"圣人为不求知天"。荀子所谓"圣人"，是高于贤人、君子（他们又高于"士"）的大思想家、政治家。他们的特点是能

"总方略，齐言行，壹统类，而群天下之英杰，而告之以大古"（《非十二子》。"大古"，当从一本作"大道"），用今天的话说，就是能明大道（思想政治方向正确），持大纲，识大体，通大义，言行一致且能团结人才。这种人当然要有广博的知识，但不必也不可能精研所有的学问和技能，因而不必精研天文学和其他自然科学。荀子在《天论》中说：

> 故大巧在所不为，大智在所不虑。所志于天者，已其见象之可以期者矣；所志于地者，已其见宜之可以息矣……官人守天，而自为守道也。

意思是说，对"大巧""大智"的圣人来说，他只掌握已知的自然规律就够了，其余就让专掌天文的人去研究、观察吧。故荀子天人观的缺陷，不在于他没有意识到掌握自然界规律的必要性，而只在于他没有意识到进一步探索自然界奥妙的重要性。但这原是近代文明发展才提出的问题，我们是不能苛求荀子的。

由此，我想起了古希腊哲学家柏拉图在其《理想国》第七章所说的一段话：

> 一个真正的天文学家不必去思考昼夜长短、日月运动以及其他天体的任何事物，不这样做将是愚蠢的。在建立真理时，考虑这样多的事，也是愚蠢的。天文学和几何学一样，如果我们要采取正确的方法研究问题，那就要把星空抛在一边。

比起柏拉图来，荀子论述就进步、正确得多了。

三、荀子天人观形成的社会原因

荀子天人观的形成，固与孔、墨、老、《易传》的天人观的演进有某种递嬗的关系，是古代天人观的历史发展，尤与战国以来社会变化有密切的联系，是当时政治、经济、科学文化的发展在意识形态上的反映。

战国时期是我国地主阶级开始登上政治舞台的时期。但是，由于周朝实行分封制，春秋时期又形成了大国兼并小国的政治形势，我国由封建农奴制过渡到地主阶级的土地所有制，既不是通过从下到上的革命来实现，也不是由周王朝以自上而下的改革来实现，而是由一些大国先后通过逐步的改革来实现。这一逐步改革的过程，同时也是列国兼并加剧、周朝由衰落而灭亡、形成七国并立局面的过程。我们在前面说过，上帝和天命论本是随着统一的王朝的出现而产生的，中国古代的上帝同人间的帝王更紧紧地联系在一起；现在皇纲解纽，一个天子变成了七个国王，上帝无所附着，天命无所归属，对上帝和天命的迷信自然也就由淡薄而趋向否定了。孔、墨或怀疑天命或尊天志而非命，已启其端；老庄、《易传》贬之使从属于道，上帝权威就更稀微了。到荀子的时期，名家、法家固罕言天命，就是阴阳家也把天意纳入阴阳五行的规律化的运动。荀子作为一个杰出的思想家自然要顺应时代潮流，并加以总结和发展。这是形成荀子的天人观一个最为重要的原因，也是荀子的天人观在秦以后反而很少嗣响的原因。秦以后，中国长期是统一的，自然上帝又要被捧起来；即使分裂，也大都是南北分离，互争正统，自然也要依靠上帝。

对上帝的迷信又往往同社会经济落后有一定的关系。战国时期经济的发展当然还远没有达到可以借人力抵抗自然灾害的地步；但据记载，战国时期已开始用铁器作农具，也开始用牛耕田，尽管可能很不普遍，总是一种进步的表现。又春秋时未见有兴修水利的记载，战国时则已有统治者加以注意了（如魏文侯时西门豹、襄王时史起引漳水灌邺田及秦始皇初修郑国渠等）。略举二例，可见当时农业生产必有较大的发展，人们抵抗自然灾害的能力有所增强。荀子在《天论》中说"强本而节用，则天不能贫"是据此而言。倘无这个条件，他是不可能对人驾驭自然界的力量那样有信心的。

自然科学的进步也对荀子天人观的形成有一定的影响，尤以天文气象学的发展对荀子的天人观有重要影响。我国古代很早就进入农业社会，天文气象与农业的关系至为密切，故其发展亦较早。《尚书·尧典》已记载以闰月定四时，以后又逐步确定了二十四候（《吕氏春秋·月令》已有二十四候大部分的记载，其形成当更在前）。观星的工作亦早已开始，《左传》就有许多星象的记载，《易·丰卦》已提到"月盈则食"，《诗·小雅》尤明言"彼月而食，则维其常"（《十月之交》），战国时的石申已知日食与月有关，还根据前人积累的观察成果，确定了二十八宿的距离和位置（《石氏星经》已佚，其遗说见《开元占经》）。这些都为荀子"天行有常"之说提供了科学依据。又前已提到《易传》以"一阴一阳谓之道"，《国语·周语》还记载西周幽王二年伯阳父以阴阳二气的矛盾说明地震的原因，其说虽或有玄想性质，或杂天人感应的神秘色彩，但都包含着对自然界的运动的合理揣测。这也对荀子"阴阳大化"的拟测有启发，只是荀子的拟测较少玄想色彩罢了。

第三章　荀子的人性论
及其群分说、礼义观

　　人性论是我国思想史上一个重要问题。这个问题之所以受到众多的思想家的注意，是与我国古代哲学思想史基本上是以政治伦理道德思想为基础相联系的。但它在春秋末年才开始受到关注，至战国才成为讨论的热门话题，则是当时农奴制逐渐解体，人的普遍意义和价值受到重视在意识形态上的反映，也是周王朝没落、同皇权相结合的上帝受到严重挑战在理论上的反映。故当时各家各派的人性论多同其天人观有联系，荀子的性恶论及与之相联系的群分说、礼义观更是他的天人相分的天人观的延伸。所以我们在研究荀子的人性论时，先要对他以前的人性论及其与天人观的关系作简单的说明。

一、荀子以前的人性论

　　荀子以前，首先提出人性问题的是孔子。继之者，有提倡性善说的子思、孟子和《易传》的作者；有提倡性无善恶的告子（见《孟子》）和庄子后学（见《庄子·外篇》）；有提倡人性善恶混的宓子贱、漆雕开、公孙尼、世硕等（见王充《论衡》）。告子和宓子贱等人的著述今不存（据传《礼记·乐记》为公孙尼所作，但是否有后人窜改，尚有疑问），我们无从得知其人性论与其天人观的关系，姑不论，就已知其天人观者来说，则可分为两种路线，五种意见。

孔子代表着一种思想路线，他相信天命，但他论人性，只说"性相近也，习相远也"（《论语·阳货》）。性与习对，未尝把人性与天命联系起来，可谓天、人相分的思想路线。

子思、孟子《易传》和庄子后学同属一种思想路线。其人性论都是与天人合一（相通）思想相联系的，但他们对天与性的看法不同，甚至截然相反，只有子思、孟子的观点是相近的。相传为子思所作的《中庸》说：

> 天命之谓性，率性之谓道……道也者，不可须臾离也……故君子慎其独也。喜怒哀乐之未发谓之中，发而皆中节谓之和。……致中和，天地位焉，万物育焉。

这里把天命与性的关系及天人相感的观点都已表达得清楚。其后"子曰：鬼神之为德其盛矣乎"一章、"诚者，天之道也"一章、"自诚明谓之性"一章、"至诚之道可以前知"一章、"今夫天"一章、"大哉圣人之道也"一章以及"思事亲，不可以不知人；思知人，不可以不知天"等语，无不浸透着天人相通、天人相感的思想。孟子也相信天命论（引文已见上章，从略），他说："尽其心者，知其性者也；知其性，则知天矣。"（《孟子·尽心上》）与子思之意同。惟他把天命分为两种，除天赋的善性外，还有一种主宰人是否能够成功的天命（见前章），则为《中庸》所未及。近人张岱年说："孟子所谓性者，正指人之所以异于禽兽的特征。"（见《中国哲学大纲》）其言甚辩，较前人对孟子性善说的论述进了一步，但尚不完整。应该补充说，孟子认为，人秉受的天赋（天命）有二：一是精神的（即所谓仁、义、礼、智四端，见《孟子·告子上》及《公孙丑上》），这是人之所以异于禽兽的，称之为"性"。另一种是物质的（指耳、目、口、体的奉养），这是"近于禽兽"（《滕文公上》）的，虽是"性也"，但"有命存焉，君子不谓性也"（《尽心下》）。意思是说，这些物质要求能否得到满足要由命运安排，故不称为性（实际上孟子有时还是称之为"性"，如《尽心下》曰："形色，性也。"形色即指口体之养及男女之欲言，只是在讲性善时将它除外罢了）。故孟子的性善论，完全是一种天人合一的人性论。

道家《老子》及《庄子·内篇》都不讲人性。然其所论人天合一，归真返朴，是讲天道也是讲人道，人性即包含在天道之中。它是自然的，无所谓善恶。不过，《庄子·内篇》有时也分天与人为二。如《大宗师》说："知天之所为，知人之所为者，至矣。知天之所为者，天而生也；知人之所为者，以其知之所知，以养其知之所不知，终其天年而不中道夭者，是知之盛也。虽然，有患。"他这里所谓"天"，是指自然无为，所谓"人"，是指知足安命。这实际已是接近于知天的，但他认为仍然有患，而以"不以心损道，不以人助天"方为真人，可见还是以天人合一为极致。一般认为乃庄子后学所作的《庄子·外篇》则有发展。《秋水》篇说："'何谓天？何谓人？'北海若曰：'牛马四足，是谓天；落马首，穿牛鼻，是谓人。故曰：无以人灭天，无以故灭命，无以得殉名。谨守而勿失，是谓反其真。'"这里的"人"指人为，就与天对立了；然归结仍是以人合天。《外篇》也多言性，其所谓"性"，即天的同义语，如《马蹄》云："马蹄可以践霜雪，毛可以御风寒，龅草饮冰，翘足而陆，此马之真性也，虽有义台路寝无所用之。"此"性"即《秋水》之"天","义台路寝"即"人"。又《骈拇》云:"彼正正者,不失其性命之情,故合者不为骈,而枝者不为跂,长者不为有余,短者不为不足。是故凫胫虽短,续之则忧;鹤胫虽长,断之则悲。故性长非所断,性短非所续,无所去忧也。意仁义其非人情乎?"这是说凡天生的自然之性都是合理的,用不着人为(仁义之类)加以矫正。《在宥》云:"闻在宥天下,不闻治天下也。在之也者,恐天下之淫其性也;宥之也者,恐天下之迁其德也。天下不淫其性,不迁其德,有治天下者哉!"按:在,谓存察之;宥通侑,谓奖劝之;二字虽分言,其义相贯通。在宥,是指关怀之,引导之使循其天性;治之则指矫其天性。这与《马蹄》《骈拇》中所言意同。惟《天地》云:"泰初有无,无有无名,一之所起,有一而未形,物得以生,谓之德。未形者有分,且然无间,谓之命。留动而生物,物成生理,谓之形。形体保神,各有仪则,谓之性。性修反德,德至同于初。"这里的一,即《老子》中的一,相当于道。德指天地生物之性,性指万物具体之性,与前举各篇有异,当是老、庄另一派传人之说。但他认为"性修反德,德至同于初",仍是从合人于天来说性。

道家的人性论虽与思、孟同属天人合一说的延伸,性质却相反。道家的"天""性"都是自然而然的代名词,天既不同于上帝的旨意,性也不需要后天的修养。思、孟的"天"一般地说是有人格意志的(不过有时说得比较模糊);性所受于天的也只限于某些道德素质和认识能力(仁、义、礼、知,既是道德素质,又包含了认识能力),需要通过修养加以扩充。《易传》于二家之见,均有去取。《系辞上》说:

> 一阴一阳之谓道,继之者善也,成之者性也。

《说卦传》说：

> 昔者圣人之作《易》也，幽赞神明而生蓍，参天两地而
> 倚数，观变于阴阳而立卦，发挥于刚柔而生爻，和顺于道德
> 而理于义，穷理尽性以至于命。

> 昔者圣人之作《易》也，将以顺性命之理，是以立天之
> 道曰阴与阳，立地之道曰柔与刚，立人之道曰仁与义。

后两段话与前一段话的提法不完全一致。前一段中的继善成
性，在理解上也有分歧，当别论。但有两点是相似的：一是其所
谓性，不专指人性，而是指通天、地、人而言的，姑不论其所谓
道与性的关系如何（按：此为歧义所在），都没有上帝意旨的地
位，这是近于道家的。一是其所谓性是趋向善的，又需要扩充。然
《系辞》与《说卦》的说法有所不同，按《系辞》之说，善与
性都是同一阴一阳之道的运动变化相联系的；按《说卦》之说，性
是要通过穷理才能尽的。皆可见性虽出于自然，却非不假修为。此
外，《易传》中还有许多重修为的言论，如《乾·象传》说"天
行健，君子以自强不息"，《系辞传》说"成性存存，道义之
门"（按："成性存存"之"性"字，似是专就人性而言），其意
均近于孟子。故从整体思想来考察，其人性论是更近于思、孟的。

二、荀子的性恶论

荀子的人性论，主要是对孟子性善论的反驳。但是人们一般
只注意他们对人性的认识角度不同，而忽视它还反映了两种天人
观的对立。其实，孟子的人性论是他的天人观的延伸，荀子的人
性论更是他的天人观的延伸。不过，荀子的天人观反映在人性论

上，与其表现在人与自然界关系的看法上有同有不同。在人与自然界的关系上，荀子坚持天人相分，主要是针对天人交感、天降祸福的有神论，天指自然界。他在考察人性问题时着重阐述的是其天人观的另一方面，即人的自然禀赋或本能与人在社会实践中所形成的思想、道德观念等的关系。前者荀子叫作"性"，后者他叫作"伪"，伪即人为。《性恶》篇说：

> 凡性者，天之就也，不可学，不可事。礼义者，圣人之所生也，人之所学而能，所事而成者也。不可学、不可事而在人者谓之性；可学而能、可事而成之在人者谓之伪。是性、伪之分也。

这就是他对性、伪之分的最简括的表述。但是仅据这段话，我们还是不能明白他所谓"性"究竟指什么，为什么它会是恶的；也不明白为什么人性既恶，圣人却能"化性而起伪"(《性恶》语)。因此，我们还要作进一步的考察。

《荀子》中对性及性伪关系的说明最为透辟的，是《正名》中的一段话：

> 生之所以然者谓之性。性之和所生，精合感应，不事而自然谓之性。性之好、恶、喜、怒、哀、乐谓之情。情然而心为之择谓之虑，心虑而能为之动谓之伪。虑积焉，能习焉而后成谓之伪。……所以知之在人者谓之知，知有所合谓之智。所以能之在人者谓之能，能有所合谓之能。性伤谓之病，节遇谓之命。

这段话的内容很丰富，它牵涉到荀子的认识论，这里不可能详述，下面只就其荦荦大者作概略的解释：

先说什么是性。荀子是分作两层说的：第一层谓性是"生之所以然"，意即生下就可以如此的。"所以"，犹言所可、所能。下同。这一层还较含混，故第二层再加申述。"性之和所生"一语，唐杨倞释为"和，阴阳冲和气也……言人之性和气所生"，甚是。此"之"字与《易·渐·象传》"渐之进也"之"之"字同，相当于"者"（请参阅裴学海《古书虚字集释》卷九）。但杨氏释下句为"精合，谓若耳目之精灵与见闻之物合也"，则非。此精合，即《易·系辞传》"男女构精，万物化生"之意，言男女阴阳之精气相感应，自然形成人之性。性既然是由母胎开始形成，生而完具，那当就既非天命，也不可能是思想、道德之类的观念形态，而只能是人的形体、感官机能和与之相联系的物质欲望。《性恶》说："今人之性，目可以见，耳可以听。夫可以见之明不离目，可以听之聪不离耳，目明而耳聪，不可学明矣。"即是举例说明性是与感官机能联系的。又说："今人之性生而有好利焉。"则是指对物质欲望的追求。此文说"性伤谓之病"，亦是强调性不离人的形体。故荀子所谓性，与孟子基本上相反。孟子主要以天赋的伦理道德观念为性（惟所谓是非之心包括人的思维能力），荀子则以生理机能和物质需求为性。张岱年说："荀子所谓性，乃指生而完成的性质或行为。"（《中国哲学大纲》）殊未谛。

人的物质欲望既然是性，如无节制，自然会是恶的。故《性恶》说：

> 人之性恶，其善者伪也。今人之性，生而有好利焉，顺是，故争夺生而辞让亡焉。生而有疾恶焉，顺是，故残贼生而忠信亡焉。生而有耳目之欲，有好声色焉，顺是，故淫乱生而礼义文理亡焉。然则从人之性，顺人之情，必出于争夺，合于犯分乱理而归于暴；故必将有师法之化，礼义之道，然后

> 出于辞让、合于义理而归于治。用此观之，然则人之性恶明
> 矣，其善者伪也。

这里需要注意的是"顺是"二字。顺是，译成现代汉语，就是顺着这个本能发展。故荀子所谓性恶，严格地说，乃指性有恶因，与孟子谓性有仁、义、礼、智四端即为善，观点相反，而均非谓其已成则同。这与荀子所说"性者，天之就也"的定义，不无矛盾；但荀子亦有能自圆其说之处，那就是：他所谓伪，虽与性分，亦不离性，倘不"顺是"，他就可视为"伪"，必"顺是"乃为性，这就不矛盾了。

性、伪既分，为什么伪又不离性呢？荀子在《性恶》篇中从两个方面作了说明：一是"凡人之欲为善者，为性恶也"，犹如"贫愿富，贱愿贵"之类。这是从实践的角度来说明圣人能化性起伪的原因，我们在下面谈荀子的群分说时还将论述，此从略。一是认为所有的人"皆有可以知仁义法正之质，皆有可以能仁义法正之具"（《性恶》）。这颇引起前人的误解，以为荀子也认为人性有善因，与孟子同。如戴震《孟子字义疏证》即云："此于性善之说不惟不相悖，而且若相发明。"陈澧《东塾读书记》亦有类似的说法。实则荀子不是说人性中有善的素质，而是说人性中有可以知善的素质和行善的能力。这"知"与"能"，即上引《正名》中所说"所以知之在人者"之"知"和"所以能之在人者"之"能"。换成现代语言，此"知"指人的认识事物的基本能力，此"能"指人的感觉和行为的基本能力。《解蔽》说："凡以知，人之性也。"《荣辱》说："材性知能，君子小人一也。"即指此"知"与"能"。至于《正名》所谓"知有所合谓之智"之"智"乃指知识、智慧，"能有所合谓之能"之"能"则指"才能"，那就不是性而是伪了。由

此可见，荀子所谓伪，其实是不离性的。而作为二者之间的桥梁，除实践的原因外，从认识论的角度说，就在于"心有征知"（《解蔽》），即人有认识感知的能力。上引《正名》中所云"情然而心为之择谓之虑，心虑而能为之动谓之伪"，就是讲的伪产生于性的认识过程。

伪虽不离性，但毕竟不是性。人必须努力学习、实践，"化性而起伪"，才能达到"性伪合"（《礼论》），故荀子在谈到伪之起和伪之成时都特别强调"积"，除前引《正名》所云"虑积焉，能习焉而后成谓之伪"外，还在其他许多地方谈到"积"，如：

> 今之人，化师法，积文学，道礼义者为君子。
> 圣人积思虑、习伪故，以生礼义而起法度。
> 积善而不息，则通于神明，参于天地矣。（以上均见《性恶》）
> 人无师法，则隆性矣；有师法，则隆积矣。（《儒效》）

这是说礼义与善是渐积而成的。

> 私其所积，唯恐闻其恶也。
> （孔子）一家得周道，不蔽于成积也。（以上均见《解蔽》）

这是指积亦可以不善，或陷于一偏。

> 积微，月不胜日，时不胜月，岁不胜时……故善日者王，善时者霸，补漏者危，大荒者亡。（《强国》）

这是总说社会的治与乱都是由积微而成，不可一日疏忽。与上引"积其所积""成积"之"积"都是积伪说的补充和扩展。

总之，荀子所说的性，是以人的基本生存欲望为基础的。但不等于我们今天所说的人的生物性，它还包括人类在长期社会实践中形成和发展起来的大脑（古人称为心）的思维能力。这已带社会性了。他所说的伪，则略当于我们所说的人的社会性。但人的社会性是历史地形成的。它既包含着人类长期在社会实践中所总结的人生经验的积淀，在阶级社会中又带有阶级性；荀子则只把它归结为圣人的认识和行为经验的积累，缺乏历史的分析。这当然远未能解决复杂的人性问题。但他毕竟看到了人在当时社会上的表现有属于自然形成的本能和后天理性认识的积累两部分，扫除了把带阶级性的封建伦理、道德观念当作天命之性的神话；也排斥了人应模仿天地自然之性，回到原始状态的童话；把人性问题放在人类物质生活要求和文明进步的基础上来考察；这在古代是有巨大的理论和实践意义的。

三、荀子的群分说

荀子的人性论是荀子思想学说中又一理论基石（另一个是天人观），它贯穿在荀子的认识论和政治、经济、文化、教育观点的各个部分，而尤堪注意的，则是他据其人性论和天人观提出了一种关于人类文明和阶级制度起源的学说，这就是他的群分说。

荀子的群分说包括三个方面内容：一是群分之理乃圣人"积伪"而生，这方面已说过了；二是人类只有结合成社会（即"能群"）才能利用自然，战胜自然；三是人类社会必须有分工、有上下不同的等级（阶级），有区别地对待的财富分配原则和判断是非的准则（即"分"），才能治理得好。后两者是互相联系的，故荀子常混在一起说，如《王制》云：

> 水火有气而无生，草木有生而无知，禽兽有知而无义，人有气、有生、有知，亦且有义，故最为天下贵也。力不若牛，走

不若马，而牛马为用，何也？曰人能群，彼不能群也。人何
以能群？曰：分。分何以能行，曰：义。故义以分则和，和
则一，一则多力，多力则强，强则胜物……故人生不能无群，群
而无分则争，争则乱，乱则离，离则弱，弱则不能胜物。

这主要是从天人关系说人必须群，又必须分。同篇又云：

分均则不偏，埶齐则不壹，众齐则不使。有天有地而上
下有差，明王始立而处国有制。夫两贵之不能相事，两贱之
不能相使，是天数也。埶位齐而欲恶同，物不能澹（杨注："当
为赡。"），则必争，争则必乱，乱则穷矣。先王恶其乱也，故
制礼义以分之，使有贫富贵贱之等，足以相兼临者，是养天
下之本也。

这是从人性恶的角度，说明人类社会财富和权力的分配不能齐
一，而必须分出等差。

按：荀子以前的思想家唯道家老、庄既不重视群，也不说
分。墨子讲兼爱、尚同，颇重视合众与上下的统一，而略于分之
义。法家严君臣之分，以法御民，而罕言合群之道。儒家孔子以
仁济礼，以礼辅仁，兼有重群及分之意。孟子讲仁义，又说"劳
心者治人，劳力者治于人"，也注意到群与分这两个方面。但是，他
们谁也没有从人类生存竞争的需要来探讨合群制分的重要。现今
所见，能注意这个问题者是《管子》中的《君臣下》，其言曰：

古者未有君臣上下之别，未有夫妇妃匹之合，兽处群
居，以力相征，于是智者诈愚，强者凌弱，老幼孤独不得其
所。故智者假众力以禁强虐，而暴人止；为民兴利除害，正
民之德，而民师之。是故道术德行出于贤人，其从义理兆形
于民心，则民反道矣；名物处违是非之分，则赏罚行矣。上

下设，民生体，而国都立矣。（房注："上下既设，人则生其
贵贱之礼，故国都立也。"）是故国之所以为国者，民体以为
国。（房注："贵贱成礼，方乃为国。"）

《管子》盖集管仲遗说与齐稷下学人之言论著述而成。此文未详
其产生之时代，疑在荀子之前。若然，则荀子之说，当受到它的
启发。惟荀子于三代以前之事，皆存而不论，故其论礼义之起
源，只以"圣人积伪"一语囫囵言之，不言这"圣人"是指一人
或几代、屡代人，反不如此文的说得明晰，基本上接近于史实。

尽管如此，荀子的群分说，还是极富于创造性的。因为在他
以前，儒家的前辈主要是由封建宗法制推衍出尊卑上下君臣关系
（还参照人的贤愚区分"君子"和"小人"），墨子尚贤的思想较
突出，然只能假借天志来推行其兼爱（合群）、尚同（制分）的
主张，均未能从人类生存、发展的需要来说明合群制分的必
然。《管子·君臣下》所云有较大的发展，也只限于从人与人之
间的利害冲突说明制分与民生及立国的关系。没有哪一家把"能
群"看作是人类区别于其他动物的重要特点，更没有哪一家把"能
群"看作是人类能利用、制服自然（破坏）的必要条件。提出这
两个观点的只有荀子。这是一个巨大的进步。它反映战国时期由
于战争的频繁、土地的开辟，聚族而居的社会结构已有一定程度
的破坏，仅仅依靠爱的鼓吹已不能维系群体的团结，而必须从利
益的合理分配和自然界资源的共同开发及利用的角度来说明建
立相对稳定的社会等级关系的必要。这种等级关系当然包含了维
护阶级统治和剥削制度的内容，但从历史上来看，它是合理的。如
果联系荀子对制分的礼义的论述来考察，其进步性尤为明显。

四、荀子的礼义观

礼义是荀子合群制分的最高准则,因而也可以说是他的最高的政治、伦理道德纲领。其包括的范围甚广,这里只说他对两者的基本看法。

1．荀子的礼及其与法的关系

荀子以礼义作为群而有分的最高准则,其实他言礼包括乐,言义包括仁。关于这四者的关系,《大略》篇作了概括的说明:

> 亲亲、故故、庸庸、劳劳,仁之杀也。贵贵、尊尊、贤贤、老老、长长,义之伦也。行之得其节,礼之序也。仁,爱也,故亲。义,理也,故行。礼,节也,故成。……推恩而不理,不成仁;遂理而不敢,不成义;审节而不和〔知〕,不成礼;和而不发,不成乐。故曰:仁、义、礼、乐,其致一也。君子处仁以义,然后仁也;行义以礼,然后义也;制礼反本成末,然后礼也。三者皆通,然后道也。

这段说明有三点可注意:一是他所谓仁,包括"庸庸"(即有功者要赏其功)、"劳劳"(即有劳者要劝慰其劳),这已不属一般的推恩、推爱的范围,而要以义断;故他虽说"先王之道,仁之隆也",又说"比中而行之……礼义是也"(《儒效》),这是他取义而略仁的原因。二是有节则必和,这是他取"礼"而略"乐"的原因。三是"义"乃就"理"言,"礼"乃就"行"言,故"义"即在"礼"中,"礼"亦在"义"中,别言之则分,混言之亦可不分,合言之,则是在处理各类人的关系时,既要有理,又要有节。

荀子对礼义的这种解释,是基于他对情欲的看法。《正名》云:

> 性者,天之就也;情者,性之质也;欲者,情之应也。以

欲为可得而求之，情之所必不免也。以为可而道之，知所必
出也。故虽为守门，欲不可去，性之具也。虽为天子，欲不
可尽。欲虽不可尽，可以近求尽也；欲虽不可去，求可节
也。……道者，进则近尽，退则节求，天下莫之若也。

道即导。节即适当。荀子同那些主张去欲、寡欲的思想家（道家、
墨家者流）不同，他认为人的情欲应得适当的满足，而且尽可能
多的满足。但所谓适当，不是平均，而是区别人的不同类型
（贤，愚；君子，小人；天子，守门等）的适当，即该多的多，该
少的少。故又说"心之所可中理，则欲虽多，奚伤于治！"（同上）中
理，也就是合乎义，合乎礼，故荀子论礼义的起源说：

人生而有欲，欲而不得，则不能无求，求而无度量分界，则
不能不争，争则乱，乱则穷。先王恶其乱也，故制礼义以分
之，以养人之欲，给人之求。使欲必不穷乎物，物必不屈于
欲，两者相持而长，是礼之所起也。（《礼论》）

其论礼的作用则说：

故礼者，养也。……君子既得其养，又好其别。曷谓
别？曰：贵贱有等，长幼有差，贫富轻重皆有称者也。（同上）

这就是说，礼是一种调节人群中各类人的利欲冲突而制定的准
则，是保证社会生产和生活正常进行（"相持而长"）的准则。故
荀子所谓礼，固然包括各种礼仪制度（如《礼论》所说的丧、祭
之礼等）而尤重在礼意、礼则。章太炎说，荀子"《礼论》未作，人
以为祝史之事；作矣，人以为辟公之事"（《章太炎政论文选·后圣》）。其
言稍过。盖自周以来，由大夫以上，其立身与处事（包括家国大
事）的规范，早已纳入礼的范围，不得谓前此皆为"祝史之事"。但
以礼的目的和作用为"养人之欲，给人之求"，则自荀子始。这

不仅使礼远离了"祝史之事"而成了治国经邦的根本大法,也反映荀子重视适当满足各阶级、阶层的人们的欲求的一贯思想,有重大的理论和实践上的意义。

荀子的"礼"既是一种调和各阶级、阶层利欲冲突的准则,"义"亦然。荀子承孔子之绪,也有贵义轻利的倾向。如《儒效》云:"不学问,无正义,以富利为隆,是俗人者也。"又《不苟》云:"唯利所在,无所不顾,若是则可谓小人矣。"但他不像孟子那样强调义利的对立;而认为:"义与利者,人之所两有也。虽尧舜不能去民之欲利,然而能使其欲利而不克其好义也。……故义胜利者为治世,利克义者为乱世。"（《大略》）利克义,意即唯利是图;义胜利,是指以义制利。故他又说:"好利恶害,是君子小人之所同也;若其所以求之之道则异矣。"（《荣辱》）这是孟、荀的不同之处。荀子实际是主张义利结合,只是义先利后罢了。

荀子虽隆礼义,然亦时言法。如《性恶》说:"礼义生而制法度。"《王制》说:"王者之制,道不过三代,法不贰后王。"又说:"王者之法,等赋,政事,财万物,所以养万民也。"似法与礼的含义相同,只是法起于礼义之后而已。细审之则礼、法有别。《荀子》中有许多地方剖析两者的区别,而最为扼要的则是《劝学》所说的:

> 礼者,法之大分,类之纲纪也。

这句话有两层意思:一是礼乃法之大分,即是法的指导原则,它是统率法的;二是法之外还有所谓的类,它是《荀子》中一个很重要的概念,指类聚和类推的思想方法,略当于今之所谓归纳法、演绎法的总称（详下章）。他曾说:"有法者以法行,无法者以类举。"（《王制》及《大略》）意即类可以补充法。又说:"故多言而类,圣人也；少言而法，君子也。"(《非十二子》及《大略》)"人无法，则伥伥然；有法而无志其义，则渠渠然；依乎法，而又深其类，然后温温然。"(《修身》)则认为类尤重于法。由此可见，礼不仅高于法，也大于法。盖荀子之礼（兼义），即群分之理，实为处理一切问题的总指导方针和原则，法则不过是成规而已。荀子是重视成规的，但更重视按群分之理（即礼意）去处理当世的问题。而法家则主张"先王之治国也，不淫意于法之外"(《管子·明法》)，即一切都要一于法。慎到甚至说："法虽不善，犹愈于无法。"(严可均《铁桥漫稿》载《慎子》佚文)这是荀子和法家的一个根本区别。前已指出：周时礼的外延已甚广，除各种礼仪外，国家制度、政治军事举措和卿大夫以上的言行规范一概准之于礼。作为礼的补充的是刑。刑是用来禁暴诛乱的，略当于近代的刑法，主要是用来对待下层百姓，对统治阶级是少用的。（并非完全不用，周初周公就曾诛管、蔡，孔子为鲁司寇，曾诛少正卯，均其证。所谓"礼不下庶人，刑不上大夫"，只是一种大致的说法。）这叫作礼、刑并用。到战国，"礼坏乐崩"，于是产生法。法字本作灋，是一种用廌兽"触不直去之"的刑（见《说文》）。其义外延，凡朝廷发布的普遍施行的政令都得称法。法既是齐一的，又是有强制性的。故隆礼与尚法在指导思想上是有根本区别的。孔子说："道之以政，齐之以刑，民免而无耻；道之以德，齐之以礼，有耻且格。"(《论语·为政》)战国时法家之法，即略当于政与刑的结合。只是法家之法已凌驾于礼之上，甚至尚法而弃礼了。荀子的群分说仍是沿着孔子的思路的，但他用礼来涵盖法，则既异于法家，也稍异于孔子。郭沫若在谈到荀子的时代"士"的地位上升，"和王公大人接近"，"已成为固定的阶层，而实质恢复前一时代的元士的地位"之后说：

> 这种新的分化或还原，荀子自己也是意识到的，你看他明白地说过这样的话："由士以上则必以礼乐节之，众庶百姓则必以法数制之。"（《富国》）这不是前一时代的"刑不上大夫，礼不下庶人"的复写吗？自然多少有一点不同，便是把士提升了一层。此外把士和民对立着说的地方还有不少，如"凝士以礼，凝民以政"（《议兵》）；"人有是（礼）士君子也，外是民也"（《礼论》）；"人君者隆礼尊贤而王，重法爱民而霸"（《强国》《天论》）；"君人者欲安则莫若平政爱民矣，欲荣则莫若隆礼敬士矣"（《王制》）。礼只有士才有分，而农工商的庶民则只好受法政的制裁。但须得注意，这些地方荀子所说的"礼"便是狭义的礼仪揖让之礼，和包括法制刑政的广义的礼不同。他用那种广义的礼的时候，便是把一切的人都作为对象的。"大国之主也，不隆本行，不敬旧法而好诈故，若是则夫朝廷群臣亦从而成俗于不隆礼义而好倾覆也。朝廷群臣之俗若是，则夫众庶百姓亦从而成俗于不隆礼义而好贪利矣"（《王霸》）。像这样众庶百姓也要"隆礼义"，那是广义的礼。那种"隆礼义"是包含着尊法听制的主要成分的。（《十批判书·荀子的批判》）

他的这段分析是颇精的，特别是指出荀子所言狭义的礼与广义的礼有别，极为精要。但他据此认为荀子不如孔子，"这是时代的进展使荀子逆转了"，则失之片面。荀子确实有某种"复古"思想。如郭氏所举《王制》所云"衣服有制，宫室有度，人徒有数，丧祭械用皆有等宜。声则凡非雅声者举废，色则凡非旧文者举息，械用则凡非旧器者举毁"即是。但这是从"节用"出发而提倡的"复古",即所谓"节用以礼,裕民以政"(《王制》),并非事事都复古,郭氏就承认荀子虽注意"审周道",然"已经有很多新成分添加进去了"(均同《十批判书·荀子的批判》)。他以礼包法,而不像孔子那样兼用礼乐、刑政,既根据当时法术已施行的定势,又以为法家"刻薄寡恩"(司马迁语),故他要以礼为"法之大分,类之纲纪",即要以"养人之欲,给人之求"的礼义来指导法的制定和施行,以纠正它的偏颇。故他的广义的礼固然"包含着尊法听制的主要成分",如郭氏所云;其所谓法,实有别于法家之法,而是儒法结合、恩威并施之法。从历史上看,是有其合理性和进步意义的。

2. 荀子"隆礼"与"尊贤"的关系及其与法家尚功思想的区别

在《荀子》书中常以"隆礼"与"尊贤"并提,这二者的关系如何?它与法家尚功的思想有何区别?这对我们正确理解荀子的礼义观也很重要,可以说尚贤实际是他所说的"礼"中的一项重要内容和其群分说中制分的一项重要依据,故在这里有必要作一考察。

儒家、墨家都尚贤,道家、法家均不尚贤。法家虽不尚贤而尚功,认为"用必出于其劳,赏必加以其功"(《商君书·错法》);荀子也主张"庸庸、劳劳",但他尤强调尚贤,并把它提到决定国家兴亡的地步,说:"故尊圣者王,贵贤者霸,敬贤者存,慢贤者亡,古今一也。"(《君子》)故其论政,首重举贤。《王制》说:

请问为政?曰:贤能不待次而举,罢不能不待须而废,元恶不待教而诛,中庸民不待政而化。分未定也,则有昭缪。虽

　　王公士大夫之子孙也，不能属于礼义，则归之庶人。虽庶人
　　之子孙也，积文学，正身行，能属于礼义，则归之卿相士大夫。

按：尚贤与尚功是有相通之处的。从历史的角度看，它们都是反对周时世卿世禄制度的产物，是春秋晚期以来逐渐形成的新兴地主阶级要求参与政权的反映。由于当时各国的政治经济发展不平衡，改革有先后，以及思想家本人的出身、经历不同等，故即使在主张尚贤的思想家中，对贵族世袭制的态度也不相同：大抵孔子比较温和，他既尚贤，又于世袭贵族的没落有惋惜之情；孟子较保守，他虽尚贤，而力主维护"世臣"与"巨室"；墨子、荀子较激进；法家主张"壹赏、壹刑、壹教"，非战胜不赏，自卿相至庶人壹罚，"富贵之门，必出于兵"（《商君书·赏刑》)，就更激烈了。但由此也可见荀子与法家是有重大区别的。姑不论"富贵之门，必出于兵"实在太狭隘（故法家亦不尽如此），而尚贤则包括各种贤能之士；就是"功"与"贤"的标准亦不同。盖量功必有条例作依据，而条例无论如何完备，人们也可以用合法的手段取功，更可用非道德的手段取功。故尚功不必尚德，也不必尚智（包括条例以外的创造性)；尚贤则同时尚德(注意动机)、尚智。荀子说："无德不贵，无能不官，无功不赏，无罪不罚。朝无幸位，民无幸生。尚贤使能，而等位不遗；析愿禁悍，而刑罚不过。"（《王制》)就是兼顾德与才、贤与功，这在理论和实践上都是较少弊病的。此外，荀子还说："君者，何也？曰：能群也。"（《君道》)"天之立君，以为民也。"（《大略》)并且他赞扬推翻桀、纣那样的暴君的行动，说这是"夺然后义，杀然后仁，上下易位然后贞"（《臣道》)，把尚贤的思想由臣推广到君，尤为可贵。

　　荀子的尚贤思想是他的群分说的一个重要部分，也是他对传

统的礼的观念的重大发展。周时的礼，本是同农奴制的世袭等级制相联系的，即所谓"大人世及以为礼"（《礼记·礼运》）。荀子的礼，虽保留了贵贱、贫富等的差别，但个人在这个差别中的地位却是变化的。用我们的话说，就是把人分为不同阶级、等级的社会结构不变，其成员则是允许而且鼓励、促成其变化。法家的尚法、尚功也是要促成这种变化，故他们有相似之处。这是当时地主阶级土地私有制已逐步形成在意识形态上的反映。但从政治上说，荀子同法家所采取的路线是不同的。故他的群分说、礼义观，仍应看作是儒家思想的发展。

荀子的群分说、礼义观，实际上是汉以后一些重要封建王朝的指导思想，特别是后来一些较为著名的封建政治家的指导思想。但是，在理论形式上，人们却很少提及荀子。这是一个耐人寻味的现象。我们将在论荀子思想的影响时再作分析，这里就不说了。

第四章 荀子的知行论和正名说

荀子的知行论，也可以说是他的知识论（认识论）；其正名说，也可以说是他的论理学（逻辑学）或思想方法。但荀子的知行论和正名说与一般所谓知识论和逻辑学、思想方法不同。荀子主要是政治思想家，他的知行论和正名说是同他的政治思想（包括性伪说、群分说、礼义观等）相联系的，其知行论讲的主要是他的政治理论的知与行，正名说讲的是同他的政治理论相关的思辨方法，而且他的知行论与正名说密不可分。所以我在这里仍用他自己的用语，而不用今人的用语。

一、知行论

在论及荀子的人性论时，我们曾说到：他把人的表现分为性、伪两种。性指人生而具备的生理机能和物质欲望，伪指人的后天学养，即礼义。性、伪虽善恶不同，但伪不离性，其桥梁就是人具有可以感知、认识善的潜能（性），这是荀子的知行论的根本出发点，也是它的根本特点。但他的知行论所包含的内容远不止此，这里拟分三个方面作一些评述：

1. **知与智**

荀子说："所以知之在人者谓之知，知有所合谓之智。"(《正名》) 又说"凡以知，人之性也"(《解蔽》) 以训能，知指人生即具有可知事物的基本能力，故说是性。"知有所合"，指人运用能知事物之素质与外界接触而形成知识、智能，按荀子对性、伪之分的定义，已属于"可学而能，可事而成"的"伪"了 (见《性恶》)。故由"知"到"智"的过程，也就是化性起伪的过程。

为什么人有可知事物的本能呢？荀子认为是由于人有感知事物的生理机能。他把人感知事物的器官分为天官与天君两类："耳、目、鼻、口、形，能各有接而不相能也，夫是之谓天官；心居中虚，以治五官，夫是之谓天君。"(《天论》) 这两类的功能不同，而相互为用。《正名》说：

> 形体色理，以目异；声音清浊、调竽（按：疑当作"节"）奇声，以耳异；甘、苦、咸、淡、辛、酸、奇味，以口异；香、臭、芬、郁、腥、臊、洒、酸、奇臭，以鼻异；疾、养、沧、热、滑、铍、轻、重，以形体异；说、故、喜、怒、哀、乐、爱、恶、欲，以心异。心有征知。征知，则缘耳而知声可也，缘目而知形可也；然而征知必将待天官之当簿其类然后可也。

这就是说，心既可沟通五官的感觉，又有主导论辩（说），认识事理的缘由（《墨子·经上》："故，所得而后成也。"）和支配各种感情（喜、怒等）的能力。故荀子尤重心的作用，认为人能否认识"道"（荀子的道主要指人道，即群分之道，礼义之道。参见本书第二、三章）关键在于心。《解蔽》篇对此有详细的论述：

> 故治之要在于知道。人何以知道？曰：心。心何以知？曰：虚壹而静。……人生而有知，知而有志。志也者，臧

也；然而有所谓虚，不以所已臧害所将受谓之虚。心生而有知，知而有异，异也者，同时兼知之。同时兼知之，两也；然而有所谓一，不以夫一害此一谓之壹。心卧则梦，偷则自行，使之则谋。故心未尝不动也，然而有所谓静，不以梦剧乱知谓之静。……虚壹而静，谓之大清明。万物莫形而不见，莫见而不论，莫论而失位。坐于室而见四海，处于今而见久远，疏观万物而知其情，参稽治乱而通其度，经纬天地而材官万物，制割大理，而宇宙里（按：疑当作"理"）矣。

按：《解蔽》一篇，梁任公说是讲的心理学（见《荀子解题》），诚是；此段即描述了人在认识过程中的三种心理状态（"虚壹而静"）。但是，就全篇来看，除了对"静"这一状态描述较多外，他着重论述的还是决定这三种心理状态的思想方法。这三种方法是：

（1）正确处理已知与未知的关系，即"虚"。"知而有志"之"志"，义同誌、识，意即人同外界事物接触，形成某种认识，就会保留下来，故说它是"臧也"（臧读作藏）。这种已有的认识，如果变为一种成见，就会妨碍接受新知识、新见解，从而阻碍人们认识的进步，这时就要"虚"，即"不以所已臧害所将受"。

（2）正确处理一与两的关系，即"壹"。荀子所谓"两"，主要是指人们认识的偏差（"知而有异"）。《解蔽》所说"墨子蔽于用而不知文，宋子蔽于欲而不知得，慎子蔽于法而不知贤，申子蔽于埶而不知知，惠子蔽于辞而不知实，庄子蔽于天而不知人"，即指认识上的偏差；有时也指人的知能的差异，如同篇所说的"农精于田""贾精于市""工精于器"。这两类差异形成的原因有所不同（详后），但荀子认为可以"同时兼知之"，兼知是"两"。但两不是兼容或兼能，而是用一种更高的思想去吸取或更高的智能去驾驭，故说"有所谓一"。这个一是更高的统一，能协调、排除异说、异能中那些相矛盾和冲突的方面，故说"不以夫一害此一"，而别称之为"壹"。荀子对这种"壹"特别重视，曾在《解蔽》中申述说：

> 身尽其故则美，类不可两也，故知者择一而壹焉。农精于田而不可以为田师，贾精于市而不可以为贾师，工精于器而不可以为器师。有人也，不能此三技而可使治三官，曰：精于道者也，精于物者也。精于物者以物，精于道者兼物物。故君子壹于道而以赞稽物。壹于道则正，以赞稽物则察；以正志行察论，则万物官矣。

这段话主要是就"两"的第二种情况（即知能差异）而言的。意谓人如能亲历亲知各种事理的原因，究竟（故）当然好，但事物各有其类，不可兼能，故只能在各类事物中择其一而"壹"之。所择之一即精于道（以别于农、工、商）。"精于物者"，指农、工、商等。有道者可以通知所有物理（"以赞稽物"），故说"兼物物"，亦即能统驭精于物者。这样，万事万物就可以得到治理，故说"万物官矣"。官即各司其职，各得其所之意。又《非十二子》说：

> 若夫总方略，齐言行，壹统类，而群天下之英杰而告之以大古（按：一作"道"，作"道"是），教之以至顺；奥窔之间，簟席之上，敛然圣王之文章具焉，佛然平世之俗起焉，六说者不能入也，十二子者不能亲也……仲尼、子弓是也。

这是就第一种情况（即认识的偏差）说的。意思是说，对事物的认识和处理，有一个统一的理论体系（"壹统类"），就能纠正"蔽于欲""蔽于用"等偏差。这个理论体系即道，即礼义（"圣王之文章"）。《儒效》言"百王之道，一是矣""此其道出乎一""以古持今，以一持万"意同。

由上所述，可知荀子所谓一与两，其义不同于一分为二、合二为一的辩证法。他所说一与两的关系，是同其所谓"类"的思想方法联系的。荀子所谓"类"，含有多重意义。一为事物之种类，如上引《解蔽》"类不可两"及《天论》所云"财非其类，以养其类"之"类"等，荀子很注意这种类分的方法。一为类聚、类推之方法，即今所谓归纳、演绎法，如《王制》"以类行杂，以一持万""有法者以法行，无法者以类举"，前句即指类聚，后句指类推；《儒效》"法教之所不及，闻见之所未至，则知不能类也"，则兼指类聚、类推而言。一为对类分、类聚、类推的思维法则的总称，如《儒效》所云"其言有类，其行有理"之"类"等。一指由一系列类分、类聚、类推法所形成的逻辑严密的理论体系，通常称为"统类"，如上引《非十二子》所言"壹统类"等；亦称为"伦类"，如《劝学》所言"伦类不通，不足为善学"，《臣道》所言"伦类以为理"；也单称类，如《非十二子》批评子思、孟子"略法先王而不知其统……甚僻而无类"，无类即无统类；又同篇所云"故多言而类，圣人也"，亦指言有统类或伦类。荀子所说的一与两的关系，就是建立在这类分、类聚、类推和"壹统类"的基础之上。"一"，是指按类聚、类分的原则，有些人只看到一个方面的道理，有些人只能专精一种职业（农、工、商等）；"两"，是指由此而产生认识上的分歧和职业上的差异；"壹"则是总揽群聚而有分之理，推论所有的事物（社会上的），而形成道和礼义，一方面用以排除分歧的异说，统一人们的思想认识，一方面统御不同职业的人们。故荀子所谓"一""两"与"壹"，就思想方法言，是一系列的归纳、演绎法的运用，而非辩证法。

（3）排除假象的干扰，即"静"。静是同虚、壹相联系的，心不虚、不壹则不能静。《解蔽》说："故人心譬如槃水，正错而勿动，则湛浊在下而清明在上，则足以见须眉而察〔肤〕理矣。微风过之，湛浊动乎下，清明乱于上，则不可以得大形之正也。心亦如是矣。故导之以理，养之以清，物莫之倾，则足以定是非、决嫌疑矣。小物引之，则其正外易，其心内倾，则不足以决庶理矣。"即是说明静与虚、壹的关系。如槃水之不动，是说静；"物莫之倾"，就是兼说虚和壹了。同篇又说：

> 凡观物有疑，中心不定，则外物不清，吾虑不清，则未可定然否也。冥冥而行者，见寝石以为伏虎也，见植林以为后人也，冥冥蔽其明也。……故从山上望牛者若羊，而求羊者不下牵也，远蔽其大也；从山下望木者，十仞之木若箸，而求箸者不上折也，高蔽其长也……有人焉，以此时定物，则世之愚者也。

这主要是说静，同时也是包括了虚和壹的。按：要认识事物的真相，仅凭观察时心的"虚壹而静"是不够的，因为构成事物的假象有更多的原因；但荀子提出了事物有真象、假象这个问题，指出必须排除假象，方能决是非、定嫌疑，仍是有重要的方法论的意义的。

2. 知有异、有止

荀子认为每个人都有可以知的本能，但又说："人伦并处，同求而异道，同欲而异知。生也，皆有可也，知愚同；所可异也，知愚分。"（《富国》）生即性。"生也"旧属上读，失之。按《荣辱》说：

材性知能，君子小人一也。好荣恶辱，好利恶害，是君子小人之所同也，若其所以求之之道则异矣……则君子注错之当，而小人注错之过也。故孰察小人之知能，足以知其有余可以为君子之所为也。譬之越人安越，楚人安楚，君子安雅，是非知能材性然也，是注错习俗之节异也。

这是说，人之所以分为贤愚，是由于各人的选择和环境的影响使然。又《性恶》说：

小人君子者，未尝不可以相为也；然而不相为者，可以而不可使也。故涂之人可以为禹，则然；涂之人能为禹，未必然也。

这里说"不可使"，指各人选择的道路不同，非必能使之走为禹的道路。"可以"，指人生来都可有认识道理的能力，荀子认为，只是由于客观环境有别，选择的道路不同，才形成了智愚之分，并非生来有异。故当以"生也"属下读，意谓从性来说，皆有可知的本能。若属上读，则互相牴牾矣。

荀子不唯认为人"可以知"的情况有差异，还认为所有的人的知识、能力也有限度，即使所谓"君子"也如此。《儒效》说："君子之所谓贤者，非能遍能人之所能之谓也；君子之所谓知者，非能遍知人之所知之谓也。……君子之所谓察者，非能遍察人之所察之谓也，有所正矣。相高下，视硗肥，序五种，君子不如农人；通货财，相美恶，辩贵贱，君子不如贾人……若夫谪德而定次，量能而授官，使贤不肖皆得其位，能不能皆得其官，万物得其宜，事变得其应，慎、墨不得进其谈，惠施、邓析不敢窜其察，言必当理，事必当务，是然后君子之所长也。"按：孔子自称于农事不如老农、老圃（《论语·子路》），孟子说人们当"通功易事"（《孟子·滕文公下》），荀子这里则更进一步，表示对墨、法及名辩之说亦不屑为，其学说的党派性尤为鲜明。故他的知识论不仅是政治思想家的知识论，还可说是儒家的知识论。他在《天论》中说"唯圣人不求知天"，同他的知识论是相通的。

3. 知与行

儒家大都主张知、行要统一，荀子尤重行，曾反复言之。《儒效》说：

> 不闻不若闻之，闻之不若见之，见之不若知之，知之不若行之，学至于行之而止矣。行之，明也，明之为圣人。圣人也者，本仁义，当是非，齐言行，不失毫厘，无它道焉，已乎行之矣。故闻之而不见，虽博必谬；见之而不知，虽识必妄；知之而不行，虽敦必困。不闻不见，则虽当，非仁也，其道百举而百陷也。

又《性恶》说：

> 故善言古者，必有节于今；善言天者，必有征于人。凡论者，贵其有辨合，有符验。故坐而言之，起而可设，张而可施行。

按：这两段话都很精，可以说是我国古代思想家关于知行问题的最透辟的论述。"行之，明也"一语尤堪注意。盖明既有检验之意，也有光大之意。可见他不但已经认识到所知的正确与否必须用实践来检验，还已初步意识到，在实践中可使所知得到某种程度的发展，这已接近于科学的知行观的门槛了。

但荀子的知行论也有较严重的缺陷，即他所谓知和行都局限在政治、伦理道德的范围之内，而尤以礼义为主。前面说到他认为知有止，实际即止于知礼义，又《大略》说："夫行也者，行礼之谓也。"则见其行亦止于此。

二、正名说

荀子的正名说是同他的知行论相联系的。我们在上面讲到的他对人的正确认识的形成的论述（"天官""天君"的作用），就是他认为人之所以能辨别同异、形成正确的概念的依据，即所谓"凡同类同情者，其天官之意物也同，故比方之疑似而通，是所以共其约名以相期也"（《正名》）。上面讲到的类分、类聚、类推的方法，更属于他名学中的重要范畴。但他的正名说又有其自身所论述的范围。

荀子正名说讲的主要是今人所说的逻辑学（我国旧称名学）方面的问题，在这方面，荀子很明显地受到当时名家的影响，其名学可说是批判、总结名家学说的产物。但他的名学同名家的名辩有很大的区别，这主要表现在三个方面：

（1）荀子的名学继承孔子正名说的精神，主要是从政治生活的需要着眼，《正名》说："后王之成名，刑名从商，爵名从周，文名从礼，散名之加于万物者，则从诸夏之成俗曲期，远方异俗之乡，则因之而为通。"又说："故王者之制名，名定而实辨，道行而志通，则慎率民而一焉。故析辞擅作名以乱正名，使民疑惑，人多辨讼，则谓之大奸；其罪犹为符节、度量之罪也。"这都是对孔子"名不正则言不顺，言不顺则事不成，事不成则礼乐不兴，礼乐不兴则刑罚不中"（《论语·子路》）的发挥。故荀子的名学，可以说是政治思想家的名学。名家（以公孙龙、惠施为代表）则不同，他们探讨的主要是一般的思维方法和各种事物的概念与实体的关系问题，如白马是不是马，坚、白、石是二还是三，至大是否有外，至小是否有内，等等，唯墨子后学的名辩颇涉及一些政治、社会问题。可以说，他们讲的基本上是哲学家的名学。

（2）名家的名辩，虽有时也用归纳法（如《墨子·经下》"知狗而自谓不知犬，过也，说在重"之类），但他们主要用的是分析的方法（如公孙龙说"白马非马"，惠施说"日方中方睨，物方生方死""至大无外，至小无内"等）。荀子则虽用分析、演绎的方法，尤重视综合和归纳。如《正名》在讲到命名的原则时说："同则同之，异则异之；单足以喻则单，单不足以喻则兼；单与兼无所相避则共，虽共，不为害矣……故万物虽众，有时而欲遍举之，故谓之物。物也者，大共名也。推而共之，共则有共，至于无共然后止。有时而欲遍举之，故谓之鸟兽。鸟兽也者，大别名也。推而别之，别则有别，至于无别然后止。"这就是既层层分析，又逐层归纳并由此形成共名、大共名、别名、大别名等有序的事物分类的概念体系。

（3）荀子与名家所关注的虽然同是名与实是否相符，但公孙龙、惠施等人最注重的是理论的思辩，不仅违反常识，有时甚至带有玄想的诡辩的色彩（墨辩一派稍不同，既有对常识的肯定，也有更高一层的分析与观察）。荀子则大力肯定"约定俗成"的合理性。他认为："名无固宜，约之以命；约定俗成谓之宜，异于约则谓之不宜。名无固实，约之以命实，约定俗成谓之实名。"并进一步说："物有同状而异所者，有异状而同所者，可别也。状同而为异所者，虽可合，谓之二实。状变而实无别而为异者，谓之化；有化而无别，谓之一实。此事之所以稽实定数也，此制名之枢要也。"(《正名》)"异所"，谓所指异，即异实，意指事物的形状同而其实不同。如同是取财，一为劳动所得，一为贪赃枉法所得，虽都可说为得财，但实质不同，不得相混，而应称为合理报酬和不义之财。"异状而同所"，即状变而实无别。如某人由少变老，仍是某人，铁可以制成多种机器，其原料仍是铁。这都可见荀子非常尊重实际，一切从实际出发。故他说是"依实定数"，即按照实际而给予它固定的名称。

这三点中，后一点尤为荀子名学的特色。他在批评各家学说（包括名家）时，就常用这综核名实的实证方法，如《正名》中说：

> "见侮不辱"，"圣人不爱己"，"杀盗非杀人也"，此惑于用名以乱名者也。验之所以为有名而观其孰行，则能禁之矣。"山渊平"，"情欲寡"，"刍豢不加甘，大钟不加乐"，此惑于用实以乱名者也。验之所缘无以同异而观其孰调，则能禁之矣。"非而谒楹"，"有牛马非马也"，此惑于用名以乱实者也。验之名约，以其所受悖其所辞，则能禁之矣。

按：他在这里举了三类情况。第一类的"见侮不辱"是宋钘的学说，宋钘主张"语心之容，命之曰心之行，以聏合欢，以调海内"（《庄子·天下》篇述宋钘说），认为人心应能容纳万物，与各种人物都亲近（聏，暱也），故说即使被欺侮也不要认为是耻辱。"圣人不爱己"，原意未详。《庄子·天下》篇有"墨子不爱己"语，疑墨子认为圣人应兼爱人，因有人偷换概念，以人为人己之人（即他人），把己排除在外，遂有"圣人不爱己"之说。"杀盗非杀人"见《庄子·天运》篇，与《墨子·经下》所说"而杀狗非杀犬也，可"意近，盖亦墨家说。这三说都是偷换概念。实际被人欺侮有不同情况，有当感到耻辱的，有的则否；爱人的人未必不爱己，爱己者也可以爱人；盗也是人的一种。故荀子说是"用名以乱名"。他认为，对付这种诡辩的办法是检验"辱"、"爱己"（己亦人）、"盗"（人之为盗者）等名称的由来，就可以判断其为行不通的遁辞了。第二类"山渊平"是惠施之说，意思是事物的高下是有相对性的，近观之，山渊是高下不同的，远观则若一；又此渊与此山虽有高下之别，彼渊与此山却可能同在一水平线上。荀子并不否定这种推理也有事实的依据，但仅以眼前一般的山渊有别为据依，故说是以实乱名。此实是指非一般的实。其他二例亦然，就一般人而言，欲望是多的，个别人也可以欲望少，但不能据此说人的欲望少（此亦宋钘说）；就一般人而言，刍豢（肉味）是加甘的，钟声是加乐的，个别人可以不如此，但不能说人的感觉都是这样（此墨家说）。第三类的"非而谒楹"，义不可通，疑为"非木谓楹"之讹。《墨子·大取》"意楹，非意木也，意是楹之木也"，即是谓楹非谓木之意。"有牛马非马"，《墨子·经说下》云："故曰'牛马非牛也'，未可；'牛马牛也'，未可……而曰'牛马牛也未可'亦不可。"与此相类，盖当时有此说。按：据荀子《正名》篇所云，楹之与木应属于所谓"状变而实无别而为异者，谓之化"。故概言之，楹得称为木，别言之乃称为楹。今谓楹不得称木，是因其变化之名，而乱其共名之实。"有牛马非马"稍异，有牛马是合二物而言，生活中亦有此种说法，如谓某人家有牛马若干，有田土若干，即其例。但既称有牛马，则必有牛也有马，今谓其既非牛也非马，似是别白分明，而没其有牛有马之实，故荀子也认为是"用名以乱实"。由此三类例子可见，荀子的名辩，完全以切于实用为依归，凡有悖于此的，他一概不取。这既是它的优点，也是它的缺点。因为从生活实用来说，那些违反常识的名辩，确实是无用而有害的；但理论思维的发展和某些科学上的进步，又常要以打破常规、排除流行的常识为前提。荀子一概扫而去之，是不宜的。

不过，荀子也非一概守常不变。他在《正名》中说："若有王者起，必将有循于旧名，有作于新名。"即说明他已认识到：社会变化了，事物的概念（名）也要有变化，要适应新事物制定新的概念。他在《正名》中所提出的共名、大共名、别名、大别名以及性、伪、虑、知、能、行、命等，就是根据当时学术思想的发展和不同学派的论争而提出的新概念或对旧概念所作的新解释。这些，前人大都注意到了，我想补充的是：荀子除了根据他所定的"制名之枢要"对一系列的概念作了规定外，还对正名的作用也作了说明。《正名》说：

> 实不喻然后命，命不喻然后期，期不喻然后说，说不喻然后辨。故期、命、辨、说也者，用之大文也，而王业之始也。名闻而实喻，名之用也。累而成文，名之丽也。用丽俱得，谓之知名。名也者，所以期累实也。辞也者，兼异实之名以论一意也。辨说也者，不异实名以喻动静之道也。期命也者，辨说之用也。辨说也者，心之象道也。心也者，道之工宰也。道也者，治之经理也。心合于道，说合于心，辞合于说，正名而期，质请而喻，辨异而不过，推类而不悖，听则合文，辨则尽故。以正道而辨奸，犹引绳以持曲直。是故邪说不能乱，百家无所窜。……说行则天下正，说不行则白道而冥穷，是圣人之辨说也。

按：这段话是荀子对孔子正名说的发挥，也是我国古代思想家对语言的逻辑性及其在政治生活中的作用所作的最为完整的论述。它的含意比较丰富，而近人较少注意，特稍作解说。

本段文字可分两层去考察。第一层自首句至"辨说也者，不异实名以喻动静之道也"止，主要是讲语言文字的逻辑结构。文中所谓"命"，是指命名，也就是根据事物的性质定一个概念。期，旧释为会、约、要，非是；当训度。《吕氏春秋·怀宠》："征敛无期。"高诱注为"度"。度即今言限度、界限之意。"命不喻然后期"，译成今语，就是如果这个概念人们尚不明了，就要给它下个定义或界说，把它限制在规定的意义之内。如《正名》说"生之所以然者谓之性。性之和所生，精合感应，不事而自然谓之性"，就是对"性"这个概念所下的界说。说是指解说，辨是指批驳反对意见以树立正面意见。要使辨说为人所信服，首先要概念准确，符合实际，此即所谓"名闻而实喻"。但单个的概念还不能达意，故必须"累而成文"，即把一系列的概念组成有逻辑顺序的语言（"用丽俱得"即概念的组合得当）。所以荀子说，概念是界定一系列事物的性质的（"名也者，所以期累实也"）。文辞则是把许多反映不同事物的性质的概念集合起来表现一种意思的（"辞也者，兼异实之名以论一意也"）。"不异实名"，谓不改变事物的性质和概念，即坚持讨论的前提，如论性则坚持"生之所以然者谓之性"这个前提。"动静之道"，杨倞注："动静，是非也。"臆说无据。按：动静犹行止，引申有变动与安常之意。《君道》说"行义动静，度之以礼"，以"动静"状"行义"，即不专言行止，而含有常变之意。守常尽变是荀子的一贯思想，其书中屡言之。如《天论》云："百王之无变，足以为道贯。……不知贯，不知应变。"又《解蔽》云："夫道者，体常而尽变，一隅不足以举之。"《儒效》云："其言有类，其行有礼，其举事无悔，其持险、应变有当，与时迁徙，与世偃仰，千举万变，其道一也，是大儒之稽也。"都是说道有常有变，而变出于常，皆可与这里的动静相发明。荀子之意，盖谓辨说与期命不同：期命是指用概念和界说确定事物的性质，辨说则是对该事物的本质和变化展开驳辩和说明，故说"辨说也者，不异实名以喻动静之道也"。

本段的第二层是进一步说明期命辨说与论辩者思想修养的关系及其在政治上的作用。"象道"，意即将道具象化、具体化。辩论为"心之象道"，意即辨说是表现心中的某种具体思想的。故接着他对论辩文提出了要求，即：思想要正确（"心合于道"）；所论说要能完整地表达自己的思想（"论合于心"）；所用文辞要准确地达意（"辞合于说"）；基本概念要明白无误（"正名而期"）；内容要实在而容易了解（"质请而喻"，请当是情之讹，情，诚也）；对异说的批评要有分寸（"辨异而不过"）；推理要有严密的逻辑性，不自相矛盾（"推类而不悖"）；听起来文理条畅（"听则合文"），论辩时证据充足（"辨则尽故"）。他认为，如果做到了这些，那就可以伸张正道，驳倒邪说，达到正天下和明道的目的。

总之，荀子的正名说既包含着一般的逻辑法则的论述，又带有浓厚的政治思想家、政论作家的特色。因此，它不但在我国古代逻辑学史上有重要的地位，在语言学、文章学史上也有不可忽视的地位。

第五章　荀子的王霸论、
富国论及其历史观

王霸论、富国论是荀子的政治、经济学说中两个重要的部分。它们都与荀子的政治思想的核心——群分学说相联系，并以之为基础，所以我们在评说时仍不得不涉及荀子的群分说，但尽可能避免不必要的重复。他的历史观又与其王霸论、富国论相关，故次及之。

一、王霸论

《荀子》中的《王霸》篇主要论述王霸的区别，但《荀子》中涉及王霸问题的并不只这一篇。王道更可以说包括了荀子思想的各个部分。我们在谈到荀子的天人观时曾指出：荀子所谓"道"，主要是人道。实则他的人道又主要是指"君道"（《君道》云："道者何也？曰：君之所道也。"），也就是王道。故我们在这里不可能涉及他所谓王道的所有方面，而只能就其与霸道相关的三个重要问题作概略的评述。这三个问题是：

1. 法后王

骆绍宾师曰:"荀子屡言法后王,而后王之解至无定。或曰后王为文、武,或曰后王为当时之王。今当通校荀子之文而求其意。《非相》篇曰:'礼莫大于圣王,圣王有百,吾孰法焉?……故曰:欲观圣王之迹,则于其粲然者矣,后王是也。彼后王者,天下之君也,舍后王而道上古,譬之犹舍己之君而事人之君也。故曰:欲观千岁,则数今日;欲知亿万,则审一二;欲知上古(世),则审周道;欲知周道,则审其人所贵君子。'(原注:其人谓师;所贵君子,谓如孔子之于文、武、周公,七十子之于孔子。)《不苟》篇曰:'百王之道,后王是也。'《儒效》篇曰:'法后王,一制度。'《王制》篇曰:'法贰后王谓之不雅。'《正名》篇曰:'后王之成名不可不察也。'《成相》篇曰:'凡成相,辨法方,至治之极复后王。'此诸'后王'皆同一义,而以《非相》篇所释为至明。一曰隆礼之后王,二曰圣之后王,三曰当时所君之后王,四审周道以知后王,此非文、武而谁哉?自史公引荀子法后王之言以证成其取秦法之意,而杨倞、俞荫甫皆谓为近时之王。俞谓汉人必法汉祖,宋人必法宋祖,然则生于鲜卑之朝者必法拓拔珪,生于沙陀之朝者必法李克用,此乃真为戏论矣。……文、武之圣,自战代(战国时代)追称则曰先王;言其后此无圣王,则至今仍可曰后王;自秦而下,非荀子所欲法之后王也。"(据《荀子集解》批语)按:这段诠释甚精。我想稍加补充和发挥的是:

(1)《非相》所云"礼莫大于圣王"一语极为重要。荀子的法后王实与他的重群分、崇礼义的观点相联系。然荀子只说:"人之生不能无群,群而无分则争,争则乱。""先王恶其乱也,故制礼义以分之。"(《王制》)"圣人积思虑、习伪故,以牛礼义而起法度。"(《性恶》)并未明说是一位或多少位圣人的积伪才形成了礼义的制度。但他说过"百王之无变，足以为道贯"(《天论》)，又说过"夫道者，体常而尽变"(《解蔽》)，则作为道的主要内容的群分之理、礼义之制，当既为古先圣王之所创立，又为后世圣王之所损益，与孔子所言"殷因于夏礼，所损益可知也；周因于殷礼，所损益可知也；其或继周者，虽百世可知也"(《论语·为政》)意同。又孔子说："周监于二代，郁郁乎文哉！"(《论语·八佾》)荀子亦说："凡礼，始乎梲，成乎文，终乎悦校。故至备，情文俱尽。"(《礼论》)故自然要以周之圣王为法。但法周之圣王(后王)，并非不法先王，而是认为法后王即所以法先王，且才能更好地法先王。故他虽批评过孟子"略法先王而不知其统"(《非十二子》)，然其重点不在"法先王"，而是在"不知其统"，即不知先王与后王一贯的思想("百王之无变")。荀子提倡法后王，但是他的书中称道先王之处甚多，甚至在同一篇中既讲要法后王，又讲要法先王（如《非相》篇即既说要法后王，又说"凡言不合先王，不顺礼义，谓之奸言"）。先王与后王错综出现，就是这个道理。不过，荀子所说的先王又是有界限的，他虽说"百王之无变"，但其所称述的却限于尧、舜以下，并一再明确地说："道过三代谓之荡，法贰后王谓之不雅。"(见《王制》，又见《儒效》)故在某种意义上，我们又可说荀子所谓"后王"主要指周之圣王，然亦可包括尧、舜以来之圣王，尧、舜以前则为他所不道。这从方法论来看，正如他自己所说，是"以近知远，以一知万"(《非相》)，以"今日"推论"天地之始"，以"后王之道"推论"百王之道"(见《不苟》)。从学术师承来说，则是遵循孔子的"祖述尧舜，宪章文武"(《礼记·中庸》)的规范。从其所反对的思潮来说，则主要是针对道家、农家(许行)企图复尧、舜以前的学说，也含有反对墨子崇夏道，尚质而不尚文的意思。

（2）《非相》所云"欲知周道，则审其人所贵君子"一语也堪注意。这句话固如绍宾师所诠释，反映荀子的学术师承；同时也说明，荀子所谓法后王，是法经过先师传述的后王之道，即经过筛选、过滤了的后王之道。荀子曾说，古圣王之礼"文久而息，节族久而绝，守法数之有司极〔礼〕而褫"（《非相》），即古代的礼、乐制度经过久远的年代不免失传或发生变异（褫，解也。引申有废弛、变化之意，"礼"字疑衍），故要法后王。实则周礼到战国也多不传（"礼坏乐崩"），从客观上看，荀子自不得不师法先师的传述。他在《王制》篇所叙官制，既与汉博士所述《王制》（见《礼记》）所云多未合，与《周官》（《周礼》）所载虽多相近，然亦有出入，可能即是所承师说有异，当然也不排除荀子自己的改动。他在《正论》中所论"尧舜擅让"即与《尚书》所载亦不合（《成相》篇所言则相合，详第七章）。又他在《劝学》中说："《礼》《乐》法而不说，《诗》《书》故而不切，《春秋》约而不速。方其人之习君子之说，则尊以遍矣。"对五经都有微辞，而以"方其人之习君子之说"为准，这就更可证他所谓法后王实际是法其所师承的儒学传统。我们如果相信他真是师法周圣王，企图复周之制，那是太迂了。他所谓法后王，实际不过是略师其意，为其重群分、贵礼义之说张目而已。

（3）司马迁、杨倞、俞樾等以"后王"为"近时之王"，亦非完全无据。其据即是《非相》所云："彼后王者，天下之君也。舍后王而道上古，譬之是犹舍己之君而事人之君也。故曰：欲观千岁，则数今日。"如只从表面上来理解，似难辩驳。但一则这与荀子的整个思想不合。荀子所尊者为礼义，而他对时王的批评，恰恰都在于不循礼义，《议兵》篇对秦国的批评（见后）即典型的例证。其次是他们都误解了荀子的原意。荀子说后王是"天下之君"，并非说是当时天下之君，荀子著书时，也没有一个天下之君，而只有一国（齐、秦、楚等）之君。至其所谓"舍己之君而事人之君""欲观千岁，则数今日"，都是譬况之辞，是不能泥解的。盖荀子之意，实以"天下之君"的圣王为断，非天下之君的圣王则不论。《正名》说"今圣王没，名守慢"，即明说当时无圣王，何从为法？绍宾师强调荀子所谓后王为"隆礼之后王""圣之后王"，即所以驳正从司马迁到俞樾的误解，只是未加申述，故特为补充说明之。

2．辨王霸

王霸之霸，本为方伯之伯，谓一方诸侯之长，春秋时始用霸字，但仍混用（如《左传》成公二年"五伯之霸也"即混用）。为什么要改用霸字，当时人没有留下说明。《左传》成公二年孔疏："郑玄云：天子衰，诸侯兴，故曰霸。霸，把也，言把持天子之政教，故其字或作伯，或作霸也。"以"把"释霸，恐是后来的附会之词，疑方伯之伯与公侯伯子男之伯易相混，故用霸字代之。《说文》："霸，月始生霸然也。"（即月初始见之月）亦作魄，盖均只取其同声相借，于义无取，尤无贬义。但春秋时的五霸，确是"把持天子之政教"，常发动兼并弱小诸侯的战争，有时也尊王室，有时则有违礼犯上之嫌（如晋文公的请隧，楚庄王的问鼎），故相传为孔子所作的《春秋》时有讥议。但孔子的《论语》对霸者行为有贬亦有褒。如说："晋文公谲而不正，齐桓公正而不谲。"(《宪问》)又曰:"桓公九合诸侯,不以兵车,管仲之力也;如其仁,如其仁。""管仲相桓公,霸诸侯,一匡天下,民到于今受其赐。微管仲,吾其被发左衽矣。"(同上)然又说:"管仲之器小哉!""管氏而知礼,孰不知礼?"(《八佾》)至孟子,才对五霸采取非常轻蔑的态度,说他们是"三王之罪人"(《孟子·告子下》),说"仲尼之徒无道桓文之事者"(《梁惠王上》)。

荀子也同孟子一样提倡王道,但他并不否定霸道,而认为它们是两个不同的层次,即王道是他的高层次的政治理想,霸道则是一种有缺陷的政治追求。他所反对的是专恃武力,专尚权谋、欺诈的政治行为。其中特别值得注意的是下面几点:

(1)他认为王者、霸者都是讲德教的,只是其水准有高低不同。《王制》说:

> 王夺之人,霸夺之与,强夺之地。夺之人者臣诸侯,夺之与者友诸侯,夺之地者敌诸侯。臣诸侯者王,友诸侯者霸,敌诸侯者亡。

"夺之人",是指争取敌国民众的归附;其条件,荀子认为是要"仁眇天下,义眇天下,威眇天下"(同上)。"夺之与",是指争取敌国的盟友;其条件,他认为除了搞好内政外,还要能"存亡继绝,卫弱禁暴,而无兼并之心"(同上)。这也是德教,只是比"仁眇天下,义眇天下"层次要低了。又《王霸》篇说:"故用国者,义立而王,信立而霸,权谋立而亡。"意亦同。

(2)荀子与孟子不同,孟子反对强兵,甚至认为国土也可让人(见《孟子·梁惠王下》论太王事)。荀子则认为王者也要"威眇天下",霸者更要"辟田野,实仓廪,便备用,案谨募选阅材伎之士,然后渐庆赏以先之,严刑罚以纠之"(《王制》),做到国富兵强。王、霸的区别只在于王者可以"不战而胜，不攻而得，甲兵不劳而天下服"，霸者则只是"明其不并之行，信其友敌之道，天下无王霸主，则常胜矣"（同上）。

（3）荀子所谓王、霸之别，在某种意义上说近似儒、法之别。《强国》说："人君者，隆礼尊贤而王，重法爱民而霸。"即含有这个意思。但不能说荀子所谓霸道，就是法家之道。因为法家是只重法而不爱民的，荀子则把儒家的民本思想加上去了。尽管有此差异，他把重法与霸道联系起来的提法仍是值得注意的。盖战国时的法家，多奉管仲为其前驱，而管仲相桓公始霸诸侯。故荀子虽以为"礼者，法之大分，类之纲纪也"（《劝学》），把礼看成包括法而又高于法、大于法的指导思想，然在论霸道时，亦不得不把重法作为它的特征。这也反映荀子与孟子等儒家不同：他不是完全排斥法家，而是以儒家思想为核心去批判地吸取法家的合理的成分。

但是，必须指出：上面所述荀子的王、霸之辨，都是指他认为理该如此的霸道而言，并非是对春秋时五伯的评论。对于五伯其人，他则既有肯定，又有批评。如对齐桓公，荀子就批评他"前事则杀兄而争国，内行则姑、姊、妹之不嫁者七人，闺门之内，般乐、奢汰，以齐之分奉之而不足；外事则诈邾袭莒，并国三十五"。但他又说："（桓公）俶然见管仲之能足以托国也，是天下之大知也。安忘其怒，出忘其雠，遂立以为仲父，是天下之大决也。立以为仲父，而贵戚莫之敢妒也；与之高、国之位，而本朝之臣莫之敢恶也；与之书社三百，而富人莫之敢距也。贵贱长少，秩秩焉，莫不从桓公而贵敬之，是天下之大节也。……桓公兼此数节者而尽有之……其霸也，宜哉！"（均见《仲尼》）一言以蔽之，桓公的行为虽有"险污淫汰"（同上）的一面，但也有尊贤的大节，自然可为霸主。但是，对五伯的总体评价，他似乎是批评多于肯定。《仲尼》篇曰：

> 然而仲尼之门人，五尺之竖子，言羞称乎五伯，是何也？曰：然，彼非本政教也，非致隆高也，非綦文理也，非服人之心也；乡方略，审劳佚，畜积、修斗而能颠倒其敌者也。诈心以胜矣。彼以让饰争，依乎仁而蹈利者也，小人之杰也，彼固曷足称乎大君子之门哉！

这说得很严重，但所谓"本政教""致隆高""綦文理"，与《王制》所言"案然修仁，伉隆高，正法则，选贤良，养百姓"的王者之道其意是大体相同的，故仍不过是批评其未能行王道，并未完全将他们抹煞。

3. 不废法治，尤重人治

这是荀子所谓王霸之别的一个重要方面。"隆礼尊贤"，就包括不废法治、尤重人治的意思。因为这个问题是当时儒、墨、法三家论争的焦点，且这种论争一直延续到后世，故我单独把它提出来讨论。先看荀子的意见：

> 有乱君，无乱国；有治人，无治法。羿之法非亡也，而羿不世中；禹之法犹存，而夏不世王。故法不能独立，类不能自行，得其人则存，失其人则亡。法者，治之端也；君子，法之原也。故有君子，则法虽省，足以遍矣；无君子，则法虽具，失先后之施，不能应事之变，足以乱矣。不知法之义而正法之数者，虽博，临事必乱。（《君道》）

又说：

故法而不议，则法之所不至者必废。职而不通，则职之所不及者必队。故法而议，职而通，无隐谋，无遗善，而百事无过，非君子莫能。故公平者，职之衡也，中和者，听之绳也。其有法者以法行，无法者以类举，听之尽也。偏党而无经，听之辟也。故有良法而乱者，有之矣；有君子而乱者，自古及今未尝闻也。（《王制》）

综合这两段所说，可知荀子并非不重法。"法者，治之端也"一语就充分肯定了法的重要性，但他着重申述的则是"有治人，无治法"。他提出这个观点的根据，归结起来不外两个方面：首先，法是人制定和执行的，而世事是变化的，不管你制法时考虑如何周密，对执法的分工（职）如何明确，总是有法所不至之处，这就需要"以类举"，需要"议"，即按照立法的原则进行讨论和类推，加以补充和变化，这都"非君子莫能"。其次，仅从执法这个角度说，"不知法之义"而死守法的条文（"数"）的人是不能正确执法的，不知按实际情况决定执行政策、法令的程序（"先后之施"）的人也是不能正确执法的；只知道本职范围内的政策法令而不了解其他有关法令（"职而不通"）的人也不能正确执法。至于处事不公平，或宽严不当（不"中和"），或"偏党而不经"（贪赃枉法之类）的人，那就更不能正确执法；概言之，也"非君子莫能"。

按荀子所论，不能不说是历史经验的总结（尽管他只举了羿与夏两个历史例证），也为后来无数的历史事实所证明。秦法之防奸，可谓至严酷，而赵高即因之得势，就是突出的例子。近代以来，一些老牌的资本主义国家皆以"民主法治"自诩，其法如何姑不论，徒法不能自行的例子仍是俯拾即是。但是，荀子的见解却不能说是完全正确的，甚至是偏颇的。其缺点是未能认识到法虽是人所制定的，但又是历史经验的总结，是随着历史的前进而变化的。故人不但制定法，法也培养了人（当然，生活条件、道德教育等在培养人上也起了巨大的作用）。他所谓君子（即贤者），其实也是在某种法制的环境下培养出来的，这是其一。其次，要真的实现他的尚贤的理想，使能者在位，贤者在职，也必须有法。荀子似乎对此也曾注意，他在《君道》篇中说：

> 故古之人为之不然。其取人有道，其用人有法。取人之道，参之以礼；用人之法，禁之以等。行义动静，度之以礼；知虑取舍，稽之以成；日月积久，校之以功。

就是说用人要从两方面考察，一是要从"行义动静"中考察其是否合乎思想道德规范（礼）；二是要在实际工作中对官吏进行长期的考察，根据他们的成绩、才能逐级加以提拔任用。这当然也是一种法。但是，根据当时的历史条件，荀子只能把"论列百官之长"的责任归之"相"（《王霸》），把"论一相以兼率之"的职责属之"人主"（同上）。倘人主不明，相不贤，那么，这些选贤之法就全部落空了。所以荀子的"取人之道""用人之法"并不可靠，这就无怪他终于还是说"有治人，无治法"了。然选人并非是无法可想的。从我国历史上说，两汉以来实行的乡举里选之法，其弊虽多，仍异于只任人而无法；隋唐以来的科举取士之法，又稍胜于前；至于更进一步实行某种民主选举之法，如能不断完善，那就更可以基本上保证使贤能者脱颖而出，而使邪恶之徒与平庸之辈较难于得逞。当然，这样做，仍不能贬低人的作用，因为无论法多么完善，仍要靠人来执行，而且总会有人企图加以歪曲和破坏。但与只凭少数几个人从上到下来选拔人相比，其弊毕竟是较少的。不过，这已是今人的认识，我们是不能苛求荀子的。

二、富国论

富民与富国哪个更重要？这也是当时儒、法两家主要分歧之一。《论语·颜渊》载子贡问政，孔子曰："足食，足兵，民信之矣。"但又认为"必不得已"时前二者均可不要，"民无信不立"，则是万不可去的。所谓"信"，包括取民有制，已含有把裕民置于富国之上的意思。孔子弟子有若对鲁哀公说："百姓足，君孰与不足？百姓不足，君孰与足？"（同上）更明确地以富民作为富国的前提。孟子云："贤君必恭俭礼下，取于民有制。"并引阳虎曰："为富不仁矣，为仁不富矣。"（《孟子·滕文公上》）则把裕民与富国对立起来，反对富国了。法家鼓励农耕，似亦重视富民。但法家主张轻赏、重罚，认为"贫者使以刑则富，富者使以赏则贫，治国能令贫者富，富者贫，则国多力，多力者王"（《商君书·去强》）。其目的是用重罚驱使老百姓从事耕战，用赐爵的轻赏去鼓励富者纳粟，可见重点是富国。使贫者稍富，富者趋贫，不过是富国的手段，故两家的着重点是不同的。

荀子基本上继承孔子的思想，但更为明确地提出了"下贫则上贫，下富则上富"的观点，和"上下俱富"的思想（均见《富国》）。同时，对如何达到这个理想的途径，作了一些新的论述和发挥。

首先，荀子把"上下俱富"的思想作为他的群分学说的一个重要组成部分。他说："君者，何也？曰：能群也。能群也者，何也？曰：善生养人者也，善班治人者也，善显设人者也，善藩饰人者也。"又说："有社稷者而不能爱民，不能利民而求民之亲爱己，不可得也。民不亲不爱，而求其为己用、为己死，不可得也。"（《君道》）养民，利民，也就是使民富。他又说："用国者，得百姓之力者富，得百姓之死者强。"（《王霸》）这是说民富则国富。为什么民富则国富呢？他说："足国之道，节用裕民，而善臧其余。……彼裕民故多余，裕民则民富，民富则田肥以易（按：易，治也），田肥以易则出实百倍。上以法取焉，而下以礼节用之……夫君子奚患乎无余！"（《富国》）

但荀子又认为上下俱富之道，还在于"分"。分有二义。一是各种人都要各尽其职，《富国》说："兼足天下之道在明分（按：此'分'字读去声，但有分［去声］也即有分），掩地表亩，刺屮殖谷，多粪肥田，是农夫众庶之事也。守时力民，进事长功，和齐百姓，使人不偷，是将率之事也。……若夫兼而覆之，兼而爱之、兼而制之，岁虽凶败水旱，使百姓无冻馁之患，则是圣君贤相之事也。"即此意。二是对财富的分配，要按地位、材智的不同而有区别。《王制》说："分均则不偏，势齐则不一。"即此意。

其次，根据群分说，荀子提出了"节用以礼，裕民以政"的观点。关于后者，他似乎并没有什么新见解，不过是重复儒者常说的"轻田野之税，平关市之征，省商贾之数，罕兴力役，无夺农时"（《富国》）等老话。值得注意的是他关于"节用"的论述。当时墨子也讲节用，认为"圣人为政一国，一国可倍也。……其倍之，非外取地也，因其国家，去其无［用］足以倍之。……其为衣裘何？以为冬以圉寒，夏以圉暑。……其为宫室何？以为冬以圉风寒，夏以圉暑雨"（《墨子·节用上》）。就是说，圣君要过简朴节俭的生活。荀子的节用说与墨子相反，他认为既然民富则国富，那么统治阶级就应该按其地位、材智的等级过着比百姓富裕的生活。《富国》说：

> 故先王圣人为之不然。知夫为人主上者不美不饰之不足
> 以一民也，不富不厚之不足以管下也，不威不强之不足以禁
> 暴胜悍也，故必将撞大钟、击鸣鼓、吹笙竽、弹琴瑟以塞其
> 耳，必将铜琢刻镂、黼黻文章以塞其目，必将刍豢稻粱、五味
> 芬芳以塞其口，然后众人徒、备官职、渐庆赏、严刑罚以戒其
> 心，使天下生民之属皆知己之所愿欲之举在是于也，故其赏
> 行；皆知己之所畏恐之举在是于也，故其罚威。赏行罚威，则
> 贤者可得而进也，不肖者可得而退也，能不能可得而官也。

这里主要是就君主而言，实际也包括了统治阶级中的其他成
员。当然，荀子也不主张他们可以无节制的享受，故同篇又说：

> 古者先王分割而等异之也，故使或美或恶，或厚或薄，或
> 佚乐或劬劳，非特以为淫泰夸丽之声，将以明仁之文，通仁
> 之顺也。故为之雕琢刻镂、黼黻文章，使足以辨贵贱而已，不
> 求其观；为之钟鼓管磬、琴瑟竽笙，使足以辨吉凶、合欢定和
> 而已，不求其余；为之宫室台榭，使足以避燥湿、养德、辨轻
> 重而已，不求其外。

这也是就君主说的，推而至于其他等级亦然。同篇说：

> 礼者，贵贱有等，长幼有差，贫富轻重皆有称者也。故
> 天子袾裷衣冕，诸侯玄裷衣冕，大夫裨冕，士皮弁服。德必
> 称位，位必称禄，禄必称用。由士以上则必以礼乐节之，众
> 庶百姓则必以法数制之。

这就是他所谓的"节用以礼"。

按：荀子所谓"节用以礼，裕民以政"，从其强调养民来说，是
对儒家民本思想的发展；他认为不同地位、材智的人其物质待遇

应有差别，在一定的历史条件内，也是合理的。但他强调人君"不美不饰不足以饰民""不富不厚不足以管下""不威不强不足以禁暴胜悍"（均见《富国》），则是吸取了法家"尚势"的观点，把君权加以强调了。其对后世的影响是很坏的，它实际上为后世那些骄奢淫逸的暴君提供了理论依据。当然，荀子同法家仍是有别的；法家认为君权是绝对的，荀子则反复强调君权的有限性，他不仅引用过"君者，舟也，庶人者，水也；水则载舟，水则覆舟"（《王制》）的话，还肯定为人臣应"从道不从君"的旧说，甚至提出过"夺然后义，杀然后仁，上下易位然后贞"（《臣道》）的观点。不过，同孔、孟相比，荀子确实更强调君主的权势。孔子曾说过要"君君、臣臣、父父、子子"（《论语·颜渊》），重视贵贱上下之礼，却只重礼意，而不重节文，更不鼓吹享受，而是说："礼云礼云，玉帛云乎哉？乐云乐云，钟鼓云乎哉！"（《论语·阳货》）又说："礼，与其奢也，宁俭。"（《论语·八佾》）孟子更说"民为贵，社稷次之，君为轻"（《孟子·尽心下》），并鼓吹与百姓同乐（《梁惠王上》）。这是时代使然。盖孔、孟的时代较早，就其整个思想来说，虽较保守，但较多地继承春秋以前贵族民主制的思想；荀子生在战国末，封建专制制度已定型，就不免受其影响了。

荀子的经济思想同孟子相比，还有一点值得注意：孟子重视土地问题，提出带理想色彩的井田制。荀子则只说："掩地表亩，刺屮殖谷，多粪肥田，是农夫众庶之事也。"又说："今之世而不然，厚刀布之敛以夺之财，重田野之税以夺之食，苛关市之征以难其事。"（均见《富国》）不谈土地分配问题。惟《大略》有云："不富无以养民情……故家五亩宅，田百亩。"然《大略》乃杂集短语而成，有的段落与荀子的思想不合，如六："上好羞则民暗饰矣，上好富则民就利矣。"即与上下俱富的思想不合，疑不纯为荀子之言，所谓"五亩宅""田百亩"，或为后学据《孟子》窜入，即令为荀子语，也只是言农夫有此方能富足，而未言及这土地当从何来。此盖当时土地私有制已定型使然。但由此可见，荀子对经济问题的研究，不如对政治问题研究的重视。

三、历史观

上面对荀子王霸论、富国论的论述，实际上已涉及了他对历史的基本看法和对历史上治国之道的取舍，这里再作比较集中的探讨。

近人对荀子的历史观，有两种截然不同的理解：有人以他主张"法后王"，认为有历史进化的观点；有人则据其以周之圣王为法，认为他是复古论者。关于他的法后王的本意，前面已说过了。这里拟进一步探究一下他提出这个观点的由来，然后再联系其他以剖析其历史观的性质。

荀子的许多观点都是对时代思潮的批判总结，其法后王的观点亦然。

首先，我们要注意：春秋末年以来的一些重要思想家大都认识到历史是变化的，不同的是对变化的解释、评价和对历史变化追溯的远近。儒家对历史的追溯基本上至尧、舜为止。孔子赞美尧、舜，也称扬禹、汤、文、武、周公，似乎并无轩轾，有人据他说过舜的韶乐（舞）"尽美矣，又尽善也"，周武王的武舞"尽美矣，未尽善也"（《论语·八佾》），认为含有极扬"禅让"、稍抑"征诛"之意，恐未的，因为"善"也可以作别的解释。但孔子对尧舜很向往则应无问题。按：尧舜禅让，载在《尚书》,《论语·尧曰》篇也提及，近人虽对《尚书·尧典》及《尧曰》篇有疑，谓为后人增益，然孟子明载禅让传贤之说，荀子亦辨其事，其为儒家孔子以来相传之说，大概是可以肯定的。又今传《礼记·礼运》载孔子有大同、小康之说，虽可能是后人（或言为孔子弟子子游）所附益，然由"天下为公"到"大人世及以为礼"，正反映由尧、舜禅让到禹、汤等传子（弟）的转变，盖亦有孔子的某种遗说作引子。孔子还说过："殷因于夏礼，所损益，可知也；周因于殷礼，所损益，可知也；其或继周者，虽百世可知也。"(《论语·为政》)如何"可知"，他没有明说，大致应包含有不变和可变（损益）两个方面。这证明，孔子是承认历史有变化的。不过，孔子是"圣之时者也"，他似乎只是承认变，并没有对变的性质（是好是坏）作出总体概括，就是《礼运》中对大同、小康也无明确的褒贬。孔子以后的孟子对尧、舜到禹、汤的历史变化，大体也是持这种态度。惟孟子对五伯轻蔑殊甚，与孔子持两面观有所不同，是古非今的倾向已有所发展了。

墨子对人类社会历史的发展、变化亦有所认识。但与孔子不同，他不谈禅让与征诛之异，而好论远古以来人民生活和礼(仪)、乐等的变化，如《辞过》篇即详叙："古之民未知为宫室，时就陵阜而居，穴而处，下润湿伤民，故圣王（按：一作'人'）作为宫室。""古之民未知为衣服，时衣皮带茭，冬则不轻而温，夏则不轻而清。圣王以为不中人之情，故作诲妇人治丝麻捆布绢以为民衣。"《三辩》则叙"昔者尧、舜有茅茨者，且以为礼，且以为乐"，至汤、武以后才有功成作乐之事。墨子陈述这些变化，目的都是一个：要节用，反对一切文饰与享乐。故墨子虽承认使人类脱离野蛮生活的变化是进步，却不能说他的历史观是进化的。在《三辩》中他就明确地说："周成王之治天下也，不若武王，武王之治天下也，不若成汤，成汤之治天下也，不若尧舜。"其言虽由乐舞而发，实具有概括性，与孔子所言"周监于二代，郁郁乎文哉！吾从周"（《论语·八佾》），恰成对照。

道家老、庄也承认人类社会在变化，但比墨子更反对人类文明的进步，认为"大道废，有仁义；智慧出，有大伪"（《老子》第十八章），认为"古之善为道者，非以明民，将以愚之。民之难治，以其智多"（同上，第六十五章）。值得注意的是：历史到道家的书里乃愈推愈远。《庄子》书中除提到黄帝（轩辕氏）、伏羲（《大宗师》）、神农（《胠箧》）等外，还提到豨韦氏（《大宗师》）、泰氏（《应帝王》）及容成氏、大庭氏、伯皇氏、中央氏、栗陆氏、骊畜氏、赫胥氏、尊卢氏、祝融氏（均见《胠箧》，又《马蹄》亦有赫胥氏）等。这些大都是无知无识的时代，如《胠箧》在历数自容成氏至伏羲氏、神农氏等"至德之世"之后说："当是时也，民结绳而用之，甘其食，美其服，乐其俗，安其居。邻国相望，鸡狗之音相闻，民至老死不相往来。"又《马蹄》云："夫赫胥氏之时，民居不知所为，行不知所之。含哺而熙，鼓腹而游。"反之，庄子认为，自尧、舜以后，讲仁与义，天下就变坏了。如《应帝王》篇云："有虞氏不及泰氏，有虞氏其犹藏仁以要人，亦得人矣，而未始出于非人。"意即怀仁心以要结人，人虽然还像个人，但已丧失人的本来面目，反而与"非人"的牛、马之类差不多了。其余此类话甚多，不具举。

强调历史变化观点的是法家。但韩非以前的法家大都只言要因时变法，如《商君书·更法》云：

　　公孙鞅曰："前世不同教，何古之法？帝王不相复，何礼之循？伏羲、神农教而不诛，黄帝、尧、舜诛而不怒，及至文、武，各当时而立法，因事而制礼。礼、法以时而定，制、令各顺其宜，兵、甲、器备各便其用。臣故曰：'治世不一道，便国不必法古。'"

《商君书》不是商鞅所作。但这段话与《史记·商君列传》所载商鞅之言大旨相同，当有所本，可视为法家历史观的代表。然其意亦只是说古今不同，如"教而不诛""诛而不怒"不是后人所增饰，似尚以为古优于今。《史记》本传说商君初见秦孝公"说公以帝道"，再见"说公以王道"，均不听，后说以霸道，乃大为孝公所悦，他有这样的看法当是可能的。至《韩非子·五蠹》篇，始从古今人类物质生活的变化说明人的思想与政治制度的变化，认为上古"丈夫不耕，草木之实足食也，妇人不织，禽兽之皮足衣也……故民不争"。古代尧、禹等帝王生活都很苦，故轻辞天子；"今之县令，一日身死，子孙累世絜驾，故人重之"。这才可说是在某种程度上有一点进化观念。然从人的思想道德言，他仍认为是愈变愈坏的。

阴阳家的历史观已不得其详。今仅从《史记·孟子荀卿列传》知驺衍之书"先序今以上至黄帝，学者所共术，大并世盛衰，因载其机祥度制，推而远之，至于天地未生，窈冥不可考而原也"。可见他也和道家庄子（一派）一样，把历史追溯得远，惟杂以机祥度制，则与道家不同，盖袭取于巫史。他的更大的"创造"，是用土、木、金、火、水这五行的相互生克之理，把黄帝以来的历史纳入"五德转移"的轨道。可见他也有变化的观点，但又陷入了以五行递嬗为一个阶段的、周而复始的历史循环论。

在先秦，历史进化观点比较明确的，当推《管子·君臣下》

的一段议论：

> 古者未有君臣上下之别，未有夫妇妃匹之合，兽处群居，以力相征。于是智者诈愚，强者凌弱，老幼孤独不得其所。故智者假众力以禁强暴，而暴人止；为民兴利除害，正民之德，而民师之。是故道术德行出于贤人，其从义理兆形于民心，则民反道矣；名物处违是非之分，则赏罚行矣。上下设，民生体，而国都立矣。是故国之所以为国者，民体以为国。……是故明君审居处之教而民可使……是故明君饰饮食吊伤之礼而物属之者也。

其说未详所出，盖稷下学人所为。疑为荀子群分说所自出，但荀子略其进化的过程，而仅用"人之生不能无群，群而无分则争"等语概括之。

　　了解上述诸家的历史观对我们理解荀子的历史观是很重要的。荀子承孔子之学，论政教也只至尧、舜而止。（惟《成相辞》提到"文武之道同伏羲"）但他与孔子，特别是与孟子不同，并不赞成尧在世禅让于舜、舜禅位于禹之说。而认为是尧、舜死后，舜、禹以贤能自然代替了他们（见《正论》）。而尤堪注意的，是他一再提出："道过三代谓之荡，法贰后王谓之不雅。"（《儒效》，又见《王制》）就是说，他总结的历史经验（"道"）以三代为断，尧、舜虽亦提及，不在重点考察之内。这从儒学内部来说，是反对子思、孟子的"略法先王而不知统"（《非十二子》），即不知以三代的礼义为断。对其他各家来说，主要是反对道家舍三代而追溯上古。从这个角度说，似带有反对他人借人类的原始状况否定人为的进步的意思，实则不然。因为荀子之所以略三代以上，并不是因为三代以上处于蒙昧状态，而在于他认为三代以上的传说简略，难以征信；三代以下以礼义制分，则可征信。上古的情况究竟如何，他是不深究的。故他论人性，只说："人之性恶，其善者伪也。"（《性恶》）并不从人类历史的角度去探讨人性的由恶变善；他论礼义之起，也只说："人之生不能无群，群而无分则争，争则乱"，"先王恶其乱也，故圣人制礼义以分之"（《王制》）。至于何时才开始有礼义以分之，他也不去考究。实际上，荀子考察历史不是从源探流，而是从流溯源，即我们在前面已说过的"以近知远，以一知万"，"欲观千岁，则数今日"（《非相》），"天地始者，今日是也"（《不苟》）等等。值得注意的是，他在《非相》篇中还特别指出：古圣王之不可法，是因为"文久而息，节族久而绝，守法数之有司极 [礼] 而褫"，意即历时久远，渐失其传，难可征信。据此，他接着反驳那种"古今异情"之说：

> 夫妄人曰：古今异情，以其治乱者异道，而众人惑焉。……妄人者，门庭之间犹诳欺也，而况于千世之上乎？……五帝之外无传人，非无贤人也，久故也；五帝之中无传政，非无善政也，久故也；禹、汤有传政而不若周之察也，非无善政也，久故也。

由此可知，荀子并不认为古今有何重要的变化，只有历历可考与悠远难知的问题。而"妄人"（盖指道家之流）所传的上古，并不是真实的上古。荀子的这种观点，有它的崇实的可贵的一面，但也有缺乏历史观点的片面性。荀子的人性论和群分说本来可以从历史发展的角度获得更完满的解释，而当时古史传说的兴盛也给予了一定的条件，他却因此都"交臂失之"了。

但若说荀子根本没有变化的观点，也是不对的。荀子虽否认"古今异情""治乱异道"，提出要"复古"（见《王制》），但他也说过："百王之无变，足以为道贯。"（《天论》）以无变者为一贯之道，则其变者虽不在一贯之中，而其存在当是事实。故他又说："夫道者体常而尽变，一隅不足以举之。"（《解蔽》）体常，即体其一贯者，即荀子所谓礼义；尽变，就当是因时制法了。《儒效》说："其言有类，其行有礼，其举事无悔，其持险应变曲当，与时迁徙，与世偃仰，千举万变，其道一也，是大儒之稽也。"就是具体说明体常而尽变。盖荀子对历史的看法与孔子同，也是认为有变与不变的两个方面，但不变是根本的，"虽百世可知也"。从荀子学说的整体来看，也体现这变与不变的两个方面。他坚持治国以礼，但推礼及法；他坚持人治，但不废法治；他坚持王道，但以霸道为王道的一种阶梯；他坚持富民，亦主张富国；无不可以看出他既守常又尽变，在复古中包含着趋时，趋时而不失复古。故从历史观说，他既不是历史倒退论者，也不能说是历史进化论者，他只是有某种历史变化的观点而已。

第六章 荀子的教育思想

在先秦的思想学术流派中，儒家最重教育（其次为墨家）。以孔子、孟子、荀子为代表的儒家，教育思想有其共同点：（1）以政治伦理道德教育为主。据《周礼·地官·司徒》，保氏教国子以"六艺"，其目为礼、乐、射、御、书、数。《周礼》虽成书于战国，但书、数为童蒙学习文化的始阶，射、御亦春秋以前士大夫生活所必需，则此六者为周时士大夫子弟在官学中学习的科目，殆为可信。儒家的教育，则以礼乐、《诗》《书》为主，强调仁、义、孝、悌、忠、信等道德教育，很少或未提及射、御、书、数等事，这可能与孔子等都是思想家、不是蒙师有关。但孔子亦言"子夏之门人小子当洒扫、应对"（《论语·子张》），《礼记·内则》更详细地规定了少年儿童行为的准则，故我们只能说，这是儒家特别重视政治思想道德教育所致。（2）他们所言教育，都是大教育，即他们讲的不只是青少年的教育、学校的教育，而且包括我们今天所说的社会教育、成人教育。孔子说"温故而知新"（《论语·为政》），说"学而不厌，诲人不倦"（《论语·述而》），孟子说"故苟得其养，无物不长；苟失其养，无物不消"（《孟子·告子上》），荀子讲"君子博学而日参省乎己"（《劝学》），都是说人要终生学习（受教育）。至其所谓《诗》《书》礼乐之教，不限于青少年，而包括所有的士大夫，则尤不烦举例。

但是，他们的教育思想的侧重点有所不同：孔子是思想家兼教育家，他同弟子们的讨论虽以政治、思想、道德问题为主，但不时提到文、艺。如《论语·学而》说："行有余力，则以学文。"《述而》说："志于道，据于德，依于仁，游于艺。"且其门人四科中除德行、政事外有言语、文学（见《先进》）。又尝赞赏"冉求之艺"（《宪问》）。其所谓"言语"，指善于外交辞令，所谓"文学"，略当于我们今天所说的文化典籍，其范围均较《诗》《书》礼乐要广。其所谓"艺"，何晏《集解》说："艺，六艺也。"刘宝楠《正义》据郑玄《礼记·少仪》"士游于艺"注，谓指五礼、六乐、五射、五御、六书、九数；朱熹《集注》谓蓺，即"礼乐之文，射御书数之法"，意同。则孔子虽未见以御、书、数教人（射则尝一提及），但不排除他曾指导学生从事这些项目的学习。又他虽主张对百姓都要"导之以德，齐之以礼"（《论语·为政》），注重对全社会的教化，但因长期从事教学活动，他那循循善诱的教师风范也特别突出。孟子、荀子则不同，他们虽然也以思想家兼教育家自命，但其教育的内容更趋于划一，不像孔子那样较有灵活性。如孟子，他曾说："君子之所以教者五：有如时雨之化者，有成德者，有达财者，有答问者，有私淑艾者。"（《孟子·尽心上》）朱熹谓"圣贤施教，各因其材，小以成小，大以成大"。按：朱注失其旨。"如时雨之化"，赵岐注"教之渐渍而沾洽也"，指直接进行感化教育；"成德"，谓略加诱导以成其德；"达财"，陆德明《音义》引一本说云，"以其有善才就开其性理也"，亦谓略加指点以成其才；"答问"，则指只曾亲答其问；"私淑艾"，当从焦循

《孟子正义》解为"私拾取"，与《孟子·离娄下》所云"予未得为孔子徒也，予私淑诸人也"之"私淑"义同。孟子之意盖谓教人多术，可以当面以不同的方式教人，也可以用自己的言行（著述）影响不相及的人，其中二、三项虽略寓因材施教之意，但主要是就教者教人的不同途径而言，不是就因人的才质不同而异其法而言。赵岐注谓此段是说"教民之道有五品"，是理解得正确的。从孟子全部有关教育的言论看，他也不像孔子那样注意根据学生的特点进行教育，而是以其性善说为基础，把教育的重点都放在启发人们去扩充其"性"中所谓仁、义、礼、智"四端"上，而尤重以仁义教人。因为他把礼释为"恭敬之心""辞让之心"，把智释为"是非之心"（见《告子上》及《公孙丑上》），实际上把礼、智也纳入了仁义的范围。荀子与孟子的人性论是相反的，他主张性恶，故其教育思想不外是教人化性起伪，即改变人的本性以达到完美的思想道德境界。二者虽相反，趋于划一则同。相异的只是其具体的内容和方法。下面试分述之。

一、教育、学习的目的和内容

荀子认为人之性恶，因此有人认为荀子不讲"内圣"之道而只讲外王之道，这是一个误会。其实，儒家的祖师孔子虽被其弟子和后人尊为圣人，他自己却未尝以圣人自许，反而谦虚地说："若圣与仁，则吾岂敢？"（《论语·述而》）"圣则吾不能。"（《孟子·公孙丑上》引孔子语）孟子认为"人皆可以为尧舜"（《孟子·告子下》），自称"所愿"是"学孔子"，又说"五百年必有王者兴，其间必有名世者"（《公孙丑下》），"当今之世，舍我其谁哉？"（同上）颇有以圣人自期的意味，但说得颇恍惚，犹未要求学者都成为圣人。在先秦的儒家中，最明确地提出学习的目的就是学为圣人的是荀子。他说：

> 圣人者，道之极也。故学者固学为圣人也，非特学为无方之民也。（《礼论》）

又说：

> 学也者，固学止之也。恶乎止之？曰：止诸至足。曷谓至足？曰：圣王。圣也者，尽伦者也；王也者，尽制者也；两尽者，足以为天下极矣。故学者以圣王为师，案以圣王之制为法，法其法以求其统类，以务象效其人。向是而务，士也；类是而几，君子也；知之，圣人也。（《解蔽》）

不仅如此，他还明确提出人皆有可能成为圣人的观点，《儒效》篇说：

> 我欲贱而贵，愚而智，贫而富，可乎？曰：其唯学乎。彼学者，行之，曰士也；敦慕焉，君子也；知之，圣人也。上为圣人，下为士君子，孰禁我哉？

读了这些话，我们难道还能说他不讲"内圣"之学吗？

荀子之异于孟子和以后的理学家者，是他讲的做圣的工夫截然不同。如上所说，孟子是从扩充和发展固有的善性着眼，理学家亦然；荀子则是从化性起伪着眼。从性本善着眼，故虽重教育、学习，重"格物致知"，归根到底还是重在内省，即重在发现自身所固有的"赤子之心"（《孟子·离娄下》）或"良知""良能"（《孟子·尽心上》），也就是"万物皆备于我"（同上）的自我。从性恶和化性起伪着眼，虽也讲自我反省，但尤重在致知，即重在掌握前人积累的知识、理论来克服、制约人的本能。上引荀子之文反复地说

"知之，圣人也"，就是这个意思。又《荣辱》篇说："短绠不可以汲深井之泉，知不几者不可与及圣人之言。"《劝学》篇说："君子博学而日参省乎己，则知明而行无过矣。"亦此意。故从认识论的角度说，荀子可谓是最重人的认识能力的思想家（已详第四章），从教育观来说，荀子则可谓是最重知识的教育家。

荀子虽极重视知识，但他所重视的却不是所有的知识，而认为应有所"止"（见前，并参看本书第四章），止于什么？上引《解蔽》之文说是要"以圣王为师，以圣王之制为法，法其法以求其统类，以务象效其人"，又说："圣也者，尽伦者也。"伦即统类，质言之，就是礼义。此意屡见于《荀子》各篇，如《性恶》说：

> 圣人化性而起伪，伪起而生礼义，礼义生而制法度。然则礼义法度者是圣人之所生也。故圣人之所以同于众，其不异于众者，性也；所以异而过众者，伪也。……今人之性，固无礼义，故强学而求有之也；性不知礼义，故思虑而求知之也。

可见学为圣人就是学行礼义，又《劝学》篇说：

> 礼者，法之大分，类之纲纪也。

这更是明说所谓统类即礼义。故礼义可以说是荀子所提倡的最主要的教育内容，二者之间，礼又为主。这是荀子教育思想的又一特色。

为什么荀子特别重视以礼义为教？这主要是由荀子倡导群分之说所决定的，我们在第三章已说过了，这里拟从儒学的源流的角度作一些补充。章太炎在《国故论衡·原儒》中说：

> 儒有三科，关达、类、私之名。达名为儒，儒者，术士也。（《说文》）太史公《儒林列传》曰："秦之季世坑术士。"而世谓之坑儒。司马相如言："列仙之儒，居山泽间，形容甚

臞。"(《汉书·司马相如传》语,《史记》儒作傤,误。)赵太子悝亦语庄子曰:"夫子必儒服而见王,事必大逆。"(《庄子·说剑篇》)此虽道家方士言儒也。……儒之名盖出于需。需者,云上于天,而儒亦知天文、识旱潦。何以明之?鸟知天将雨者曰鹬(《说文》)。舞旱暵者以为衣冠……鹬冠者,亦曰术氏冠(《汉·五行志》注引《礼图》),又曰圜冠。庄周言:"儒者冠圜冠者知天时,履句屦者知地形,缓佩玦者事至而断。"(《田子方》篇文,《五行志》注引《逸周书》,文同庄子。圜字作鹬。《续汉书·舆服志》云:"鹬冠前圜。")明灵星舞子,吁嗟以求雨者谓之儒。故曾晳之狂而志舞雩,原宪之狷而服华冠。(华冠,亦名建华冠。《晋书·舆服志》以为即鹬冠。……)皆以忿世为巫,辟易放志于鬼道。……类名为儒,儒者,知礼乐射御书数。《天官》曰:"儒以道得民。"说曰:"儒,诸侯保氏有六艺以教民者。"《地官》曰:"联师儒。"说曰:"师儒,乡里教以道艺者。"此则躬备德行为师,效其材艺为儒。养由基射白蝯应矢而下,尹需学御三年受秋驾,吕氏曰:"皆六艺之人也。"(《吕氏春秋·博志》篇)明二子皆儒者。……私名为儒。《七略》曰:"儒家者流,盖出于司徒之官,助人君顺阴阳、明教化也。游文于六经之中,留意于仁义之际,祖述尧舜,宪章文武,宗师仲尼以重其言,于道为最高。"(按:据民国十二年再版本)

按:章氏所谓达名、类名、私名本于《墨子》,相当于荀子《正名》中所说的共名、别名及别名之下的小别名,犹今所谓大概念、小概念、专有概念。他对儒所作的这种分类的论述,颇为精当,惟尚需用历史的眼光作点发挥。

　　盖中国的远古文化本出于巫。巫以歌舞娱神，即礼之始。当是其后诸侯国巫中之兼通六艺（礼、乐、射、御、书、数）者以其道教人，因别称儒；其在国，则曰保氏。巫、保、儒韵并相近，三者皆以术教人，因并为术士，故章氏所云儒之达名，实乃儒之渊源。其所谓类名，则是其衍变的意义。这种衍变始于何时，现已难知。因为春秋以前的史籍均不见有儒之名，儒之名始见于《论语》《左传·哀公二十一年》及《周礼》。前两书均成于春秋战国之际。《周礼》的成书时代，说者纷纭，大约也是战国时期之作。但我们如以《周礼》与《尚书·周书》《诗经》及《左传》《国语》等相参证，发现其所记周制，固有与诸书乖戾不合者，也有相契合者。由此推知：其所记当既有假想、增益的成分，也有本于史籍的成分。又孔子原本不过居住在鲁国的一位殷商没落贵族，他当然可以创立一种学说，似不可能凭空创造一种"儒"的名称。因此，《周礼》说诸侯之国有儒，应大致是可信的，只是其地位可能尚不如《周礼》所说之高（《周礼》儒已在师之下），大概只是一种以六艺教人的下级官吏，初不为人所重，至孔子大张其学，由艺以进于德，儒之名始著，而儒之一词，也就由章氏所谓类名而转为私名了。

　　儒既由巫演变而来，故自孔子以来无不崇尚礼乐。但孔子之学，已不限于礼乐，除与礼乐相关之《诗》教之外，还博涉文史（《书》《春秋》等）；他所提倡的政治伦理道德理想，也不限于礼，还有仁、义、忠、恕、信等，而尤重仁。虽然他说过"克己复礼为仁"（《论语·颜渊》）的话，把仁与礼联系起来，但从其所有论仁之语来看，仁的品位更高，内涵也更广，礼不过是实践仁的一个方面、一种途径而已。仁作为一种道德范畴，并不是孔子提出来的，从《左传》《国语》等书的记载来看，春秋已有一些士大夫以仁作为衡量人事的道德准则，且其义与孔子所言大体相同或相近。如《国语·周语上》史兴之言曰："且礼所以观忠信仁义也。忠所以分也，仁所以行也，信所以守也，义所以节也。"又曰："施三服义，仁也。"（韦昭注："三谓三让。"按：指晋文公受襄王命，"三命而后即冕服"。）《周语中》载富辰之言曰："仁所保民也……不仁则民不至。"《周语下》载单襄公之言曰："仁，文之爱也。"又《左传·僖公八年》载宋大子兹父以子鱼"长且仁"，僖公三十三年晋臼季以"出门如宾，承事如祭"为仁等，或从仁者爱人的角度说，或从礼可观仁的角度说。孔子所说的仁，其主要意义大体亦不外此，只是孔子把仁的意义和作用看得更高而已。仁在春秋时受到较广泛的关注，是当时社会结构发生的变化在意识形态上的反映。自周室东迁后，王权削弱，诸侯互相兼并，一些旧贵族沦为一般自由民（士），农奴对贵族领主的人身依附逐渐也有所松弛，一些"隶人牧圉"因军功而获得了人身的自由，在处理人际关系时爱的作用自然就被注意了。孔子把礼与仁联系起来并强调仁，不管其主观意图是为了调和当时新旧社会关系中的矛盾，以维持某些旧秩序，还是为了推进社会的变革，抑或两者兼而有之，其客观的意义都是后者居于主导地位。

孔子以后，孟子以仁、义、礼、智教人而尤重前两者，前面已说过了。孔、孟的不同是：孟子的仁，不只是一个很高的道德范畴，而且是一种很高的政治理想。这也是同孟子所处的历史环境相联系的。孟子的时代，兼并战争更激烈了。他所说的仁，有反对墨子兼爱的一面（仁者爱人，但有差等，由亲亲以及人，兼爱则无差等，此为人们所共知），而其主要锋芒则是对准法家，即针对"以力服人"的霸者。故他不仅认为"春秋无义战"（《孟子·尽心下》），而且倡言"善战者服上刑"（《离娄上》），对战争基本上采取否定的态度，认为只要行仁政，就可以王天下，即所谓"仁者无敌"（《梁惠王上》）。不能说孟子的观点是反动的，他的这种观点是同其民本思想相表里的，也有其历史的进步性和合理性，但却与当时的客观历史进程不合，只是一种空想或幻想。故从教育的角度说，孟子可说是一位理想主义的教育家。

荀子则不同。他既是一个颇重实际的政治思想家，也是一个颇重实际的教育理论家。他也常以仁义连言，如《劝学》篇说"伦类不通，仁义不一，不足为善学"，《不苟》篇说"君子唯仁之为守，唯义之为行"，《荣辱》篇说"仁义德行，常安之术也"，又《儒效》篇说"圣人也者，本仁义，当是非"，《王制》篇说"彼王者不然，仁眇天下，义眇天下"，如此等等，不一而足。但其政治、教育思想的核心却是礼义。对于它们之间的关系，《儒效》篇云：

> 先王之道，仁之隆也。比中而行之。曷谓中？曰：礼义是也。

又《劝学》篇云：

> 将原先王，本仁义，则礼正其经纬蹊径也。

这两段话立言的角度似不同，其意则一。"比中而行之"，谓实行起来中正适当，即是说礼是仁义的经纬蹊径。其意盖谓：仁义是较虚的，礼则是实的，仁义即贯串在礼之中。荀子的这个观点，显然是上承孔子的"克己复礼为仁"，而又针对着孟子。他说孟子"略法先王而不知其统"（《非十二子》），就是说他不知仁义要以礼为统。但荀子的话又不是孔子的思想的重复，而是对孔子思想的重要发展。

（1）孔子虽言礼，但在《论语》的记载中，他并未给礼下过定义；他一再把礼与仁联系起来，也未说明二者何以相通，只有《泰伯》篇云："君子笃于亲，则民兴仁。"又《学而》篇说："弟子入则孝，出则弟，谨而信，泛爱众，而亲仁。"这可以理解为他认为礼的孝悌之道为仁之本（其弟子有若则直说孝悌为仁之本）。又《颜渊》篇载仲弓问仁，孔子说："出门如见大宾，使民如承大祭；己所不欲，勿施于人。"也稍稍地论及了礼与仁的关系。然这些话都是从个人的修养方面说明尽礼即所以行仁。荀子则根据其性恶论和群分说，对礼的起源和性质作了较完整的说明。《礼论》曰：

> 礼起于何也？曰：人生而有欲，欲而不得，则不能无求，求而无度量分界，则不能不争。争则乱，乱则穷。先王恶其乱也，故制礼义以分之，以养人之欲，给人之求。使欲必不穷乎物，物必不屈于欲，两者相持而长，是礼之起也。

> 故礼者，养也。……君子既得其养，又好其别。曷谓别？曰：贵贱有等，长幼有差，贫富轻重皆有称者也。

这就是说，礼有两种相互为用的作用：既养人，又制分；分是为了养，要养亦必须分。使社会各种人皆按其材智之不同各得其养，这不就是孔子所说的"己欲立而立人，己欲达而达人"和"博施于民而能济众"的"仁"吗？（见《论语·雍也》）故我们可以说，荀子所谓礼，不仅是实践仁的"蹊径"，而且几可包括仁。

（2）孔子亦讲到义，从其所说的"君子喻于义，小人喻于利"（《论语·里仁》）来看，他似已把义作为一种很高的理论范畴看待，其涵义几等于今之所谓理性、道义、原则。但在《论语》中，孔子未尝以义与礼连言，也未以仁义连言。《礼记·礼运》记孔子言，始以礼义并举，《说苑·杂言》载孔子答颜回问成人，始以仁义对举。但是否为孔子所说，均难以断定。故在孔子的理论体系中，义的地位尚不突出。荀子以礼义并举，或有取于孟子之以仁义并举，但性质不同：孟子的义出于人的本性，即所谓"义，内也"，荀子的义则出于伪，与告子所谓"义，外也"(均见《孟子·告子上》)同。故到了荀子，义才真正成了体现人类理性的思想、道德准则。正唯如此，在荀子的理论体系中，礼和义是不可分的，它们既是理论与实践的关系，又是互相渗透、互相补充的关系。换句话说，礼可谓成文的义，而义则是不成文的礼。而合起来则是他的群分之理，这显然是对孔子的礼和义的发展。

（3）孔子没有谈到法。孟子曾提到"大匠诲人，必以规矩，学者亦必以规矩"(《告子上》)，规矩即法。但他只是就教育方法言，论政则与孔子一样不言法，只讲刑。荀子则屡言法，而且说礼是"法之大分"，即礼包括法。这更是对儒家传统礼学的重大修正和发展。

总之，荀子是以礼义为中心，一方面以之联结仁，一方面又以之联结法。这就是他所谓"尽伦"和"壹统类"。其论政论教都如此。这也是时代使然。盖荀子的时代，随着地主阶级土地私有制的形成和列国间兼并战争的发展，刑名法术之学在实际生活中已取代儒、墨占据主导地位，仁义的高论已很难为人们所接受；但尚法争力的结果，固然使社会生产力得到了发展，也使道德沦丧，利欲横流，战祸频生，阻碍了人们进一步开展同自然界的斗争，过安居乐业的生活。故强调思想道德教化又为社会前进所必需。但要使仁与法结合起来殊不容易，故荀子企图以礼义为核心来实现两者的结合，使政与教、道德与法制统一起来。他这种意图，应该说是有意义的，对后来中国的社会也有深远的影响。但礼本是古代奴隶制和封建农奴制的产物，又与尊天事鬼的宗教迷信及家族宗法制紧密相连。荀子说："礼有三本：天地者，生之本也；先祖者，类之本也；君师者，治之本也。"（《礼论》）就反映礼的这种特点。荀子是力图对礼的这种特点进行改造和修正的。他认为天地是"物"，不由神主宰，不能因人的善恶而加以祸福，祭天地只是一种文饰（见《天论》），就是对传统礼学的改造。他提出"贤能不待次而举"（《王制》）的观点，也对"大人世及以为礼"（《礼记·礼运》）的传统作了重要的修正。但是，他却把尊祖、尊君的礼制完全继承下来了，并极力批判墨家的短丧、节葬之说。这是同历史发展的要求相背戾的，其影响也不好。我国历史上长期存在耗靡大量财物人力的厚葬恶俗，秦汉以后还频繁演出围绕守丧问题而酿成的政治斗争以及一些假孝子的喜剧，虽然不能由荀子一人负责，但他起了推波助澜的作用，则是不可否认的。

荀子除了主张以礼义治国、教人外，还以《诗》《书》、乐为其施行教化的重要内容，而尤重乐。这也是继承儒家的传统。但孔子虽重乐，并以之与礼并提（如《论语·季氏》载孔子说："天下有道，则礼乐征伐自天子出。"）。对礼、乐的同异却未有说明，对乐的作用也未作理论上的论述。孟子尤罕专言乐。荀子则除了专门写了《礼论》以论礼外，还专门写了《乐论》以论乐。其中对乐的起源和作用作了详细的论述，而其要则是下面两段话：

> 夫乐者，乐也，人情之所必不免也，故人不能无乐。乐则必发于声音，形于动静，而人之道，声音动静，性术之变尽是矣。故人不能不乐，乐则不能无形，形而不为道，则不

能无乱。先王恶其乱也，故制雅、颂之声以道之，使其声足以
乐而不流，使其文足以辨而不諰（按：即不邪之意），使其曲
直、繁省、廉肉、节奏，足以感动人之善心，使夫邪污之气无由
得接焉。是先王立乐之方也。……

> 故乐在宗庙之中，君臣上下同听之，则莫不和敬；闺门
> 之内，父子兄弟同听之，则莫不和亲；乡里族长之中，少长
> 同听之，则莫不和顺。故乐者，审一以定和者也，比物以饰
> 节者也，合奏以成文者也，足以率一道，足以治万变，是先
> 王立乐之术也。

音乐本是人们表达、宣泄感情的工具，又具有强大的感染力。荀
子说"人不能无乐"，后面又说它"夫声乐之入人也深，其化人
也速"，这是对的；他认为音乐应"使其声足以乐而流，使其文
足以辨而不调"，也基本上是合理的；他认为只要音乐能"审一
以定和"，就可以使君臣上下和敬、父子兄弟和亲、乡里少长和
顺，则是把音乐的作用夸大了。但荀子"审一以定和"的观点仍
是很深刻的。"审一"，即本于礼义而不淫邪（即流、諰）或"姚
冶而险"（见《乐论》）；"和"则指"曲直、繁省、廉肉、节奏"，既能
"合奏以成文"，又要"足以成人之善心"，而非指一定要和平，或
者说和平只是和的一种表现。他在《乐论》中说："乐中平则民
和而不流，乐肃庄则民齐而不乱。"即说和平（即中平）与肃庄
都是和的。不过，除此二者之外，似乎就不在他的所谓"和"之
内了。这是荀子乐论的狭隘处，同时又是荀子思想的一贯之处。荀
子是始终以礼义为准则来观察事物的。他虽注意事物各有特
点，但只许其发挥与礼义相辅的作用，而不许相背。他在论礼乐
的关系时说："且乐也，和之不可变者也；礼者，理之不可易者

也。乐合同，礼别异，礼乐之统，管乎人心矣。穷本极变，乐之情也；著诚去伪（按：此伪为诈伪之伪义），礼之经也。"（《乐论》）即表现他这种观点。当然，他这样说，只是就礼、乐的比较而言，按其群分说，礼也有合群的作用，故与孔子"礼之用和为贵"（《论语·学而》）之说并不矛盾。但自从荀子提出"乐合同，礼别异"之后（按：《乐记》已有"礼为同，乐为异"之语，但不如荀子所说的明确，故姑归之荀子），后儒几无异辞，故他的这种论述，也可说是对儒家传统礼乐论的一种发展。

荀子对《诗》《书》的态度与孟子颇相似。汉赵岐《孟子题辞》说，孟子"通五经，尤长于《诗》《书》"，未详何据，他大概是以为，孟子对礼、乐、《诗》《书》《春秋》都颇涉及，而以称引《诗》《书》为较多。又孟子对《诗》《书》都曾致疑，不尽信（见《孟子·万章上》《尽心下》），也可作为他长于《诗》《书》之一证。荀子对五经的重视过于孟子，他说："故《书》者，政事之纪也；《诗》者，中声之所止也；礼者，法之大分，类之纲纪也，故学至乎礼而止矣，夫是之谓道德之极。礼之敬文也，乐之中和也，《诗》《书》之博也，《春秋》之微也，在天地之间毕矣。"（《劝学》）但他又承认它们各有局限："礼、乐法而不说，《诗》《书》故而不切，《春秋》约而不速"，必须待"君子之说"才能切于世用。不过，他于礼与《诗》《书》态度又不同。在《儒效》篇中，他把当时的人们分为俗人、俗儒、雅儒、大儒四类，俗人姑从略，其论后三类的区别是：

> 逢衣浅带，解果其冠，略法先王而足乱世；缪学杂举，不知法后王而一制度，不知隆礼义而杀诗书；其衣冠行伪已同于世俗矣，然而不知恶者；其言议谈说已无以异于墨子矣，然

而明不能别；呼先王以欺愚者而求衣食焉……是俗儒者也。法后王，一制度，隆礼义而杀诗书，其言行已有大法矣，然而明不能齐，法教之所不及，闻见之所未至，则知不能类也；知之曰知之，不知曰不知，内不以自诬，外不以自欺，以是尊贤畏法而不敢怠傲，是雅儒者也。法先王（按：疑当为"法后王"），统礼义，一制度，以浅持博，以古持今，以一持万，苟仁义之类也，虽在鸟兽之中，若别白黑；倚物怪变，所未尝闻也，所未尝见也，卒然起一方，则举统类以应之，无所儗怎，张法而度之，则晻然若合符节，是大儒者也。

按：荀子在这里讲的三种儒者，既是他树立的评量儒家学派中各类人物的标准，同时也可视为他给学者所树立的前进的阶梯，即教育人不要做俗儒，而要由雅儒进而为大儒。而俗雅之分则在于能否"隆礼义而杀《诗》《书》"。这并非说不要学《诗》《书》，而是认为《诗》《书》的内容属于比较广泛的历史，不切日用（即"故而不切"），而礼义则切实可循。当然，礼（言礼即可包括乐）也有"法而不说"的缺点，故他认为只知隆礼义还不算大儒，只有能以礼义为统，而能类推其余的人才是大儒。"统礼义"即深知礼义之意并以之观察处理一切事物。大儒实际就是圣人（《儒效》以仲尼、子弓为大儒即其证）。我在前面曾说荀子是务实的政治思想家和教育家，这段话就突出地表现出他的这种品格特征。

二、荀子的教育原则和方法

从上面的介绍可以看出：荀子的教育思想是同其整个理论体系相联系的。其教育原则和方法亦然，只是它又同其教育目的和内容相联系。为了避免重复，这里只对其重复较少者作较详的评述，其余则在后面附及之。

1. 专一积渐

学习要专一，要精进不已，这是一个普遍规律。孔、孟均已注意及之。孔子说："学如不及，犹恐失之。"（《论语·泰伯》）又说："学而不厌，诲人不倦。"（《述而》）均含有专心致志、努力进德修业之意。孟子说："今夫弈之为数，小数也。不专心致志，则不得也。"又说："虽有天下易生之物也，一日暴之，十日寒之，未有能生者也。"（《孟子·告子上》）又说："流水之为物也，不盈科不行，君子之志于道也，不成章不达。"（《尽心上》）也是讲进德修业都要专心从事，积渐以达。他们都是主要就学习过程中的方法言。惟墨子说："夫知者必量其力所能至而从事焉。……今子非国士也，岂能成学又成射哉？"（《墨子·公孟》）则是就学习内容的选择要专一而言。荀子所讲的专一则两者均有之，而思想出发点不同，且尤重视积渐。这是因为荀子认为人之性恶，教育、学习的目的都是为化性起伪，而伪必须专意力行、积渐日久之故。此意荀子曾反复言之，如《儒效》篇说：

> 性也者，吾所不能为也，然而可化也；情也者，非吾所有也，然而可为也。注错习俗所以化性也；并一而不二，所以成积也。习俗移志，安久移质。……涂之人百姓，积善而全尽，谓之圣人。彼求之而后得，为之而后成，积之而后高，尽之而后圣……人积耨耕而为农夫，积斲削而为工匠，积反（按：反读为"贩"）货而为商贾，积礼义而为君子。

这里的"注错"，是指人生道路和学习目的的选择，"习俗"是指环境的影响;"并一而不二",主要是指选择的道路和目的要专一,但也包含学习过程中要专一之意;"成积"和"积善而全尽",则是讲德业必须积渐日久而后成。故这段话可以说是荀子对其专一积渐的教育原则和方法的全面的论述。

必须指出,荀子虽然泛言专一学习某种职业都可以有所成,但他所着意提倡的却只是一种,这就是"积礼义而为君子",乃至"积善全尽"而为圣人。《劝学》说:

> 百发失一,不足谓善射;千里蹞步不至,不足谓善御;伦类不通,仁义不一,不足谓善学。学也者,固学一之也。一出焉,一入焉,涂巷之人也……全之尽之,然后学者也。君子知不全不粹之不足为美也,故诵数以贯之,思索以通之,为其人以处之,除其害者以持养之。……是故权利不能倾也,群众不能移也,天下不能荡也。生乎由是,死乎由是,夫是之谓德操。德操然后能定,能定然后能应,能定能应,夫是之谓成人。天见其明,地见其光(按:光,大也),君子贵其全也。

按:此段与《礼记·大学》所言"在止于至善"有相似处,而出发点不同:《大学》所谓"至善"是指"明明德",是从性善论出发的;荀子所谓"全尽""全粹",则是指积伪而达到通"伦类"或"壹统类",即完全克服感性的偏颇,而能用理性的原则观察处理一切。这个理性的原则就是仁义(与礼义同义)。它既是一种理性的原则,故必须经过不断的艰苦的学习过程("积"),除了要努力读书(诵数)、认真思考外,还要有良好的环境("为其人以处之"),然后才能达到这种"一"的境界。这是荀子所谓"一"的另一含义。所以荀子所说的"全粹",同他所说的学应有所止是不矛盾的。学有所止,是说一人不能兼通众业（士、农、工、商等）；全而粹是指通伦类，即通晓和掌握观察、处理万事万物的根本原则和方法。按：孔子说："学而不思则罔，思而不学则殆。"（《论语·为政》）又说："吾道一以贯之。"（《里仁》）荀子的这段话，可谓把学与思的关系和"一以贯之"的意义论述得非常精微，至今仍值得我们反复玩味。

荀子对积渐的论述也有很多精到之语，如《劝学》所云"锲而舍之，朽木不断；锲而不舍，金石可镂"，就是有名的例子。下面再举《修身》中的一段：

> 故学曰：迟彼止而待我，我行而就之，则亦或迟或速或先或后，胡为乎不可以同至也？故跬步而不休，跛鳖千里；累土而不辍，丘山崇成；厌其源，开其渎，江河可竭。一进一退，一左一右，六骥不致。彼人之才性之相县也，岂若跛鳖之与六骥足哉？……是无他故焉，或为之，或不为尔。道虽迩，不行不至；事虽小，不为不成。其为人也多暇日者，其出入（按：入，或作"人"，当从）不远矣。

按：孟子也谈过为与不为的问题。但他以"挟泰山以超北海"与"为长者折枝"为喻，谓前者是"不能"，后者是"不为"（《孟子·梁惠王上》），其言亦巧，可谓善于诱人为善。然躬行仁义而致王，究不如"折枝"之易，倘加思索，殊难征信。荀子则强调人之善恶，蔽与不蔽等都由积渐而成，进德修业尤须刻苦努力，积渐而成，王者亦不例外。他曾说："积微：月不胜日，时不胜月，岁不胜时……故善日者王，善时者霸，补漏者危，大荒者亡。"（《议兵》）这比孟子所说要笃实得多，其对人的启迪教育也深刻得多。成功的事例不用说，那种因忽视积渐而失足或身败名裂的事例，难道还少吗？

2．隆师亲友

隆师亲友也是儒家的传统。孔子即屡言师友的重要，儒家后学所为的《礼记·学记》亦剀切言之。荀子强调"注错习俗"在"化性起伪"中的作用，故尤重隆师亲友。《修身》说：

> 故非我而当者，吾师也；是我而当者，吾友也；谄谀我者，吾贼也。故君子隆师而亲友，以致恶其贼。好善无厌，受谏而能诫，虽欲无进，得乎哉？

这是从劝善规过的角度说明师友的重要。《性恶》说：

> 夫人虽性质美而心辩知，必将求贤师而事之，择良友而友之。得贤师而事之，则所闻者尧、舜、禹、汤之道也；得良友而友之，则所见者忠信敬让之行也。身日进于仁义而不自知也者，靡使然也。

这是从形成正确思想的角度说明隆师亲友的重要。《劝学》说：

> 学莫便乎近其人。《礼》《乐》法而不说，《诗》《书》故而不切，《春秋》约而不速，方其人之习君子之说，则尊以遍矣，周于世矣。

这是从学习知识、通晓大义的角度说明师友的重要。其中"法而不说"一语尤为重要，盖荀子最重礼、乐，而礼、乐在表现形式上是制度、仪节、声音等，非有师授，不但难知其意，也无从娴习其进退之仪、高下之节，这是他尤重师的由来。对此，他在《修身》中曾以礼为例作了说明：

> 礼者所以正身也，师者所以正礼也。无礼何以正身？无师吾安知礼之为是也？礼然而然，则是情安礼也；师云而云，则是知若师也。情安礼，知若师，则是圣人也。故非礼是无法也，非师是无师也。不是师法而好自用，譬之犹以盲

辨色，以聋辨声也，舍乱妄无为也。故学也者，礼法也。

从前引《修身》和《劝学》《性恶》之文来看，荀子此处所说的"师"与"是吾师""求贤师"之"师"和"近其人"之"人"，应都是泛指，即不是特定的个人，而包括多人，甚至不一定指口讲面授之师，还包括儒学的先师（如荀子屡次称道的仲尼、仲弓）在内。即使如此，荀子将师的作用也提得太高，而忽略了学生自身的创造性。它与荀子所说的道应"体常而尽变"（《解蔽》）也不相合，与他在许多方面对儒学传统并不墨守的态度尤相矛盾。究其原因，盖与当时的教育状况、学术风尚有关。战国时期是否尚存在官学，旧籍难以查考；但学派林立、私人讲学之风盛行，学者各尊所闻以相辩驳的情况却是有大量史实可证的。荀子这样强调学术的师承，其意盖为捍卫其学说在学术师承上的权威性，与当时儒家各派立言必托言孔子，墨家各派托之墨子，法家托之管子，道家各派则依附老子，其用心相同，也可以说是未能免俗吧。但荀子的尊师，仍然是值得注意的。因为无论是何种学术，也无论是天才还是杰出人物，其成就都是从一定的师承开始的。没有一定的师承，不学习、研究前人已有的成就，固无从创立新的思想、学说，开拓新的事业；不了解前人的谬误，也可能重蹈覆辙。荀子说："不是师法而好自用……舍乱妄无为也。"其言太偏，但不遵循必需的师法，或实有所承而矢口否认，那确是胆大妄为或数典忘祖。

荀子既尊师，故于为师之道，亦极重视。其言曰："师术有四，而博习不与焉。尊严而惮，可以为师；耆艾而信，可以为师；诵说而不陵不犯，可以为师；知微而论，可以为师。"（《致士》）这里有两点可注意：一是"博习不与"，这体现荀子对儒学重道轻艺的传统的维护，也与他认为教学的目的在明礼义、"尽伦""壹统类"相联系。他曾说："凡以知，人之性也；可以知，物之理也。以可以知之性，求可以知物之理，则没世穷年而不能遍也。"因而他认为"故学也者，固学止之也"（《解蔽》）。止就是以礼义为统（见前），博习则是无统，故不能为师。或以为"博习"当作"传习"，非是。二是他举的四种可以为师之人，虽是平列，却有等差：前两种只是其品行可以为师；第三种只是其所传知识可以为师，"不陵不犯"，意指能确守师传，不妄下己见篡改经典原意，这种人略当后世所谓好的经师；第四种人比前三种都高，"知微而论"，指通晓古圣贤之道的精微，而能加以阐述和发挥，即他所谓知"统类"和"尽伦"。这也可证：他强调师的作用，不是专指某一师的作用，而是强调师的群体的作用。当然，群体的作用既大，个人也就在其中了。

上面我们比较详细地论述了荀子关于教育原则和方法的论述的两个方面，这两个方面虽是其有关教育原则和方法的重要见解，他的重要见解却不限于这两个方面，至少还有两点必须提及：

一是荀子不仅强调学习书本知识，也不忽视从实践中认识事物；不仅强调知，尤强调行。《儒效》说："不闻不若闻之，闻之不若见之，见之不若知之，知之不若行之。学至于行之而止矣。行之，明也，明之为圣人。"就较完整地表明他这种见解。其中"行之，明也"一语尤堪注意，具有较高的理论上的意义，我们在论述荀子的知行论时已说过了。

二是荀子针对人的积习不同、个性有异，特别强调要治气养心。他认为人"私其所积"，认识易有所蔽，因此要注意使心常保持"虚壹而静"的状态（见《解蔽》），这是他在认识论上的一个创解，我们在论述他的知行论时已说过了，它也可以说是荀子治气养心之术的一个重要方面。此外，他还提出要针对个性的差异而采取不同的治气养心的方法，《修身》说：

> 治气养心之术：血气刚强，则柔之以调和；知虑渐深，则一之以易良；勇胆猛戾，则辅之以道顺；齐给便利，则节之以动止；狭隘褊小，则廓之以广大；卑湿、重迟、贪利，则抗之以高志；庸众驽散，则劫之以师友；怠慢僄（按：僄，轻也）弃，则炤之以祸灾；愚款端悫，则合之以礼乐，通之以思索。凡治气养心之术，莫径由礼，莫要得师，莫神一好。

我们在前面指出：荀子和孟子相似，在教育目的和内容上都趋向于划一，与孔子的因材施教不同。荀子在这里说"莫径由礼""莫神一好"，也体现他坚持在目的和内容上的划一。但荀子在教育方法上却注意因材施教，此段所说，就是他对这种方法的详细发挥。孔子也说："求（按：冉有）也退，故进之；由（按：季路）也兼人，故退之。"（《论语·先进》）未尝不因人的个性不同而诱掖之使合乎中道，只是他更容许弟子各有其特长罢了。近人多强调要发展人的个性。人的某些个性（例如个人人格的尊严、平等，个人才智的差别，个人正常的生活爱好和必要的思想自由等）确实是应该发展的，不发展社会就不能进步，而且在这一方面，我们还面临着艰巨的任务，需要长期的奋斗才能实现。但是，人总是生活在群体之中，妨碍起码的群体生活准则的"个性"却是不能任其发展的。荀子所说的"莫径由礼"，如果排除其特定的阶级内容，而指必需的社会生活道德准则，仍然是应予重视的。不然，我们恐再不能以中国为"礼义之邦"自诩，而要望洋兴叹了。

第七章　荀子的文学观和辞赋创作

在战国诸子中，荀子是唯一留下了辞赋作品的人。但他关于文学的论述却不多，又主张"隆礼义而杀《诗》《书》"（《儒效》），似乎对文学不甚重视，故近人对他的文学观多不注意。其实他的"杀《诗》《书》"，是因为《诗》《书》与礼义相比而言，属于历史，不如礼义切日用（"《诗》《书》故而不切"），故将其置于礼义之下（杀），并非不重视。其书中引《诗》达六十余处（不计重复），引《书》亦达十余处，比起《孟子》来要多得多。他论诗、论文的语句虽简，其影响亦颇大，特别是他的《诗》论，对汉以后的诗学有重要影响，应该予以注意。

荀子所言"文学"，与我们今天所谓"文学"含义不同。《大略》说：

> 人之于文学也，犹玉之于琢磨也。《诗》曰："如切如磋，如琢如磨。"谓学问也。和之璧，井里之厥也，玉人琢之，为天子宝。子赣、季路，故鄙人也，被文学，服礼义，为天下列士。

这里文学即相当于学问，与《论语》载孔门四科中的"文学"科义同，《荀子·礼论》中还有"文章"一词，意指文采，且专指礼制中的仪节、服饰，尤与今所言文章之含义异。但古人所言学问，是包括语言及写作能力在内的。礼制需有文采，言辞自亦应有文采，故从是否重视文学、文采的角度言，二者是相通的。

比较接近于今人"文章"一词的，在荀子书中是所谓的"言"（包括书面语言文字和口头语言）。荀子对言是很重视的。《非相》云："凡言不合先王，不顺礼义，谓之奸言；虽辩，君子不听。"《儒效》云："言必当理，事必当务。"《大略》云："多言而类，圣人也；少言而法，君子也；多言无法，而流湎然，虽辩，小人也。"这显然主要就论辩之文而言，然亦可通于其他。他的论《诗》，即大体上遵循这些原则。

荀子论《诗》，有时与《书》连言，除前举"杀《诗》《书》"以外，还有《劝学》云："《诗》《书》之博也。"然亦与乐相应，如同篇云："诗者，中声之所止也。"即与"乐之中和也"相应，二语大意是相同的。"博"，可视为与孔子说《诗》"可以兴，可以观，可以群，可以怨。迩之事父，远之事君，多识于鸟兽草木之名"（《论语·阳货》）相承；"中声之所止"，则本于孔子所言"《关雎》乐而不淫，哀而不伤"（《论语·八佾》），可以说，并没有多少发挥；他还说过"善为《诗》者不说"（《大略》），也是儒家一贯的家法。《论语·学而》载子贡问："贫而无谄，富而无骄，何如？"孔子答以"未若贫而乐，富而好礼者也"。子贡引《诗》曰："如切如磋，如琢如磨。"孔子许为"可与言《诗》"，就是不拘泥于《诗》的原意，而以己意去引申发挥。《八佾》所载孔子与子夏论诗意同。这就是后来孟子所谓"以意逆志"（《孟子·万章上》）的方法。只是孟子从正面加以概括，荀子则是从反面加以说明，"不说"，意思就是让读者自己去领会发挥，荀子引《诗》，大抵皆循此法，不拘守原意。后来汉人匡衡等引《诗》，有时也循此法。清人遇其与毛传训诂不同，往往指实为三家遗说，其实是未必全对的。

荀子论《诗》最值得注意的是下引《大略》中的一段话：

> 《国风》之好色也，《传》曰："盈其欲而不愆其止。其诚可比金石，其声可内（按：纳也）于宗庙。"《小雅》不以于污上，自引而居下，疾今之政，以思往者，其言有文焉，其声有哀焉。

这亦似在发明孔子"《诗》三百，一言以蔽之，曰'思无邪'"（《论语·为政》）之旨，然有重要的发挥。首先，荀子肯定《国风》是"盈其欲"，即充分体现了诗人的感情（《正名》："欲者，情之应也。"）的，只是"不愆其止"（愆，过也；此句即后人所谓"止于礼义"之意）而已。并说这种情欲是最"诚"的，又可纳入宗庙之乐章的。这虽仍遵守其要"顺礼义"的原则，但高扬了诗歌的抒情作用，比《虞书》所说的"诗言志"与孔子所说的"思无邪"，都更接近于揭示诗的本质了。其次，荀子对《小雅》的精神也作了较好的概括，"不以于污上，自引而居下"，意谓《小雅》的作者不是用诗来给君上泼污水，而是以臣下的身份尽忠进谏。这与《小雅》多数诗的意旨是相合的；同时也说明，用诗批评时政是应该赞许的，只要不是心怀恶意。荀子对《国风》和《小雅》的这种评价，后来几乎成了中国传统诗歌理论和创作的重要准绳。《毛诗序》可以说就是发挥这个理论的："故变风发乎情，止乎礼义。发乎情，民之性也；止乎礼义，先王泽也。"不就是所谓"盈其欲而不愆其止"吗？只是《诗序》以之专属"变风"，而荀子用以概括全部《国风》罢了。司马迁《史记·屈原列传》云："《国风》好色而不淫，《小雅》怨诽而不乱。"则更是用更简约的语言来引述荀子的诗说了。至于后世诗人如李白、杜甫、白居易等人的创作，亦莫不基本上循此规范，近人多以"不愆其止"或"止于礼义"，为儒家对风诗的曲解，亦是。但这种曲解，在历史上是有二重性的：道学家（理学家）固可执此弹击那些描写男女之情的作品，带有某种反礼教倾向的作家亦可据此为自己张帜，明代的戏曲大师汤显祖在其名著《牡丹亭》中就是引《国风》为证来捍卫他言情的正当性的。

荀子在对《小雅》的评价中也强调"其言有文焉"，可见他还认为诗应有"文"。这"文"当不专指文采，而指广义的修辞。与《毛诗序》所言"主文而谲谏"的"文"意义相同，即包括言辞要微婉，要用比、兴等手法在内。从荀子创作的《赋篇》《成相辞》来看，他大概尤专注于微婉、比、兴等方面。

《汉书·艺文志》载孙卿赋十篇，近人顾实《汉志讲疏》以为：十篇盖十一篇之误。《荀子》有《赋篇》《成相辞》，《成相辞》亦赋之流也。《赋篇》有《礼》《智》《云》《蚕》《箴》（《针》）凡五篇；又有《佹诗》一篇，凡六篇。《成相辞》载有五篇，合为十一篇。按：顾氏谓《成相辞》为五篇，未确，当后论，现先说《赋篇》。

《赋篇》中《礼》《智》《云》《蚕》《箴》是五篇独立而合成一组的赋，这是没有问题的。《佹诗》末"璇玉瑶珠"以下十数句与《战国策·楚策四》所载荀卿遗楚春申君赋基本相同，疑本为春申君而作，也可能是本有此作，抄之以遗春申君。然一称赋，一称诗，可见当时诗之与赋，尚无较明确的区别。盖以其同为韵文，区别言之，诗可歌而赋只供诵，浑言之，则赋亦称诗。《汉志》引"《传》曰：不歌而诵谓之赋"。班固《两都赋·序》曰："赋者，古诗之流也。"即反映汉以前人对这二者的关系的看法。本人在所著《赋史》及其他论文中曾详论之，此从略。

今传辞赋的始祖是屈原，次有宋玉、唐勒、景差等，均楚人，且其时均在荀卿之前。荀子晚年居楚，盖受其流风的影响而作赋。但荀子的赋，除《佹诗》体式略同屈原《橘颂》等四言诗体赋外，其《礼》等五赋，体式均为独创，内容亦别。又屈原之作皆未标赋名，宋玉《高唐》《神女》等赋，今传《文选》所载虽标题为赋，然晋习凿齿《襄阳耆旧记》引《高唐》作《高唐对》；姑不论宋玉这些赋的真伪（此事我别有辨，见《赋史》及其他论文），其原本是否已称赋，也可存疑；而《荀子》中《赋篇》之目，倘为其本人所编集（此亦难定其然否），则是明标为赋了。由于存在这些情况，遂产生了不少的问题和分歧的意见。

首先是荀子五赋与隐语的关系以及隐语在赋体形成中的作用问题。

隐语即今所谓谜语。荀子五赋都是以隐语的形式写成，这是一望而知的，刘勰《文心雕龙·谐隐》也早已揭示出它的这一特点。但前人大都认为这是赋的一种别体。如元祝尧《古赋辨体》云："卿赋五篇一律全是隐语，描形写影，名状形容，尽其工巧，自是赋家一体，要不可废。然其辞既不本于情之所发，又不尽本于理之所存，若视风骚所赋，则有间矣。"（卷二荀卿《礼赋》注）明谢榛亦云："屈宋为词赋之祖，荀卿赋，自创机轴，不可例论。"（《四溟诗话》卷二）即其代表。至清末王闿运始创为新说，其《论文体》云："赋以荀子为正体。宋玉《大》《小言》犹近之；《高唐》《好色》，则学《楚词》，汉人遂纯为词矣。"又《湘绮楼论诗文体法》有云："赋体物而浏亮。赋者，诗之一体，即今谜也，亦隐语而使人自悟。故以谕谏。……庄论不如隐言，故荀卿、宋玉赋因作矣。汉代大盛，则有相如、平子之流，以讽其君。"（转引自舒芜《近代文论选》上册）推其意盖谓赋当以托物寄意为尚，而谜语最隐微，故推为正宗，而以其余为旁体、支流，可视为一家之说。近人以诗、词、曲、通俗小说及楚骚（赋之一体）多由民间文学体式蜕变，遂推衍至于荀赋，谓亦从民间隐语演变而来。我不反对在探讨文体起源时作某种推论，但认为隐语起源于民间，则殊难征信。且不论今传春秋战国时期的隐语均出自士大夫（参看《文心雕龙·谐隐》范文澜注，例略），就是以常理言，谜语是一种文字游戏，而古时庶民多不识字，恐亦难说是老百姓的创造，而应为士大夫之所为。再退一步说，即使隐语起源于民间，也难于判定隐语为赋体之源，因为赋的重要特征为押韵，今存隐语虽有个别为韵文的（如《列女·辩通传》所载楚处庄姪见楚顷襄王所说的四句隐语），但以散文或单语为常，又荀子《佹诗》亦列入《赋篇》，并非隐语。所以，我们只能说荀子取隐语的表现方法以作赋，而不能说赋源于隐语。

其次，荀子五赋的体式很特别，也引起人们不同的推测。

今传较早的赋篇，从体式来看，基本上有三种：以四言诗句为主的诗体、散韵结合的文体和骚体。荀子五赋基本上属于散韵结合的一体。但早期的文体如《楚辞》中所收的《卜居》《渔父》及《文选》所收宋玉《高唐》《神女》等，大抵多是首尾为散文，中间描写为韵语，且明显地设为问答。荀赋则稍不同，如《礼》赋：

爰有大物，非丝非帛，文理成章；非日非月，为天下明。生者以寿，死者以葬，城郭以固，三军以强。粹而王，驳而伯，无

> 一焉而亡。臣愚不识，敢请之王。王曰：此夫文而不采者与？简
> 然易知而致有理者与？君子所敬而小人所不者与？性不得则
> 若禽兽，性得之则甚雅似者与？匹夫隆之则为圣人，诸侯隆
> 之则一四海者与？致明而约，甚顺而体，请归之礼。

这实际上也在设为问答，而不着迹，且首尾为韵文，中间为散文。这究竟是由于当时赋体还未形成，还是由于荀子有意在常体之外创新？近人的看法亦相左。然前人早已指出：赋中的文体（特别是其中的问答体）是在战国问答体散文的影响下形成的，尤与纵横家言相近（清姚鼐、章学诚及近人章太炎、刘师培等均持此说），今传《卜居》《渔父》及宋玉《高唐》等即属此种。则谓《卜居》等为常，为始创，而荀赋为变，殆较可信。

其三，荀赋的思想内容与艺术风格亦迥异屈、宋，前人虽多有论及，然未能尽一，尚需探讨。

荀卿五赋内容上的特色为托物寓理，前人多有论及，然对他这一组赋在思想理论上的价值则尚少有人注意。其实，这五赋可谓概括荀子思想的几个重要方面。我们在前数章已多次指出，荀子的学说以天人相分、隆礼和性恶说为核心。这三者是互相关联的，而贯串其中的则是荀子对人的认识能力和认识成果（"智"）的高度重视。盖人之所以能与天地相参，在于人有合群制天的能力（即《天论》所谓"人有其治"），而合群的方法在荀子看来就是礼义。人性既恶，礼义何由而生？这就在于人有认识能力，可以在实践中形成（"圣人积伪而生礼义"）。此即五赋先《礼》、次《智》的由来。这两篇可说是他的形象化了的理论纲领。《云》赋则表现他对大自然的"神化"作用的赞美。这与他在《天论》中提倡"制天命而用之"似相反，实相成。盖荀子从反对天人交感出

发，强调天人相分；但他并不反对天地"阴阳大化"造福人类的作用（见《天论》）。而大自然滋润万物者为云雨，它也是阴阳变化的象征，故次之以《云》。至于《蚕》与《箴》，则既代表着农、工的两个方面，又为礼之节文所必需，即所谓"功被天下，为万世文。礼乐以成，贵贱以分"（《蚕赋》），"下覆百姓，上饰帝王"（《箴赋》），故殿之以《蚕》《箴》。

　　五赋虽有丰富的理论蕴涵，但要用赋的形式来表达，毕竟有困难。故五赋虽极力刻画形容，究不能如屈、宋赋的空灵生动，文采飞扬。因而前人和今人对它的评价不一。前引祝尧之说谓其"工巧"，刘师培则谓之"平实"（见《刘申叔先生遗书·南北文学不同论》），今人则或谓其较"粗糙"（高光复《赋史述略》），或称其"文多而诗的成分少"（方师铎《传统文学与类书的关系》）。这两种评价其实并不矛盾，盖从其能将难着笔之事物刻画精致说，实属"工巧"；从其所表现的文辞说，则颇觉"平实"。若以诗的艺术境界之美去要求，又未免"粗糙"和近文者多。至于为什么会形成荀赋的这一特点，则论者的看法尤不一。姚华说："荀子《赋篇》，其始创矣；体制初成，演而未畅，此诗之广也，故其规矩，不渝前则。荀卿之学，源出西河（按：指孔子弟子卜子夏），粹乎诗体之传。及其为文，则辞正而旨约，志闲而气肃，礼坚其中，诗被其外，赋之质者也。"（《论文后编》）按：这是从其为"始创"和本于儒术论其"质"之故。刘师培说："屈平之文，音涉哀思，矢耿介，慕灵修，芳草美人，托词喻物，志洁行芳，符于二《南》之比兴；而叙事纪游，遗尘超物，荒唐谲怪，复与庄、列相同；南方之文，此其选矣。……荀卿生长赵土，所作之赋，偏于析理，则为北方之文。"（《南北文学不同论》）这是从南北风土之不同说明荀赋风格形成的原因。近人游国恩等说："这（按：指《成相辞》）与赋篇都是采用民歌形式。"（游等编《中国文学史》）这是言其风格质素乃受民间诗歌影响所致。按：一个作家的作品的思想、艺术风格的形成有多种原因，很难以一端概括。就上述三说而论，刘氏之言不为无据，然风土之异，充其量只是一种因素，不能绝对化；游等之说，可施于《成相辞》，以概《赋篇》则谬；姚华"始创"之说亦非（荀在屈、宋后），谓本于儒术，"粹乎诗体之传"，则颇中肯綮。然尚当有辨。盖儒家文章的风格亦不相同，孟、荀的差异就很昭著。荀子赋篇的风格平实雅正，是与荀子的整个思想风格相联系的。他是一个严肃的、笃守礼义的儒者，又是一位重实际的、长于理论思辨的理论家，故其赋也如其文一样，都是"文而不采"的。不过，文与赋究不相同，著述之文以"辞达"为务，虽笃实而自有光彩；赋需激发人的情思，说理的成分太浓，已离其旨，文词又趋质朴，感染之力益减。故荀赋虽在赋史有其不可磨灭的地位，也颇富独创性，但较之屈、宋，是颇为减色的。

上面主要说荀子《赋篇》，下面再说一说他的《成相辞》。

《汉书·艺文志·诗赋略》把赋分为四类：一为"屈原赋之属"，二为"陆贾赋之属"，三为"荀卿赋之属"，四为"杂赋"。三家之分，义例不明，难可究诘，姑不论；"杂赋"中列有《成相杂辞》十一篇，可知汉人亦视《成相辞》为赋。然自今观之，《成相辞》实与"不歌而诵"的赋体有别。这要从成相一词的意义说起。朱熹云："相者，助也，举重劝力之歌；史所谓五羖大夫死而春者不相杵是也。"（《楚辞后语·成相辞》注）俞樾云："此相字，即'春不相'之相《礼记·曲礼》：'邻有丧，春不相。'郑注曰：'相，送杵声。'盖古人于劳役之事，必为歌讴以相劝勉，亦举大木者呼

'邪许'之比，其乐曲即谓之相，'请成相'者，请成此曲也。"（转引自王先谦《荀子集解》）按：朱说近是，俞说甚谛。由此可知：成相辞应是可歌的，也许是汉时已不知其可歌，故也视为赋罢。对此，我认为不必拘泥。从严格的意义说，自可将它摒于赋之外；倘放宽条件，也不妨把它列为辞赋的一种别体。这种别体，确是从民间来的，但当时大概流传颇广，已引起士大夫的注意，故荀子利用这种形式来宣传自己的思想。一九七五年我国考古工作者在湖北云梦泽睡虎地发现一批秦简，其中有《为吏之道》佚书一种，由五支简合成，分上下五栏书写，最下一栏有韵文八首，其体就与荀子《成相辞》大致相同，即可证此体已引起了广泛的重视。为便于对照参考，现将荀子《成相辞》和《为吏之道》各引二段如下：

> 请成相，世之殃，愚暗愚暗堕贤良，人主无贤，如瞽无相何伥伥？

> 请布基，慎圣人，愚而自专事不治，主忌苟胜，群臣莫谏必逢灾。（《成相辞》）

> 凡治事，敢为固，遏私图，画局陈棋以为籍，宵人愦心，不敢徒语恐见恶。

> 凡戾人，表以心，民将望表以戾真。表若不正，民心将移乃难亲。（《为吏之道》）

从上引四段文字可以看出，它的每一段既有近似的结构，但又不完全划一。（荀子各段语句的长短、节奏则基本上是划一的）似此歌曲的节奏有一定弹性，也可能只是一种徒歌，大体上与相杵声相应，并无严格的曲调。清卢文弨说："审此篇音节，即后世弹词之祖。"（转引自《荀子集解》）说得绝对了点。但说它是我国后来流行的多种形式的说唱文学的远祖，是完全可以的。荀子虽不一定是最初利用这种形式写作的文人（但今传者则以他的《成相辞》为最早），其视野的宽阔是弥足钦佩的。

《成相辞》既采用通俗的民歌形式写成，故其语言较《赋篇》尤为朴质。全篇通计为五十七段。如以有"请成相"开头的一段作为分章的依据，全篇可分为三章。宋朱熹的《楚辞后语》就是据此分章的。唐杨倞注《荀子》，未分章注明章旨，然于第二十三段首句"请成相，道圣王"下注云："道亦言，前章意未尽，故再论之也。"则当亦以有"请成相"者为一章之始。王先谦《荀子集解》稍不同，他将第三十四段"请陈辞"以下至四十五段别为一章（即将朱氏所分第二章厘而为二），盖欲以合《汉志》孙卿赋十篇之数。然全篇五十七段如按内容细分，是可以厘为更多章的。如概略言之，朱氏所分第一章，可视为荀子政治观的总述，而以辨贤奸为主；第二章是总结历史经验，反复申明尚贤去奸的必要；第三章则专言君道与臣道。王氏所分，既失去其形式上（以"请成相"为首句）的特点，于义亦未尽善，殊不足据。

由上面的概述可知，《成相辞》的内容虽广泛，但尚贤之意最突出，而于妒贤害能的奸人与暗主亦屡陈儆戒。故《成相辞》不同于《赋篇》的《礼》《智》等赋，而颇近于《佹诗》，于说理之中，寓有抒情之意，可视为荀子的孤愤之作，这是它在内容上的一个较突出的特点。

《成相辞》在内容上另一可注意之点，是其中关于尧、舜禅让问题的看法与他在《正论》中提出的看法不同。

我国古史上尧让天下于舜、舜让天下于禹的传说，近人根据人类社会发展史的研究，认为这是阶级、国家尚未正式形成前，部落联盟酋长推选制的反映。战国时的学者不能这样来认识，而只能根据他们的政治观点来理解。儒家尚贤，因而解释为尧举贤以自代，代表这种观点的是《尚书》中的《尧典》《论语》中《尧曰》章的首段和《孟子·万章上》的有关章节。但孟子为照顾禹传子的事实，已不只说尧、舜是让贤，而说"天子不能以天下予人"，只是荐人于天，"天与贤则与贤，天与子则与子"，借助于天命论把尚贤与传子统一起来，这反映儒家鼓吹尚贤与维护宗法制度的艰难处境。韩非子则提出另一种解释，他在《五蠹》篇中说：古代帝王的生活劳苦，还不如战国时县令的富厚，因而"古之让天下者，是去监门之养而离臣虏之劳也"。这似乎已猜到了由于古今财富占有的不同，才产生由禅让到传子的转变，但说得不清楚。还有一种说法则相反：根本否认有所谓禅让的事实，而说"昔尧德衰，为舜所囚"，"舜囚尧，复偃塞丹朱（按：尧子），使不与父相见"。（《史记·五帝本纪·正义》引《括地志》载《竹书纪年》说）意即舜实为夺尧之位，这是用后世臣夺君位的事实去解说历史。此外，《庄子》中《秋水》《天地》《天运》等篇也谈到尧舜禅让事，说法不尽一致，大抵于事实本身无所褒贬；同书《齐物论》《让王》还提到尧让天下于许由、舜让天下于善卷，他们都不受的事，并说他们是只求"心意自得"，不以天下"害其生"。总体来看，可见他们虽不否认禅让之事，然抱着轻蔑的态度，这反映道家否定儒家所鼓吹的尧、舜的仁、义、礼、乐之治，而欲复太古无为之治的观点。

荀子在《成相辞》中所表达的看法，与儒家的传统看法基本上是相同的，只是加了许由、善卷的事，并用儒学的观点作出与道家不同的解释，其辞曰：

　　请成相，道圣王，尧、舜尚贤身辞让，许由、善卷重义轻利行显明。

　　尧让贤，以为民，泛利兼爱德施均，辨治上下，贵贱有等明君臣。

　　尧授能，舜遇时，尚贤推德天下治，虽有贤圣，适不遇世孰知之？

　　尧不德，舜不辞，妻以二女任以事，大人哉舜，南面而立万物备。

　　舜授禹，以天下，尚得推贤不失序，外不避仇，内不阿亲贤者予。

这于尧、舜禅让可谓一唱三叹，备极赞美，第三段还寓有自抒愤懑之意。

　　《正论》中所言则相反。在此篇中荀子也如孟子一样，认为天子不能以天下予人，但理由不同，他认为："天子者，执位最尊，无敌于天下，夫谁与让矣！道德纯备，智惠甚明，南面而听天下，生民之属莫不振动从服以化顺之，天下无隐士，无遗善，同焉者是，异焉者非也，夫有恶擅（同禅）天下矣。"其意有两层：一层说天子势位最尊，无与匹敌，不可以让人；一层说像尧、舜那样德能具备的天子更不需要把帝位让人。接着他还驳斥"死而擅之""老而擅之"之说，认为"圣王已没"，"天下有圣而在后子者"，那就要传子，"夫又何变之矣"；"圣不在后子而在三公，则天下如归"，自然由三公继位，"夫又何变之矣"。他还说："诸侯有老（按：退休），天子无老，有擅国，无擅天下。"因而总结说："夫曰尧、舜擅让，是虚言也，是浅者之传，陋者之说也，不知逆顺之理，小大、至不至之变也，未可与及天下之理者也。"说得何等斩截，似乎不容争辩。

为什么像荀子这样一位思想严密的学者在不同的作品里所说竟如此矛盾？可以有两种解释：一是其中有一说为后人所篡改，如果是这样，则《成相辞》这一部分乃后人所增可能性较大，因为荀子虽尚贤，但比孔、孟更强调帝王的权威，又据《韩非子·难三》说"燕王哙贤子之而非孙卿"，可理解为燕王哙欲让王位于子之，而荀子反对。根据这两点，荀子反对禅让说，对它另作解释（尧死，舜以三公自然即位）是顺理成章的。又《成相辞》乃通俗唱辞，播于人口，流传中也易遭到篡改。但这只是揣测，我们从《成相辞》中既找不到什么痕迹，也无旁的证据，殊难定论。二是荀子前后的认识有变化，这并非不可能。我们无从考证《正论》作于何时，然《成相辞》第十一段有"春申道缀基毕输"语。所谓"道缀"（缀，同"辍"，废止之意），即使不是指春申君遭李园之变被杀事，也当指李园用事，其势将危之时，这都在荀子晚年。据此，可推论《成相辞》所反映的是他晚年的看法，而《正论》属于以往的见解。但《荀子》全书中除此外未见有赞扬贤者辞让之事，《强国》篇且力辩楚国子发辞赏为非，这种改变，终觉突然，只能作为一种无法解释的解释。然而不管是属于哪种情况，由于有《正论》在，我们至少可以看到，荀子也像孟子一样，不迷信儒家经典的成说，同时也可看到，在尧、舜禅让的问题上，儒家始终没有找到合理的答案，因而陷入了左右支绌的困难境地。

第八章 荀子的学术思想渊源、特殊品格及其与孟子学说的异同

前面各章已对荀子学说的一些主要方面作了概括的评述。这里拟在前述的基础上对他的学术思想渊源及其与思孟学派的异同作进一步的探讨,并在与思孟学派的比较中对荀子学术思想的独特品格作出某种概括。

我在第一章已经指出:荀子的学说虽以儒家思想为主导,但批判地吸取了各家之说,其理论体系带有某种综合性和集大成的性质,在以后各章中也提到了他对各家学说的采纳。据此,追溯荀子的学术渊源,应不仅限于儒家,比较也不应限于思、孟。但荀学的根底在儒,从历史上看,荀学地位的变化又常与思孟学派(以下简称孟学)相连。考察荀学的历史命运,始终离不开孟学。所以本章探讨渊源,以儒学为主,兼及其他;并着眼于与孟学的比较,为下编探讨荀学的命运作必要的准备。

一、荀子的学术师承

荀子在论及自己的学术思想渊源时,除了提及古代"圣

王"尧、舜、禹、汤等外，就是孔子和子弓。在他的书中，有四处以这两人并提。《非十二子》说："上则法舜、禹之制，下则法仲尼、子弓之义。"又说："是圣人之不得势者也，仲尼、子弓是也。"《儒效》说："非大儒莫能立，仲尼、子弓是也。"《非相》说："仲尼长，子弓短（按：矮）。"其对子弓可谓推崇之至。故探讨荀子的学术师承，首先必须注意这个子弓。但这个子弓是谁，后人却争论不已，大要分为两派：一说是《史记》《汉书》所记的传《易》的馯臂子弓，主之者有唐韩愈、张守节及近人郭沫若等；一说是孔子弟子仲弓（即冉雍），主之者有唐杨倞，元吴莱，清汪中、俞樾及今人张岱年等。下面略作评述。

先说主馯臂一派。馯臂其人，先秦旧籍皆不载。《史记·仲尼弟子列传》在谈到商瞿传《易》时提到了他，列为商瞿弟子，但其字不是子弓，而是子弦。《汉书·儒林传》始说他字子弓，又改列为商瞿再传弟子。此外，尚有《史记》张守节《正义》引应劭云："子弓，子夏弟子。"汉人记载止于此，余无所闻。韩愈等人以子弓即馯臂，就是根据这三条材料，没有进一步的说明。（郭沫若稍不同，他还花了较大的力气论述了《易传》与荀子思想的关系，但这属于另一问题，故我在此不论，留待本章第二部分再说。）

主仲弓的一派，前后经过多人的补充，理由稍多。大要是：仲弓是孔门"德行"之科的大弟子，《论语》载孔子对他有赞扬，甚至说他"可使南面"，意即有君人、治人之才德，宜荀子称之。其不称仲弓而称子弓，犹之季路亦称子路，且避免与仲尼之仲相重；而馯臂除传《易》外，别无所称，不得与孔子并列。且馯臂之字，《史记》作子弦，古人名字在意义上多相应，弦当是"肱"的借字，或形近而讹，《汉书》作子弓，音近而形益远，未可信。

比较上面两说，我们可以看出，前一说的根据是不及后说的。但这一问题仍未得到圆满解决，主要是关于仲弓我们了解得太少，除《论语》的六条记载外，仅《大戴礼记》载子贡说他"在贫如客，使其臣如藉，不迁怒，不探怨，不录旧罪"一条（《史记·仲尼弟子列传》基本上本于《论语》）。尽管如此，子弓之为仲弓，我认为还是应该肯定，理由如下：

（1）《论语》所载仲弓之事虽少，但仍然可以找到某种与荀学相联系的线索。孔子赞扬仲弓"可使南面"（《雍也》），前人已引过了；《论语》还记载："子谓仲弓，曰：犁牛之子骍且角，虽欲勿用，山川其舍诸？"（《雍也》）犁牛，即耕牛，比喻出身微贱（用《史记》及刘宝楠《论语正义》说）；骍，赤色；角，角周正（用何晏《论语集解》说），比喻材美，可用于祭祀天地山川。这一则意谓冉雍出身虽贱，而材质甚美，这是前人早就注意了的。但孔子以祭祀之牲为比，也应注意。冉雍盖深于礼，故孔子因以为喻。这不是附会，因为《论语》还有两条：

> 仲弓问仁，子曰："出门如见大宾，使民如承大祭；己所不欲，勿施于人，在邦无怨，在家无怨。"仲弓曰："雍虽不敏，请事斯语矣。"（《颜渊》）

> 仲弓问子桑伯子，子曰："可也，简。"仲弓曰："居敬而行简，以临其民，不亦可乎？居简而行简，无乃太简乎？"子曰："雍之言然。"（《雍也》）

前一条也是以礼为喻，不用说明；第二条的"居敬"，意亦指平居尽礼。孟子说："礼人不答反其敬。"（《孟子·离娄上》）荀子说："恭敬，礼也。"（《臣道》）"凡礼……祭祀，饰敬也。"（《礼论》）简则与之相对。《说苑·修文》篇曰："简者，易野也，无礼文也。"刘宝楠《论语正义》曰："居敬则有礼文，礼毋不敬也。居敬，即大舜之共己；行简，则大舜之无为而治。此足见仲弓成己成物之学。"其说甚确。又《说苑·修文》篇在引述《论语》此节后说："仲弓通于化术，孔子明于王道，而无以加仲弓之言。"尤可注意。盖仲弓既深于礼教，又通治术，这正与荀子同，宜荀子尊之。

（2）从荀子对孔子以后儒学流派的评论中，也可找到子弓非仲弓莫属的旁证。我们知道，韩非子曾说孔子之后儒分为八（见《韩非子·显学》），韩非是荀子的学生，对当时儒学流派的了解不应相远。但是，我们发现他们的论述却有较大的出入。

韩非所列儒家八派，据近人的考证：子张氏当指颛孙师，孔子弟子；颜氏难以确指，孔子弟子颜姓者有颜回等十二人，当为其中之一，有人以为指颜回；子思即孔伋，孔子孙；乐正氏当指乐正子春，曾参弟子；仲良氏，《韩非子》别本作仲梁氏，《礼记·檀弓上》载其论礼之语，列曾子下，《毛诗·定之方中》传亦引仲梁子语，旧说《毛诗》传自子夏，则仲梁氏或是曾参、子夏的后学；赤雕氏，《汉志》著录有《赤雕子》十二篇，班固注为"孔子弟子赤雕启（即赤雕开）后"，当指此人，虽不知其年辈，或与赤雕开相去不远。以上六家或为孔子弟子，或为其弟子的弟子与后裔，大抵都是以战国前期的儒者标派。余则孟氏当指孟轲，战国中期人；孙氏当指孙卿，即荀子，战国晚期人。韩非未说明为什么会出现这种参差。也许是形成有先后，也许是据其显者而言，也可能二者兼有之。

荀子书中没有总列儒家的分派，但他在《非十二子》中实际上提到了儒家的五派：以仲尼与子弓并提，子弓应是一派，而且他认为是"正宗"的一派。在他着重批评的十二子中有子思、孟子，这自然是一派。该篇末还说："弟佗其冠，神禫其辞，禹行而舜趋，是子张氏之贱儒也。正其衣冠，齐其颜色，嗛（按：同'谦'）然而终日不言，是子夏氏之贱儒也。偷儒惮事，无廉耻而耆饮食，必曰君子固不用力，是子游氏之贱儒也。"这又是三派。此外，在《大略》篇中还有"仲尼、颜渊知而穷于世"的话，以颜渊与仲尼并提，如果韩非所言颜氏之儒是指颜渊的后学，那就是提到六派。以之与韩非的八派说相较，可以发现：他这里有子弓、子游、子夏，而八派中没有，子弓一派，可能韩非即以荀子当之，两家都有的只有子张。又荀子批评子思、孟子说："略法先王而不知其统……子思唱之，孟轲和之，世俗之沟犹瞀儒，嚾嚾然不知其所非也，遂受而传之，以为仲尼、子游为兹厚于后世，是子思、孟轲之罪也。"这里的"子游"值得注意：为什么批判思、孟却要扯上子游？为什么他在这里以子游与孔子并提，在后面又批判了"子游氏之贱儒"？合理的解释只能是：当时人认为思、孟是承子游之学的，荀子认为思、孟歪曲了子游之学，有"罪"，但他们毕竟有一套理论，与"无廉耻而耆饮食"的"贱儒"不同，故思、孟得列入"持之有故，言之成理"的十二家加以批判，而"贱儒"则只附及之。由此我们可得到三点认识：一是荀子所谓子游氏、子张氏、子夏氏之"贱儒"，不是指子游、子夏、子张本人，他们既比思、孟高明，当然不是"贱儒"。二是荀子与韩非不同，韩非所列八派，盖是以当时人们所称者为断，不复一一追溯其师承，荀子则必追溯其师承，其流则除思、孟而外，均不屑提名，这亦可作为他所称的子弓当为仲弓的一种旁证。三是在韩非所列八家中，除孙氏一家外，颜氏之儒和曾参门人一派荀子没有批判。又其批判之三家"贱儒",分寸亦不同,"弟佗其冠……禹行而舜趋","正其衣冠……嗛(按:同'谦')然而终日不言",这都如杨倞注所说,是"但宗圣人之威仪而已矣";"偷儒惮事……必曰君子固不用力",则又等而下之了。这一点尤堪注意:从今传《论语》及二戴《礼记》所载孔子弟子言行来看,大都无不以礼相切磋,其中曾参、子夏、子游、子张问礼说礼之言较更多;荀子却独尊仲弓,于颜氏、曾氏后学无微辞而贬子夏的后学,于子游后学尤甚,这是耐人寻味的。我认为,这反映两个方面的问题:一是子游的后学可能行为较不检,而其余五家的后学尚较恂谨,颜氏、曾氏的后学尤甚;二是子游的后学有一套理论,故荀子尤疾之。

从上述两方面的分析,特别是从荀子对儒家各派的肯定和批判中,我认为可以基本上理出荀子学术渊源的线索。他的学术渊源当然首先要溯到孔子。孔子之学最突出的是仁和礼。这二者在孔子看来本是统一的,但经弟子一再传授,不惟有仅余皮毛而失其精神的情况("贱儒"即是),也会有发展方向的不同,这是韩非所言儒分为八和荀子列出五派或六派来加以肯定或批判的由来。但荀子着重批判的实际上只有一派,就是由子游到子思、孟子的一派,所肯定的更只有一派,即仲弓的一派。这两派,我认为,实际上代表着战国儒学发展的两股主要思潮。现在的问题是:从仲弓到荀子,历时二百余年,在旧籍的记载中缺少一个中间环节。但如以孔子、仲弓之学以礼、仁相结合为源头,以荀子将礼、义结合为流派去寻找,还是可以找到某些蛛丝马迹的。这中间环节就是现今保存在《礼记》中的《乐记》,也许还可加上《礼记》中的《经解》和《缁衣》。

据《隋书·音乐志》引沈约说，《乐记》为公孙尼子所作。《汉书·艺文志》著录公孙尼子著作二十八篇，说他是"七十子弟子"，其时当在孔子后、荀子前。此记不仅论乐多精语，为荀子《乐记》所采用，还涉及了礼、乐、仁、义等的关系，如云：

> 礼、乐、刑、政四达而不悖，则王道备矣。乐者为同，礼者为异；同则相亲，异则相敬。乐胜则流，礼胜则离；合情饰貌者，礼乐之事也。礼义立，则贵贱等矣；乐文同，则上下和矣。好恶著，则贤不肖别矣；刑禁暴，爵举贤，则政均矣。仁以爱之，义以正之，如此则民治行矣。

可以说，这段话包括了荀子政治伦理思想的主要内容。其中"礼义"连文，尤堪注意。据《论语》，孔子虽屡言礼和义，却未把这二者连在一起，惟《礼记·礼运》载孔子与子游言大同、小康之异，以"礼义以为记"作为小康的标志。然《礼运》为谁所作，难以考定。时代可考者，则是这篇《乐记》。由此可见，孔学再传之后，已有在礼、乐、刑、政四者之中突出礼、乐，在仁、义、礼、乐四者之中，突出"礼义"的一派。这一派是否出于仲弓，虽无明证，但有可能（因为他是将仁与礼结合的）；荀子是继承发展这一派，则是无疑的。

更加突出"礼义"的还有《经解》。皮锡瑞在《五经通论》的《三礼通论》中极重视这一篇，谓"能发明《礼经》十七篇之义"。其产生的时代难明，不知究在荀子之前，抑在荀子之后，故我不敢多说，但其属于从公孙尼子到荀子一派，则是可断言的。又今传《礼记》中的《缁衣》，沈约以为子思作，刘瓛以为公孙尼子作。按：《汉书·艺文志》著录《公孙尼子》有二十八篇，《隋书·经籍志》著录的仅一卷。可见其书至隋已大部分亡佚。刘、沈均齐、梁间人，当时其书或尚存。沈博学工文，刘博通五经，为当世大儒，未知谁之见为确，然就内容来说该篇实与荀学为近。如其引孔子曰："轻绝贫贱而重绝富贵，则好贤不坚而恶恶之不著也，人虽曰不利，吾不信也。"与荀子肯定人皆有好利之心、只能以礼义节之之说相合。其引"子曰：民以君为心，君以民为体……君以民存，亦以民亡"，与荀子谓"君者，群也""君犹舟也，民犹水也，水则载舟，亦以覆舟"之说相合；疑刘说近是。据此而言，即使《经解》为荀子后学所作，我们也可找到两篇文章作为从仲弓到荀子的中间环节。不过，需要再次说明：这仅是就以礼义为统纪而言，如从天人观和人性论等方面加以考察，则这两篇文章（特别是公孙尼子）与荀子也有所不同。《乐记》关于天人关系的看法不统一，当后论。公孙尼子的人性论，据汉王充《论衡·本性》篇介绍："周人世硕，以为人性有善有恶。……宓子贱、漆雕开、公孙尼子之徒亦论情性，与世子相出入。"然有善有恶，固不同言性恶，也不同言性善，属于一种调和之论，并不妨碍荀子从其有恶的一方加以发展。

二、荀子与经学

探讨荀子的学术渊源，固然要注意其学术师承，尤应注意其对文化传统的宗尚，就儒家来说，就是要注意其对儒家经典的宗尚。荀子博通群经，且对经学的传授有重大贡献，清人汪中在其《荀子通论》中作了较详细的考证，马宗霍师在其《中国经学史》中又作了补充，范文澜同志在《中国通史》（第一册）中也作了扼要的肯定。但是，他们都主要是从经学的传授着眼，所据又多承袭清人的论述，对荀子本人的论述注意较少。本书的目的不同：主要是从探讨他们的学术渊源着眼，故虽亦注意史籍中所载的经学传授关系，却尤重从荀子的书中去探讨其对经学的宗尚及所受的影响。

旧传《诗》《书》《礼》《乐》《易》《春秋》六经皆经孔子修订，但先秦儒家之作并无六经之名。六经之名始见于《庄子·天运》篇，又其《天下》篇亦以此六籍并举。这二篇疑均非庄子所作，然其文不类汉人所为，盖战国晚期已有此说。其后司马迁《史记·天官书》《封禅书》及《太史公自序》均言及六经，然亦称六艺（见《史记·封禅书》及《孔子世家》）。荀子对六经均有所论述，但明显地分为两类：《诗》《书》《礼》《乐》《春秋》为一类，常并提，《易》则另为一类，只偶尔与前五种中的两种并提。他并提的五种亦有区别，《春秋》有时被忽略，而《礼》尤被强调，如《劝学》说：

> 学恶乎始？恶乎终？曰：其数（按：术也）则始乎诵经，终乎读礼……故《书》者，政事之纪也；《诗》者，中声之所止也；礼者，法之大分，类之纲纪也，故学至乎《礼》而止矣。夫是之谓道德之极。《礼》之敬文也，《乐》之中和也，《诗》《书》之博也，《春秋》之微也，在天地之间者毕矣。……

> 学莫便乎近其人。《礼》《乐》法而不说（按：无解说），《诗》《书》故而不切，《春秋》约而不速，方其人之习君子之说，则尊以遍矣，周于世矣。

按：后一段的"其人"指师友，意谓学经籍必须赖师友的讲说、切磋，不是贬低经籍。又如《儒效》说：

> 百王之道一是矣，故《诗》《书》《礼》《乐》之归是矣。

> 《诗》言是，其志也；《书》言是，其事也；《礼》言是，其行也；《乐》言是，其和也；《春秋》言是，其微也。……天下之道毕是矣。

这都是五者并举，然亦有只将前四种并提者，如《荣辱》即云："夫《诗》《书》《礼》《乐》之分，固非庸人所知也。"至于《易》，则仅《大略》云："善为《诗》者不说，善为《易》者不占，善为《礼》者不相，其心同也。"算是与《诗》《礼》并提。

荀子对六经在提法上的区别，是否意味着当时六经之说尚未确立，《易》尚在儒家经典之外呢？恐不能这样说，但其间似有主次之分。我们不妨对照一下《庄子·天下》篇的提法：

> 其在《诗》《书》《礼》《乐》者，邹鲁之士、缙绅先生多能明之：《诗》以道志，《书》以道事，《礼》以道行，《乐》以道和，《易》以道阴阳，《春秋》以道名分。

这里也有两个层次，第一层只说《诗》《书》《礼》《乐》，第二层申述才有《易》与《春秋》。又同篇说：

> 以仁为恩，以义为理，以礼为行，以乐为和，薰然慈仁，谓之君子。

这又只以礼乐与仁义并提，而其他则从略了。这恐不是偶合。因为《天下》篇对《诗》《书》《礼》《乐》的特点的概括与荀子相同，只有对《易》及《春秋》的评价角度稍异，应该是代表着当时人们对儒家六经主次的普遍看法。荀子之异于其他学者，是他明确地提出了"隆礼义而杀《诗》《书》"（见《儒效》）的观点；在《天下》篇所举的"仁、义、礼、乐"四者之中，特别拈出礼、义作为他最高的理论纲领，并以之贯串到他的学说的各个部分，我们在以前各章已详论之。

正因为荀子之学是以礼、义为核心，故其对六经的吸取也有所不同，下面我们拟将六经分三类说明其与荀学的关系。

1.《诗》《书》《春秋》

荀子与《诗》学传授的关系，汪中《荀子通论》曾据前人记载加以综述：

> 《经典叙录·毛诗》："徐整云：'子夏授高行子，高行子授薛仓子，薛仓子授帛妙子，帛妙子授河间人大毛公，毛公为《诗》故训传于家，以授赵人小毛公。一云：子夏传曾申，申传魏人李克，克传鲁人孟仲子，孟仲子传根牟子，根牟子传赵人孙卿子，孙卿子传鲁人大毛公。由此言之，《毛诗》，荀卿子之传也。'"《汉书·楚元王交传》："少时尝与鲁穆生、白生、申公同受《诗》于浮邱伯。伯者，孙卿门人也。"《盐铁论》云："包邱子与李斯俱事荀卿（包邱子即浮邱伯）。"刘向《叙录》云："浮邱伯受业为名儒。"《汉书·儒林传》："申公，鲁人也，少与楚元王交俱事齐人浮邱伯受《诗》。"……由是言之，《鲁诗》，荀卿子之传也。《韩诗》之存者，《外传》而已，其引荀卿子以说《诗》者四十有四。由是言之：《韩诗》，荀卿子之别子也。

按：汪氏所引旧说，不尽可信，但浮邱伯为荀卿门人，传《诗》，汉人无异辞，则无可疑。又孔子弟子虽多，《史记·仲尼弟子列传》的记载多甚简，许多人只有名姓，一些人的介绍只是将《论语》中的记载稍加贯串，特别是记及其人在孔子死后的活动者甚少，子夏是其中的一个（另一个是子贡），文字也不多，只有"孔子既殁，子夏居西河教授，为魏文侯师，其子死，哭之失明"这么几句。这几句本于《礼记·檀弓》，前三句很重要，它说明子夏曾在西河教学授徒，把孔子之学扩展到三晋，而且有很大的影响。我们知道，孔子曾赞扬子夏说："起予者商也，始可与言《诗》矣。"（《论语·八佾》）子夏必娴于《诗》。荀子赵人，传《毛诗》的毛亨虽为鲁人，毛苌则为赵人，传《韩诗》的韩婴为燕人（燕、赵相近），而今传《毛诗序》旧传为子夏所作，据《唐书·艺文志》，《韩诗》也有卜商（子夏）的《序》，虽可能是托名，也可能略有所本。故我认为，子夏的《诗》学经数传而至荀子，再由荀子而衍为《毛诗》《鲁诗》《韩诗》是可能的。

但是，荀子的《诗》学是否传自子夏，对我们来说，并不十分重要。因为我们的目的不在于荀子对某篇《诗》的解说是否合乎该诗的原意，是否有师承，而在于探讨荀子对儒家《诗》学传统的继承和发展。因此，我们既可假定从孔子到汉人四家诗的过程中有子夏这个环节，也可忽略这个环节，而直接探讨荀子与孔子《诗》学的关系。

我国古代诗歌的传统是诗乐结合，《虞书》说"诗言志，歌永言，声依永，律和声"，即说明诗、乐结合的传统。《左传》载列国诸侯卿大夫朝聘往来既有诵《诗》见志，又有乐工歌诗，《周颂》《商颂》《鲁颂》都是宗庙祭祀的歌诗，故《诗》又与礼结合。周代以礼治国，故与礼结合也是与政教的结合。孔子的《诗》学即是继承这个传统，他说："兴于诗，立于礼，成于乐。"（《论语·泰伯》）旧说谓指"学诗之后，即学礼，继乃学乐。盖诗即乐章，而乐随礼以行，礼立而后乐可用也"（刘宝楠《论语正义》）。从学习先后说，亦有理；然也可不分先后，只作为修身的三个方面来理解，而其核心则是礼。孔子说："《诗》三百，一言以蔽之，曰：'思无邪。'"（《论语·为政》）"无邪"，即节之以礼。他又说："诵《诗》三百，授之以政，不达；使于四方，不能专对；虽多，亦奚以为？"（《子路》）"诗可以兴，可以观，可以群，可以怨。迩之事父，远之事君，多识乎鸟兽草木之名。"（《阳货》）则是把《诗》的作用进一步推广到政治。

　　荀子完全继承了孔子的《诗》学而又有所发挥。他在《儒效》篇论及《诗》《书》《礼》《乐》及《春秋》的特点（见前引）之后说："故《风》之所以为不逐者，取是以节之也；《小雅》之所以为《小雅》者，取是而文之也；《大雅》之所以为《大雅》者，取是而光（按：大也）之也；《颂》之所以为至者，取是而通之也。"这就是说，《诗》不仅有言志的特点，而且可以体现《书》之"事"、《礼》之"行"、《乐》之"和"与《春秋》之"微"，此论实启后人通一经即可通群经，通群经方能通一经之说，把《诗》的意义和作用进一步扩大了。他又说：

　　　　《国风》之好色也，《传》曰："盈其欲而不愆其止。其诚可比金石，其声可内（按：纳也）于宗庙。"《小雅》不以于污上，自引而居下，疾今之政，以思往者，其言有文焉，其声有哀焉。（《大略》）

这段话在儒家诗学上的意义，本书第七章已言之。其中所称"《传》曰"，当指《诗传》，它是谁所作，今虽不可知，但可见荀子确实传过《诗传》，这在经学史上是应该大书一笔的。

　　荀子书中引《诗》之处甚多，约计七十余条，去其重复，尚有六十余条，远比《孟子》所引为多。值得注意的是：他引逸诗达六条之多，其中《正名》所引"长夜漫兮，永思骞兮，太古之不慢兮，礼义之不愆兮，何恤人之言兮"，后二句又见《天论》，《左传·昭公四年》子产也曾引用，惟无两"兮"字及第一句之"之"字，当出于同一诗。其余均似各为一诗，则涉及的诗为五首，占荀子引《诗》的十二三分之一。这些逸句，究竟是《诗经》中的异文，还是《诗经》中所不收者，已莫能定；若属后者，则周诗之未入《诗经》者，盖已多矣。这也是《诗》学的一个问题。不过，大概已极少有能解决的希望了，除非在考古上有新的发现。

荀子与《书》的关系，前人很少论及。考荀子引用《书》中的史实甚多，引证《书》中的话却不多，仅十二处。其中引《康诰》者六处，引《洪范》《吕刑》者各二处，引《泰誓》者一处，引逸《书》者一处，故所引不过五篇。然《康诰》六处中即有异文两处："克明明德"，今传《尚书》作"克明德"；"义刑义杀，勿庸以即，汝惟曰：未有顺事"，今《尚书》作"用其义刑义杀，勿庸以次汝封，乃汝尽逊曰时叙，惟曰未有逊事"。又《吕刑》"一人有庆，兆民赖之"，荀子引作"传曰"，不称"《书》曰"，盖误记。然《泰誓》已亡（今传《泰誓》为伪古文），故所引虽为五篇，而今存者只三篇。不过，这并不说明什么问题，因为《书》有亡缺，有异文，这已是常识。荀子书中与《书》有关而值得注意的是：他所述周以前的事大体都本于《书》，《书》所不载的唐、虞以前的事，他基本上不提，这体现他的"道过三代谓之荡，法贰后王谓之不雅"的观点，也可说他是谨守《书》教，凡《书》所不载的事均在考察之外。不过荀子中也有与《书》立异之处，这就是他在《正论》中否定了尧舜禅让的看法。（《成相辞》则否，详见本书第七章，此从略）可见他虽尊《书》，又不迷信《书》，与孟子相似。

关于荀子与《春秋》的关系，汪中云：

《经典叙录》云：左邱明作传以授曾申，申传卫人吴起，起传其子期，期传楚人铎椒，椒传赵人虞卿，卿传同郡荀卿名况，况传武威（武威据《史记·张丞相传》当作阳武）张苍，苍传洛阳贾谊。由是言之，《左氏春秋》荀氏之传也。《儒林传》云：瑕丘江公受《穀梁春秋》及《诗》于鲁申公，传子至孙为博士。由是言之，《穀梁春秋》荀卿子之传也。

又严可均《荀子当从祀议》谓《大略》篇所言，"《春秋》贤穆公""善胥命"是为《公羊春秋》之学。以为《公羊春秋》亦经过荀子的传授，按：汪氏所引陆德明《经典释文·叙录》本于刘向《别录》，刘向传《穀梁春秋》，而其言《左氏》之传如此，应有所据。考《别录》云"（铎）椒作《抄撮》八卷"，"虞卿作《抄撮》九卷"（《汉志》著录《铎氏微》三篇《虞氏微传》二篇，当即其残篇，"微"即"抄撮"之意），刘向当见其书，故言之凿凿。又《荀子·致士》末段云："赏不欲僭，刑不欲滥。赏僭则利及小人，刑滥则害及君子。若不幸而过，宁僭无滥；与其害善，不若利淫。"与《左传·襄公二十六年》所载蔡人声子对楚令尹子木语全同；且其书所言春秋时事，亦大抵与《左传》合。他在《议兵》篇说"齐桓、晋文、楚庄、吴阖闾、越勾践是皆和齐之兵也"（《王霸》亦以此五人并举），以此五人为五霸，即是据《左传》为说。若据《公》《穀》，则《春秋》止于鲁哀公十九年，其时越尚未灭吴，不与中原通；《左传》纪事终哀公二十七年，越勾践始霸。故荀子曾承《左氏》之传并以之授人，殆为可信。至于是否传《穀梁》《公羊》，则证据不足，《公羊》之学多杂阴阳五行说，与荀学相远，盖尤少粘连，本书论荀学在汉代的影响时将申论之。

大概与荀子主要传《左氏春秋》有关，他虽一再说《春秋》的特点是"微"，是"约"，但他于"微"与"约"殊少发明。前人所举荀子发明《春秋》之义者，除严可均指出的二例外，尚有"《正名》篇之旨，本于《左传》名'不可假人'；《王霸》篇言'公侯失礼则幽'，本于《左传》'诸侯相执称人'之义"；"《大略》篇言'誓诰不及五帝'，言'诸侯相见，使仁居守'，均本于《穀梁》之义，而区分四民，说王者不坏太祖庙，亦用《穀梁》义"；"《王制》篇言'桓公劫于鲁庄'，又言周公述职事，悉与《公羊传》合"（均见家宗霍师著《中国经学史》）。按：此数例虽皆的然有据，然四民说亦见《国语·齐语》《管子·小匡》，正名说亦见《论语·子路》，其余多为历史上的礼制，未必定为发明《春秋》微旨之言，也可能别有所据。惟严可均所举"善胥命"（胥，相也）一语，差可谓发其隐微（《公羊传》晚出，或系本《荀子》为说，但孤证不足以定传授关系），然其例亦罕矣。故我以为，荀子所受《春秋》的影响，主要是从中吸取历史的经验教训，尚不如后世经学家那样，专意于《春秋》的"微言大义"。

2.《礼》《乐》

荀子与《礼》《乐》的关系，汪中亦有说：

> 荀卿所学本长于礼，《儒林传》云："东海兰陵孟卿善为《礼》《春秋》，授后苍、疏广。"刘向《叙》云："兰陵人多善为学，盖以荀卿也。长老至今称之，曰：'兰陵人喜字为卿，盖以法荀卿。'"又二戴《礼》并传自孟卿。《大戴礼·曾子立事》篇载《修身》《大略》二篇文，《小戴·乐记》《三年问》

《乡饮酒义》篇载《礼论》《乐论》篇文，由是言之，曲台之礼，荀卿之支与余裔也。

按：汉时所传《礼经》，有今古文之分。《汉书·艺文志》所载"《经》十七篇"（原作"七十篇"，据《汉书·儒林传》及《艺文志》校改）为今文，亦称《士礼》，即今传《仪礼》。《艺文志》所载《礼古经》五十六卷及《周官经》六篇为古文。《礼古经》久佚，《周官经》即今传《周礼》。汪中所云二戴《礼》，则指大、小戴《礼记》。小戴《记》即今传《礼记》，共四十九篇；大戴《记》原有八十五篇，唐时佚失四十六篇，今存三十九篇。据《汉书·儒林传》："汉兴，鲁高堂生传《士礼》十七篇"，其后数传至孟卿、后苍，"苍说《礼》数万言，号曰《后氏曲台记》"，苍又授《礼》于戴德、戴圣，即所谓大、小戴。汪氏举其师承，故称二戴《记》为"曲台之礼"。但汪中之说，存在一些问题：

（1）《经》《记》的关系不清。据上引《儒林传》，二戴所传为《士礼》（即《仪礼》）十七篇。又《艺文志》在"《经》十七篇"下注云"后氏、戴氏"，意同。至于二戴所传之《记》，《汉书》无明确记载，惟《艺文志》著录"《记》百三十一篇"，注云"七十子后学者所记也"。前人谓此《记》即二戴所传（见唐孔颖达《礼记正义序》引东汉郑玄《六艺论》及清钱大昕《汉书考异》等）；近人则表示怀疑，认为二戴并无纂辑《礼记》之事，今传二戴《记》乃东汉人附会其名（见洪煨莲《仪礼引得序》及王文锦《大戴记解诂》校点本《前言》）。按刘向《别录》云："孔子见鲁哀公问政，比三朝，退而为此记，故曰《三朝》，凡七篇，并入《大戴礼》。"（见《史记·五帝本纪·索隐》，又见《三国志·秦宓传注》等，文字略有出入）今《三朝记》在《大戴礼记》，似不能仅据《汉志》不载加以抹煞。但即使今传二戴《记》确为二戴所传，《经》与《记》也有别。《经》所载为冠、昏等十七种礼的仪节；《记》则涉及儒家学说的各个方面（包括政治、哲学、伦理道德思想及各种礼制、礼仪等）。《记》又是杂集七十子后学的著述而成，除前已提到《乐记》为公孙尼子所作外，旧说《大戴礼记》中《曾子立事》以下十篇为曾子作（《汉书补注》引王应麟说），《中庸》《表记》《坊记》为子思作（见前引沈约说），《王制》为汉文帝时博士所作（《礼记·王制》孔疏引汉卢植说），《缁衣》一说子思，一说公孙尼子作（已见前），《大学》宋人以为曾子作（近人多持异议），《礼运》近人郭沫若以为系子游一派所传。虽其间颇有异说，然包括各家之说则无疑义。故从思想方面说，亦互有牴牾，且其中思想与荀学相近者较少，故不能因其中采取了荀子书中之文，就说二戴《记》是荀子之"余裔"，它们不过是也包括了荀子一派的著述而已。

（2）《礼经》与礼学，虽有联系，亦有区别。儒家礼学包括以礼"修身、齐家、治国、平天下"的思想，也包括各种礼制和具体仪节。《礼经》则不同，我们虽不能确知荀子所见《礼经》究竟是什么样子，但他谓"《礼》《乐》法而不说"，则所见《礼经》当只是记述礼制、礼仪，而于礼之义理少有阐述；又他在《乐论》中对乡饮酒礼作了概括的叙述并申明其义，与今传《仪礼·乡饮酒礼》篇正相发明；《礼论》等篇言及礼制、礼仪之处，亦与《仪礼》所言不悖。故其所见《礼经》，自当包括今传《仪礼》。但荀子所论及的礼制、礼仪又多有今《仪礼》所未及者，如《礼论》中所言王者及诸侯祖庙、郊社之礼，即《仪礼》此篇所未及。荀子所谓礼，还包括重要的法制（他说"礼者，法之大分"），这就更非《仪礼》所能范围。近人疑荀子与《周礼》有关，是不无道理的。

《周礼》一书历来聚讼纷纭。旧传为周公所作，当然不可信；近代康有为等人说是西汉末年刘歆伪造，也属主观臆断。今人多谓是战国时儒者所作，然其所记周时制度，有些亦有所本，不尽属虚构，这大致是近实的。谓《周礼》与荀子之学可能有关系，理由不外是：荀子法后王，后王主要指周之圣王。又荀子《王制》有"序官"一段，提到职官的设置，虽与《周礼》按天、地及春、夏、秋、冬分为六部分不同，然《王制》所提及的重要官名，多见于《周礼》，其对应关系如下：

《王制》	《周礼》
宰爵	无，但《天官》有宰夫，其职略相当
司徒	《地官》有大司徒、小司徒
司马	《秋官》有大司马、小司马
太师	《春官》大宗伯之属有太师
司空	《冬官》虽有司空，但《周礼》缺此一篇
治田	无，其职分属于县师、遂人、遂师、遂大夫等
虞师	无，但《地官》有山虞、泽虞
乡师	《天官》冢宰之属有乡师
工师	无，《冬官》之属应有此职
巫击（读为觋）	《春官》宗伯之属有男巫、女巫，男巫即觋
司寇	《秋官》有大司寇、小司寇
冢宰	《天官》有大冢宰
辟公（指诸侯）	无此名，但各篇均言及诸侯

可见二者大同小异。又荀子《乐论》有云："其在序官也，曰：'修宪命，审诛赏（按：王先谦谓当从《王制》作"审诗商"），禁

淫声，以时顺修……太师之事也。'"其文与《王制》"序官"一段中所言太师之职文字全同，则"序官"似应为书名。如果这个推测不谬，那么，《序官》可能即《周官》之别名，荀子是约取其主要官制以入《王制》；当然，也有可能原有《序官》一书，荀子后学扩充之以为《周官》。史缺有间，不能妄测。但荀子曾见过某一种记述周时官制的文献，则当是无疑的。

以上主要讲荀子与《礼》的关系，现在再考察其与《乐》的关系。《乐经》汉时已亡，难知其原貌。据《左传》等书记载，《诗》都是合乐的，并分别应用于祭祀、朝聘、燕享等。又孔子曾说："吾自卫返鲁，然后乐正，《雅》《颂》各得其所。"（《论语·子罕》）荀子亦有"故听其《雅》《颂》之声，而志意得广焉"（《乐论》）等语，则《乐经》当包括《诗》之曲调及演奏法。但《论语》载孔子"在齐闻《韶》，三月不知肉味"（《述而》），荀子亦云："故钟鼓管磬，琴瑟竽笙，《韶》《夏》《护》《武》《汋》《桓》《箾》〔箫〕《象》，是君子之所以愇诡其所喜乐之文也。"（《礼论》）其中除《武》《汋》《桓》为《周颂》篇名外，余皆不见于《诗》，而《韶》为舜乐，《夏》即《大夏》，为禹乐，《护》即《大护》，为汤乐，《象》为武王伐纣之乐，这些乐曲当亦在《乐经》之中。当然，这只是推测，它里面可能还有其他内容。但它既"法而不说"，在流传中，亦应有《记》或《传》，今传《礼记·乐记》就是这种性质的著述。关于此《记》与荀子的关系，前面已说过了。

3.《易》

今传之《易》，包括《经》（六十四卦及其卦爻辞）《传》（亦称《大传》，包括彖、象、文言、系辞、说卦等，旧称"十翼"）两部分。《易》与荀子的关系，牵涉到"子弓"是谁的问题，前面已提到了。但荀子书中曾论《易》引《易》，他与《易》学的关系仍是应该注意的。比较重视这个问题的是近人郭沫若，但他的《周易之制作时代》一文，是以肯定子弓即馯臂子弓为前提的，他认为《易经》作于馯臂子弓，《易传》为荀子后学所作，亦属主观推断，难以征信。根据多数学者的研究，《易经》在孔子时应已基本上写定（当然与今传本文字可能有出入），《易传》在荀子前也已基本上形成（也不排除后来有增删改易）。故我在这里对这些问题基本上不涉及，只就荀子的思想与现传《周易》（包括《经》《传》）的关系作初步的探讨。其间涉及郭文而我的意见不同者则稍加辨正。为了论述的方便，先从《荀子》中直接引《易》的情况谈起。

荀子曾论及《易》，前面已引过了。其书中直接引《易》之处不多，共四条。这四条可分为三种情况，一种为引卦爻辞，如：

> 《易》曰："复自道，何其咎？"《春秋》贤穆公，以为能变也。（《大略》）

> 故《易》曰："括囊，无咎无誉。"腐儒之谓也。（《非相》）

前条所引为《小畜》初九爻辞，后条为《坤》卦卦辞。前条用以说明人当改过从新，后条用以说明人当积极有为，均与《易传》的解释大意相合。一种为只引卦名，如：

> 有物于此……卬卬兮天下之《咸》《塞》也。（《赋篇·云》）

按：此处"咸塞"二字，前人均不得其解，实指《易》之二卦。《咸》卦下艮象山，上兑象泽（据《说卦传》），故《象传》曰："山上有泽，咸……"《塞》卦下艮上坎，坎象水，故《象传》曰："山上有水，蹇……"水、泽与云雨为同性质之物，说《易》象者亦互用（如《屯》卦下震上坎，《象传》解为"云雷，屯"，就是以坎为云象），所以荀子用这两卦来形容云驻高山的壮观。用《易》象来描写风物，在先秦文学作品中不常见，故以前注《荀》的学者都未想到这上面去，以致不知所云。又一种比较特殊，如《大略》云：

> 《易》之《咸》，见夫妇。夫妇之道，不可不正也，君臣
> 父子之本也。咸，感也，以高下下，以男下女，柔上而刚下。

按《咸》卦《象传》曰："咸，感也；柔上而刚下，二气感应以相与，止而说，男下女，是以亨，利贞，取女吉也。"荀子所言与《象传》大意相同。郭氏曾引此作为《易传》乃荀子后学所作的一证，相反，我认为此乃荀子袭用《象传》而略变其意。郭氏之说的难信在于，他不注意或有意回避荀子与《周易》（包括《经》《传》）在天人观上的根本区别：《周易》的天人观是天人合一，即张岱年所说的"世界图式论"（见张著《论<易大传>的著作年代与哲学思想》），这是《易》本为卜筮之书，其哲理性必须受其约束所决定的。荀子的天人观则是天人相分，故他虽精于《易》，但认为"善为《易》者不占"（《大略》），即他只取某些《易》理。他在这里不全用《象传》之文，就是为了排除其天人合一的因素，而只取其"以男下女"（即夫妇结合从求婚到亲迎，都必须是先男求女，而不能是女就男）之义而加以发挥，若是荀子后学作《象传》，那不成了违背师承，走入歧途了吗？当然，这并非绝不可能，但既然同是推测，我们的推测，似乎要合理得多。

如果说，郭氏关于荀子"《易》之《咸》……"一段与《易·咸·象传》的比较尚有可能是"疏忽"的话，他把《易传》的

天道观也说成是来源于荀子，那就更失之片面了。试看他所引的
《易传》的原文：

> 一阴一阳谓之道，继之者善也，成之者性也。仁者见之
> 谓之仁，智者见之谓之智，百姓日用而不知。……显诸仁，藏
> 诸用，鼓万物而不与圣人同忧，盛德大业至矣哉。富有之谓
> 大业，日新之谓盛德，生生之谓易……阴阳不测之谓神。(《系
> 辞传上》)

> 是故形而上者谓之道，形而下者谓之器，化而裁之谓之
> 变，推而行之谓之通，举而措之天下谓之事业。(同上)

> 日往则月来，月往则日来，日月相推而明生焉。寒往则
> 暑来，暑往则寒来，寒暑相推而岁成焉。往者屈也，来者信
> (按：伸)也，屈信相感而利生焉。尺蠖之屈以求信也，龙蛇
> 之蛰以存身也，精义入神以致用也，利用安身以崇德也。过
> 此以往，未之或知也。(《系辞传下》)

《易传》这些话，把道看成阴阳变化的规律，郭氏认为它比把天
道看成天意、天命进步，说它可能是受到老子学派的影响，这都
是正确的。问题是：它仍然认为天人是相通的，天之道即人之
道，故每段都是说了天就说人，惟"鼓万物而不与圣人同忧"，似
说天道与人道不同，实际只是说天道无为而自然有为，人道则必
须顺天道而有为(即要"推而行之""举而措之"以及"致用""崇
德"等)。荀子则不同，他虽说过："万物为道一偏，一物为万物
一偏。"(《天论》)似承认有个全体之道，但这个"道"不过是包天、
地、人之道而言，并非贯串于天、地、人之中(参见第三章)。故他虽
用"阴阳大化"(《天论》)来说明自然现象的变化规律，却从未说
人道也由一阴一阳所构成，而强调天、人有别。故绝不能如郭氏

所说,《易传》之道"完全是荀子思想的复写"。故倘要把老子、《易传》与荀子的天道观联系起来考察,那也只能是:老子——《易传》——荀子。因为前两者在主张天人合一这一点上是相同的,荀子则充其量只是于其不以上帝的意志论天道有所借鉴而已。

但荀子对《周易》(包括《易传》)有所吸取的地方还是比较多的,除前举直接引《易》之处外,这里再举两点:

(1)《周易》是由六十四卦构成的世界图式,由这六十四卦的变化兼赅万事万物的变化,故《易传》广泛地运用了类聚、类推的方法,如用乾坤兼象天地、男女、君臣以及刚柔、阴阳等。《系辞传》说:"方以类聚,物以群分,吉凶生矣","引而申之,触类而长之","其称名小,其取类也大","杂而不越,于稽其类"。《同人·象传》说:"君子以类族辨物。"《坤·象传》说:"西南得朋,乃与类行。"就是对这种方法所作的理论概括。荀子极为重视这种类聚、类推的方法,并把它提到了空前的理论高度,把是否能通"伦类"(《劝学》)和壹"统类"(《性恶》)当作学习、修养的最高目的和成为"圣人""大儒"的标准(详见本书第四章)。这显然是受到《易》学的启发。但荀子所谓"伦类""统类"均指体现其群分之理的礼义,而尤重礼。绝不与乾坤、阴阳、刚柔之类的概念相涉,这又体现荀子把天道与人道区别开来的一贯思想,与《易》学的天人合一观截然不同。

(2)《易》中几乎无处不讲吉凶、祸福。在先秦思想家中,荀子最喜用吉、凶、祸、福晓谕人,这显然也是受到《易》的影响。但荀子所言吉、凶、祸、福,完全是从人事言,与所谓阴阳变化无关,《天论》说:"天行有常,不为尧存,不为桀亡,应之以治

则吉，应之以乱则凶。"就是最有代表性的。余如《解蔽》所举
"蔽塞之祸""不蔽之福"；《正名》所云"权不正，则祸托于欲，而
人以为福；福托于恶，而人以为祸……离道而内自择，则不知祸
福之所托"等；都完全以人事为准，这又同《易》以阴阳变化
预测吉凶是不同的。

　　荀子受《易》学影响之处尚不止此，如《易传》言"生生
之谓易"，言"天行健，君子以自强不息"(《乾·象传》)，言"君子
以顺德，积小以高大"(《升·象传》)，荀子亦言"积善成德"(《劝
学》)，"积微者大"(《大略》)，强调积渐的重要，就可能受到《易
传》的启发。但搜剔得过细，易流于附会，就不说了。

　　说到这里，我想回头再讨论一下在本章第一部分提出的问
题：既然荀子确实受到《易传》的影响，那么，子弓是否仍应
为传《易》的骅骝呢？我的回答仍然是否定的。因为受影响与
尊为圣人是不同的。受影响是可以不顾对方的理论体系或基本理
论的，理论体系相反也可互相吸取；尊为圣人，奉为宗师，则必
须其人的理论中有某些基本的东西可供继承和发挥。荀子的学说
中有三个互相联系的基本观点：天人相分，礼义为统，性恶。前
两者均与《易传》不同或相反，我们已经说过了；《系辞传》说
"成性存存，道义之门"明明白白是性善论；前举"一阴一阳谓
之道，继之者善也，成之者性也"似稍不同，在性与善之间，插
入了阴阳变化之道作为中介，意思是说道由性所形成，善是随着
道而产生的。但这是因为此处之"性"包含着天地之性与人之
性，"善"也是包天、人而言，且目的在于说明"道""性""善"的
关系，故表述有异，实际还是说性是善的，与荀子言人性本恶亦
相反，荀子怎么可能奉之为宗呢？

三、儒学中孟、荀两大派的分歧与荀学的独特品格

从以上的论述中，我们可以看到：荀子对儒学传统的继承既是广泛的，又是有宗主的。如果与孟子相比，则可以说，孟子主要是继承、发挥孔子的仁学，荀子主要是继承发挥孔子的礼学；在某种意义上还可说，孟子比较接近于《礼运》中的大同理想，荀子则发展了小康思想。当然，这只是一种简单的说法。实际上孟子常以仁义连言，也未抛弃礼；荀子更未抛弃孔子的仁，只是以礼义赅仁。换言之，仁与礼只是他们各自立的纲，两个纲联系各自的目，这些目有的互相覆盖，有的互相对立，从而构成了儒学的两大系。全面研究这两个系的区别，并不是我们的主要任务。但荀学的形成既与孟学相关，荀学后来的命运尤与孟学相连，不对这两大系思想的来龙去脉作概括的论述，许多问题都说不清楚，所以我们在这里以上面的论述为基础略加申论，先从孟子为代表的一派说起。

前已指出，思孟一派盖出于子游，但从《论语》所载的子游的言行，我们找不到子游与思、孟的联系，能够找到子游与思、孟学说联系的只有《礼记》中保存的《礼运》。这篇著述所载孔子论"大同"之言曰：

> 大道之行也，天下为公；选贤与能，讲信，修睦。故人不独亲其亲，不独子其子；使老有所终，壮有所用，幼有所长，矜寡孤独废疾者皆有所养。男有分，女有归。货，恶其弃于地也，不必藏于己；力，恶其不出于身也，不必为己。是故谋闭而不兴，盗窃乱贼而不作，故外户而不闭，是谓大同。

这段话，近人以为类似于空想的社会主义思想，也可以这么说；但

要注意，这里仍然说"男有分"，即社会分工是必要的，而在古代，分工是阶级产生的重要原因，后来又是一种掩盖阶级区分的"理论"。又其对"货"与"力"的提法也极有分寸，只说"不必藏于己""不必为己"，那就是说，也可以"藏于己"，如货，就只是在"恶其弃于地"的情况下才"不必藏于己"。故从儒家的观点来看，这实不出孔子所谓"己欲立而立人，己欲达而达人"的"仁"的境界，或"博施于民而不能济众"的"圣"的境界，也可以说就是尧、舜之治的境界。此外，《礼运》还提到：

> 故天秉阳，垂日星；地秉阴，窍于山川。播五行于四时，和而后月生也；是以三五而盈，三五而阙。五行之动，迭相竭也；五行四时十二月还相为本也；五声六律十二管还相为宫也；五味六和十二食还相为质也；五色六章十二衣还相为质也。

郭沫若在《论儒家八派》中指出：这说明子游一派兼涉阴阳五行之说，可与荀子《非十二子》篇批判思、孟"按往旧造说，谓之五行"相印证，其说有理。又该篇说：

> 故人者，天地之心也，五行之端也，食味、别声、被色而生者也。故圣人作则，必以天地为本，以阴阳为端，以四时为柄，以日星为纪，月以为量，鬼神以为徒，五行以为质。

这更把天人合一的观点表现得淋漓尽致，已与后来汉人董仲舒之说差不多了。但是，我们注意到：这篇文章虽杂有这些成分，而其主旨和绝大部分的篇幅却在阐明"礼义以为纪"的"小康"思想，而尤强调礼，如：

> 言偃（按：即子游）复问曰："如是乎礼之急也？"孔子曰："夫礼，先王以承天之道，以治人之情，故失之者死，得

之者生。……是故夫礼必本于天，殽于地，列于鬼神，达于丧、祭、射、御、冠、昏、朝、聘，故圣人以礼示之，故天下国家可得而正也。"

如此等等，不一而足。按：《礼运》不知何人所作，荀子在《非十二子》中以"仲尼、子游"并提，而指摘思、孟歪曲了他们的思想为有"罪"，则此篇当不全是子游的思想，故荀子要把子游与思、孟区别开来。但我们如不拘泥于这一点，而把它看作是反映子游之学发展的一种趋向，则对我们了解思孟之学的源流甚有价值。盖今传子思及孟子的著述，虽然找不到阴阳五行之说的确证，但他们都把天命论推广到人性论，在理论体系上同天人合一的阴阳五行说相近。且孟子经常以仁、义、礼、智四端作为做圣的出发点和工夫，正如本书第三章所说，他以仁、义、礼、智、圣附会五行更是可能的。汉儒以仁、义、礼、智、信为五常，以配合五行，把儒家的政治伦理学说纳入五行说的框架，正是沿着这种天人合一的思想路线发展的。

当然，这只是就思孟学派的主导倾向而言，它既不是思孟学派的全部，尤不是孟子学说的全部。例如：孟子把仁从一种伦理道德指导思想扩展为一套仁政的学说，就是对孔子仁学的发展；他提出"民贵""君轻"的观点，也对孔子的"君君，臣臣"的礼教作了修正，从而把我国古代传统文化中的民本思想提到一种新的高度。就学术渊源来说，孟子不仅继承孔子、子游、子思，于孔门其他大弟子亦有取，他曾说："曾子、子思同道。"(《孟子·离娄下》)尝引曾子之言（如《公孙丑上》引曾子论勇之言），于曾子自有所取；他又说："禹、稷、颜回同道。"(《离娄下》)对颜子尤为尊仰。他的学生问："昔者窃闻之，子夏、子游、子张皆有圣人之一体，冉牛、闵子、颜渊则具体而微，敢问所安？"《公孙丑上》他不答，未详其意；但他既尊仰颜回，继承子游，于子夏、子张等当亦在尊重之列，只是不好区别罢了。值得注意的是：今《论语》载孔门四科德行科中有颜渊、闵子骞、冉伯牛、仲弓四人，孟子则只说"冉牛、闵子、颜渊善言德行"《公孙丑上》，独遗仲弓。颇疑仲弓之学有同孟子相反者，故孟子删之，与荀子极力反对子游氏之儒意同。这虽无佐证，然孟子心目中没有仲弓的地位则应无疑。又孟子以反对杨、墨著称，但于墨子之学实亦有所吸取，如墨子倡言天志，把一切都看作上帝的意志，孟子亦把帝位传授、更迭与人的伦理道德素质都归之天命，与孔子对天命鬼神半信半疑不同，他更有取于墨子；他反对墨子的兼爱说，斥为无父，但他把恻隐之心推广到对待禽兽（见《梁惠王上》），爱的范围比墨子更大了。故除强调从亲亲开始外，很难把他的仁学与墨子的兼爱论相区别。荀子在《儒效》篇把儒者分为俗儒、雅儒、大儒三种，其论俗儒云：

> 略法先王而足乱世；缪学杂举，不知法后王而一制度，不知隆礼义而杀《诗》《书》；其衣冠行伪已同于世俗矣，然而不知恶者；其言议谈说已无以异于墨子矣，然而明不能别；呼先王以欺愚者而求衣食焉，得委积足以掩其口，则扬扬如也；随其长子，事其便辟，举其上客，偄然若终身之房而不敢有他志：是俗儒者也。

按：此段与《非十二子》篇对思、孟的批评大致相同，当亦指思孟一派而言。其正确与否，姑不论，但他指出孟子受了墨学的影响，则是正确的。以法先王与法后王对比，亦可见思、孟之学同子游所传大同之说有联系。

仲弓、荀子一派则相反。仲弓承孔子之学，以礼仁相结合，属于"德行"之科，又精于"南面"之道。其天人观虽不可知，但其学术风格不尚空谈则可以推断。公孙尼子说："乐者，天地之和也；礼者，天地之序也……乐由天作，礼以地制。"又说："及夫礼乐之极乎天而蟠乎地，行乎阴阳而通乎鬼神。"从这段话看，也是天人合一论，与荀子不同；但其具体论乐之起时却说："凡音之起，由人心生也，人心之动，物使之然也。感于物而动，故形于声，声相应故生变，变成方谓之音。……是故先王慎所以感之者，故礼以道其志，乐以和其声，政以一其行，刑以防其奸，礼乐刑政，其极一也，所以同民心而出治道也。"这又认为音乐是人心感于物所生，而礼、乐都是"先王"从"同民心"而制定的了。他还说："乐由中出，礼自外作。"则礼更非人之所本有的了。姑不论《乐记》是否有后人的增删（这是可能的），即令是其原貌，其思想也是矛盾的，与孔子在天、人问题上矛盾、游移的态度相似，而其主要观点则是崇实的，其言性有善恶亦然。荀子则循着仲弓、公孙尼子的崇实的学风而益加发展。他提出"天行有常"的著名观点，从根本上割断了天道与社会治乱、人的善恶的关系；提出性恶论，从根本上割断了人性与天道（荀子的天道无善恶）的关系；他把人性与礼义的关系限制在人有"可以知"的认识能力这一点上，从根本上否定了仁、义、礼、智出于天命之性的观点；这样，就完成了一个与思孟之学相对立的儒学理论体系。这个理论体系，从政治伦理道德观说，基本上继承着孔子而有重要的发展，即以礼包法；在人性论和天人观上则有重大的突破，即在人性问题上只因仍孔子的性近习远的观点而注入了崭新的内容；在天人观上，只发展孔子的重人事"不语怪力乱神"的观点，而排除其"畏天命"的神秘成分。

荀子的学说也不只是上承孔子、仲弓和公孙尼子等人。就儒学本身而言，他在经学上已兼承子夏等所传之《诗》与《春秋左氏》，又于颜回、曾子等有所赞誉，前面已说过了。就其他各家各派言，他在《非十二子》篇中批判了当时流传的六家十二子，除思、孟一家外，尚有五家十人，这十人中，它嚣、魏牟为一类，荀子说他们"纵情性，安恣睢，禽兽行，不足以合文通治"，其著述无考，大概属于主张纵欲的一派。陈仲、史䲡为一类，其著述亦无考，《孟子·滕文公下》曾述陈仲之为人，属于蔑视富贵的狷介之士，荀子说他们"忍情性，綦谿利跂，苟以分异人为高，不足以合大众，明大分"，盖为孤傲的隐士一派。墨翟、宋钘为一类，属于墨家一派，荀子说他们"不知壹天下、建国家之权称，上功用、大俭约而僈差等，曾不足以容辨异、县君臣"，即认为他们不知道人的物质欲望应得到应当的满足，贤不肖、君臣、上下应有区别，也就是不知以礼义来节制和满足人们的欲望。《解蔽》说"墨子蔽于用而不知文，宋子蔽于欲（按：宋钘认为人的情欲寡小）而不知得"，亦此意。慎到、田骈为一类，他们属于荀子以前的法家。荀子说他们"尚法而无法，下修（按：一说当是'不循'之讹）而好作，上则取听于上，下则取从于俗，终日言成文典，反紃察之，则偶然无所归宿，不可以经国定分"。按：下修与好作对举，下修之"下"为动词，与"上"（通尚）相对，轻视之意；修，指修习前法；好作，指好作新法，轻前法而好作新法，谓法不齐一，《天论》说"慎子有见于后，无见于先"，意同。"取听于上"，谓人君可行其意，不必循法；"无所归宿"，谓不本于礼义，故荀子说他们不能"定分"，"尚法而无法"。《解蔽》说"慎子蔽于法而不知贤",与此意同而说法稍异,然必知礼义方为贤者,故举以为言,实无区别。又《解蔽》说"申子蔽于势而不知知",申子即申不害,亦荀子以前的法家,他看重君主的权势,而不知贤智的重要,故荀子亦非之。惠施、邓析为一类,属于名家,荀子说他们"不法先王,不是礼义,而好治怪说,玩琦辞,甚察而不惠,辩而无用,多事而寡功,不可以为治纲纪"。按:惠施之说今存《庄子》中,《邓析子》亦尚存二卷,此外尚有公孙龙子,探讨"白马非马""坚白石三"等问题,荀子亦尝加批判。名家对事物的异同、大小、远近、长短、动静等问题有许多精辟的分析,也杂有无用的诡辩,荀子认为这概无关政教,故非之。此外,荀子还批评道家老子"有见于诎,无见于信(按:同伸)"(《天论》),"庄子蔽于天而不知人(按:指人为)"(《解蔽》)。可见他对当时儒学以外的各家学派都有研究。从其书来看,荀子对有些学派是一概排斥的,对有些学派则既有批判,也有吸收。他否定吉凶祸福皆由天命之说,而认为"天有常行",盖有得于道家,前已言之;他以礼包法,显然有取于法家尚法之意;其性恶论以人皆有好利之心为据,盖亦从法家得到启示(法家尚功利)。至于其正名说乃是在批判、总结名家之说的基础上形成的,其知行论中之"虚壹而静"说有取于《管子》中的《心术》(宋钘、尹文遗说),更为人们所熟知。故荀子之学虽以礼义为核心而上承孔子、仲弓之学,而其堂宇则广阔得多,理论体系也严密得多,远非儒学一家一派所能限。但因其骨髓仍在隆礼义,我们仍应说属于儒家的一派。

战国儒学这两大派的分立和演变,当然有其历史的、社会的根源。孔子的儒学产生于春秋末期,那时农奴制开始崩溃,地主阶级土地私有制和部分小农土地私有制已开始出现,但贵族世袭制和等级制还基本没有打破,与农奴制相结合的传统意识形态,尤有较强大的影响。孔子主张礼、仁结合,正是企图用仁来修正礼,以适应一些农奴已获得身份自由,庶人得以上升为士的历史趋势;他对天命、鬼神在信与不信之间,对人性不作善恶的判断,而只强调习的区别,这都带有那个时代新旧两种生产方式和两种意识形态并存的印记。战国时代则不同了。随着兼并战争的规模越来越大,一些旧贵族没落了,一些庶民因军功和力田而获得土地乃至爵位,新的生产方式和意识形态逐渐占了上风,因而出现了汉人所云"礼坏乐崩"与韩非子所云"当今争于气力"的现象。但人们群趋于争气斗力,必然导致人欲横流和道德沦丧,因而重建社会伦理道德也成为客观要求。在战国的历史上,我们看到了一种颇为奇异的情况:那些站在政治、军事舞台上呼风唤雨者,几乎都是不讲仁爱、礼义的刑名法术、权谋倾覆之士,在学术上,则虽百家争鸣,孔、墨却为"显学",其原因就是他们从不同角度提供了防止过分争斗、造成社会道德沦丧的政治伦理道德理想。孟、荀两派儒学都是适应这种要求而产生的。其相异,除师承渊源不同外,则是由于他们所处的时地有别。

孟子是邹人,生活在战国中期,其活动主要在魏、齐两地,这原是儒学较盛,又是社会变革虽较早,却不及秦国激进的地区。故孟子之学包括两种颇为矛盾的倾向:一方面他继承孔子的仁学和子游所传的大同思想,提出了民贵、君轻和实行井田制等带有浓厚的理想主义色彩的王道仁政的学说;一方面又主张为政"不得罪于巨室"(见《孟子·离娄上》)和保持世禄的旧制度(见《梁惠王下》《滕文公上》),与旧贵族妥协。换言之,他的思想的一半是假借复古的名义伸向未来，另一半又迁就现实乃至留恋过去。近人对他的阶级属性争论不休，就是由他这种理论上的矛盾引起的。但思想家不同于政治家，他可能在某些方面比政治家看得更远，而在某些方面滞后。孟子看到了正在形成的土地私有制和封建专制制度之间可能引起的剧烈矛盾，而企图为小农争取一片安身立命的"恒产"，这比当时一般的地主阶级思想家看得更远；他迁就旧贵族，给予"世禄"，企图通过他们来实施其方案，这是滞后。他这种互相矛盾的方案，当然是不可能实现的，但我们不能因此而否定他是地主阶级中一位较有远见的思想家。后来不少人为解决土地兼并所引起的矛盾，也主张恢复井田制，我们难道也说他们是代表农奴主或奴隶主吗？

荀子是赵人，生活在战国晚期，其时社会变革已更深入扩展，特别是当时七国中最强的秦国，已建立了比较成型的封建专制制度。他又由赵至齐、至楚，并曾游秦、韩，几乎走遍了各国，对现实和各派学说有较广泛的认识和研究，深知那种"复古"的空想行不通，神学的说教尤为无益而有害，因而他企图给传统的礼义注入新的内容，把传统的礼制、礼教同必要的法制结合起来，以建立其以合群制分为中心的调节社会矛盾、有利发展生产的理论体系。但正如孟子迁就"巨室"一样，荀子对旧礼制承袭过多，也含有留恋过去的成分，久丧、厚葬即其突出者，对后世有很坏的影响，然就总的倾向说，他的思想较为切实而符合历史前进的方向。

当然，孟、荀也不是在所有的方面都存在分歧，在许多问题上他们的见解是相同或相近的。如他们都重修身，把个人的思想伦理道德修养看得比什么都重要；他们都既强调要建立和巩固一定的统治与被统治的阶级、等级关系，又强调要以民为本，保障人民的基本生活需要，反对繁重的、超经济的剥削和无限度的压迫；他们虽或主性善，或主性恶，但都说人皆可以为尧、舜或舜、禹，在一定程度上承认人格的平等，鼓励人们向上；等等。

但是，他们的分歧仍然是不能忽视的，过去人们都注意他们在人性论上的对立，这当然是一个重要的方面，但最根本的还是天人观的对立。从深层的意义上说，性善论不过是天人合一观在人性论上的推衍，而性恶论和化性起伪说则是天人相分说在人性论上合乎逻辑的发展。当然天人观的对立不限于此，它首先表现为有神论（尽管孟子的天命观带有某种模糊的性质，不一定完全归于有神论）与无神论的对立，还表现出两种思想方法的差异。孟子虽非不讲实际，不作一定的综合归纳，然其性善论与仁政说，都是由天命之性推演出来的。荀子的天人相分说则是从"天行有常"的大量自然现象和"人有其治"的大量历史事实中归纳出来的，其化性起伪而生礼义之说也有大量的事实作依据（尽管他未能运用历史的考察作依据），反映了一种重"符验"的思想方法。这种征实的思想方法，正是荀子学术思想的突出的独特的品格，是荀学的理性光辉的集中体现。

由于思想方法不同，孟、荀设计的治国方案也有异。孟子是把仁爱作为设计的总的出发点，荀子则把群而有分作为设计的出发点。前者富有感情的、理想的色彩，后者体现了崇实的品格。

荀学这种崇实际、尚理性的独特品格对它的历史命运有深刻的影响。从汉以来中国封建社会的历史来看，在政治上莫不是礼、法兼施，可说是基本上循着荀学的思路发展，只是采纳法家学说的成分更多而已。但是，在意识形态上却形成鲜明的反差：荀学长期不显，宋明时期甚至被当作儒学异端与法家一起受到严厉的批判。孟学则越炒越热，达到了孔孟并称、如日中天的地步；与孟学有粘连的阴阳五行说，其浸淫之广之深，也远非荀学所及。为什么会形成这种奇异的现象？它反映了一种什么样的历史要求？对我们批判继承文化遗产提供了什么样的启示？本书下编将通过对荀学在各个历史阶段命运的论述，试图作出初步的回答。

下 篇

第九章　荀子与《吕氏春秋》和韩非子

荀子的学说在当代有何影响？这个问题前人曾加注意，但看法不一，主要集中在两个方面：荀子对《吕氏春秋》和韩非及其著述是否有影响？有何影响？

一、荀子与《吕氏春秋》

清人包世臣在《致沈小宛论荀子书》中说："荀子之文平实而奇宕，为后世文章之鼻祖。韩氏得其奇宕，《吕览》得其平实。盖韩为荀门弟子，而《吕览》亦多成于荀氏门人之手也。"（见《包世臣文集》）这是关于荀子对《吕氏春秋》（即《吕览》）的影响的较早论述。包氏推崇荀子的文章，并谓"《吕览》得其平实"，其言是否恰切，可不论，说《吕览》之文与荀子之文在文风上有相近之处，则是可信的。然文风相近，并不一定是受到影响，包氏之说最可注意的乃是他认为《吕览》多成于荀氏门人之手。对此，他没有详说。考荀子门人今可知者，只有四人，一为韩非，见《史记》韩非本传；一为李斯，见《史记·李斯列传》，又《荀子·议兵》篇载有荀子与李斯的问答。此外，今知者尚有浮丘伯、张苍及传《毛诗》之毛亨与曾向荀子问兵事之陈嚣（见《仪兵》）。然毛、陈生平均无考，现仅就其可考者略加叙述：

浮丘伯（即鲍丘或包丘子）从荀卿学，见刘向《孙卿书录》及《汉书·楚元王交传》，又陆贾《新语·资质》篇、桓宽《盐铁论·毁学》篇均以他与李斯并提，当亦因其曾与李斯同事荀卿。其人传《诗》，至汉初犹存。然《新语》说他"隐于蒿庐之下而不录于世，利口之臣害之也"。《盐铁论》亦云："包丘子饭麻蓬藜，修道白屋之下，乐其志，安之于广厦刍豢，无赫赫之势，亦无戚戚之忧。"则他在秦时盖未出仕，或偶一出即遭谗毁而归，自当不会参加《吕览》的写作。张苍汉初仕至御史大夫，《汉书》有传，不载其从学于荀卿，惟《左传·序》正义引刘向《别录》言《左传》传授次第时有"虞卿作《抄撮》九卷授荀卿，荀卿授张苍"语。刘向曾校中秘书，当有所据。然《汉书》本传说他"好书律历，秦时为御史，主柱下方书，有罪亡去"，未言其尝为吕不韦客。又据王先谦《汉书补注》考证，张苍为御史大夫在高后八年（前180），上距吕不韦书成之年（前239或前241）已有六十年左右，距吕氏被放逐之年亦有五十七年，疑其仕秦当在吕氏著书之后，参加著书的可能性也是极小的。

韩非于秦王政十四年（前233）始入秦，同年为李斯、姚贾所陷害，死于秦，而《吕览》成于秦王政八年或六年（见该书《序意》），且吕氏于十年已被流放，次年死。韩非自不可能参与《吕览》的编撰。稍有可能的是李斯，他于秦王政即位前夕入秦，曾为吕不韦舍人。但据《史记》本传，他得到吕的赏识，被任为郎，得见秦王，因进言为秦王所悦，升为长史，至秦王政十年时已为客卿。十年之间，四异其任，每任时间长短，已不可考知。郎官可见秦王，当非不韦私属。秦时长史职任不详，西汉时丞相、太尉、御史大夫均有长史，即使李斯所任为丞相长史（吕不韦在秦王政十年前为丞相），其职任颇重，也非门客可比。又吕不韦自秦王政八年嫪毐得势后即处境不利，导致败亡，而李在秦王十年上《谏逐客书》后益见亲信，可知他原非吕氏之党，而《吕览》为吕氏阐明其政见之作，与秦王政之专崇法术相龃龉。故李斯参与撰写《吕览》的可能性也很小。因此，包氏之说是不足信的。

引起包氏作此种揣测，除了文风略似这一原因之外，可能还与司马迁的一段叙述有关。《史记·吕不韦列传》说：

> 当是时，魏有信陵君，楚有春申君，赵有平原君，齐有孟尝君，皆下士，喜宾客，以相倾。吕不韦以秦之强，羞不如，亦招致士，厚遇之，至食客三千人。是时诸侯多辩士，如荀卿之徒，著书布天下。吕不韦乃使其客，人人著所闻，集论以为《八览》《六论》《十二纪》，二十余万言。

按：司马迁这段话当有据，然只能证明吕不韦门客之众及其曾见或曾闻荀卿之书，既不能证明吕书在思想上受到荀子的影响，更不能证明其门客中有多少荀子的门人。

但荀书的传播在前，吕书的撰集在后，自亦不能排除后者受到前者的某种影响。不过，这要作具体分析，不能仅凭印象。

《吕览》在班固《汉书·艺文志》中被列为杂家。今从其书来看，也确属于儒、道、墨、法、阴阳等家之说各有所取，不名一宗。但也不能把这本书视为杂凑，它的去取还是有一定的宗旨的。大致地说：其中的贵生、养生之说本于道家；重修身，为政尚德，重视乐教，本于儒；节用、节葬本于墨；主张君道无为兼采儒、道；尚贤兼采儒、墨；任法和主张循名责实则采自刑名法术之学；而其尤所重视者则为阴阳五行家言。冯友兰曾指出：吕书《十二纪》是仿照《管子》的《幼官》和《幼官图》作的，把一些论文分配在春、夏、秋、冬四季之下。这种分配所遵循的原则就是天人感应"，例如"分配在春季之下的论文有《本生》……这些篇的主要内容都是讲养生的方法，阴阳家认为春天的德主生，所以《吕氏春秋》把道家养生一类的论文都分配在春季"。(见冯著《中国哲学史》上编，不具举）其实，《八览》首列《有始览》，揭橥"天地有始，天微以成，地塞以形，天地合和，生之大经也"及"天地万物，一人之身也"的大旨，并及"天有九野，地有九州"等有关天文地理的对应关系；第二篇《应同》复载驺衍五德终始之说；《六论》首列《开春论》，揭示"开春始雷，则虫蛰动矣；时雨降，则草木育矣……王者厚其德，积众善，则凤皇圣人皆来至矣"的大旨；也都寄寓了以天人感应说为指导的思想，只是其后所附论文多不能与之相衔接而已。故倘说《吕氏春秋》也有一个基本上统率全书的理论纲领，那么它就是阴阳五行说。汉人多以"燮理阴阳"为丞相的主要职责，该书盖其嚆矢。

《吕氏春秋》不但意图以阴阳五行说统率全书并作全书构架的眼目，其保存阴阳五行说的资料也较完整。如拿它与驺衍的遗说相印证，大概只有大九州之说没有被采纳。而于其他各家之说，则其剔除的部分均较多。如墨家，它就不取其非攻之说，对法家，它也不取其君权至上主义和非道德的观点，尚贤、尚智尤显与道、法两家相反。但这些与本书关系不大，姑从略。这里主要就其对儒家的去取多说几句。

当时儒家主要有孟、荀两大派，孟子之学以性善论作为理论基础，以仁义作为主要思想纲领，严义利之辨。《吕氏春秋》虽也屡言仁义，但不谈人性问题，尤屡言利。如《开春论·爱类》篇即说："上世之王者众矣，而事皆不同，其当世之急，忧民之利，除民之害同。"又《慎行论·无义》云："故义者，百事之始也，万利之本也。"即其例。从这一方面说，吕书近于墨子、荀子，荀子也是义利结合以义为先的。但《吕氏春秋》是天人感应说的鼓吹者，与荀子主张天人相分是正相反的。又荀子之学以礼义为纲，吕书虽言义，却从不以礼义并提，而以理义并提。如《劝学》云："此生于不知理义。"《明理》云："不知义理。"《怀宠》云"必中理然后说，必当义然后议"等等。当然，吕书并未反对礼，其《十二纪》中所载每季每月的政教中即有些属于礼的范畴，"礼士""礼贤"之语尤多见（见《谨听》《观世》等篇）；然荀子所强调的隆重的丧礼、葬礼，吕书是不赞成的（见《节葬》《安死》）。故就理论体系说，吕书与荀子在根本观点上不惟不相同，甚至是互相龃龉和对立的。至于荀子讲正名，《吕氏春秋》也讲正名，《吕氏春秋》讲君道无为，荀子也主张君道当"好要"（《王霸》）"戒周"（《解蔽》），似相近。然荀子讲的正名主要在据实以定名，吕书则强调循名责实；荀子所谓"好要"，意主任贤而治，吕书则择人兼任法，实质都有所不同。且正名及君道无为，儒、道、名、法各家都有讲的，更不能仅因其为同一论题而判定吕书受荀子的影响。

不过，也不能说吕书完全没有受到荀子的某些影响，如《有始览》中的《去尤》，《先识览》中的《去宥》，即与《荀子·解蔽》篇的旨意相同，《仲春纪·情欲》虽杂道家贵生之说，然谓"天生人而使有贪有欲，欲有情，情有节，圣人修节以止欲，故不过行其情也"，就与荀子节欲之说近，而有异于道家"不见可欲，使民心不乱"(《老子》第三章)之说(《离俗览·为欲》篇亦同)。又《似顺论·有度》篇说："先王不能尽知，执一而万物治，使人不能执一者，物感之也。……贵富显严名利六者，悖意者也；容动色理气意六者，缪心者也；恶欲喜怒哀乐六者，累德者也；智能去就取舍六者，塞道者也。此四六者不荡乎胸中则正，正则静，静则清明，清明则虚，虚则无为而无不为也。"这与荀子在《解蔽》篇说人在认识事物时要去掉欲、恶、始、终、近、远等蔽塞，使心"虚壹而静"的议论亦相合。此外，吕书还有某些观点、语言与荀子如出一辙。例如，《慎大览·察今》说："故察己可以知人，察今可以知古，古今一也，人与我同耳。"这与荀子所言："故千人万人之情，一人之情也；天地始者，今日是也。"(《不苟》)"圣人者以己度者也，故以人度人，以情度情……以道观尽，古今一也。""以近知远，以一知万。"(《非相》)亦极相类。又《慎大览·顺说》云："顺风而呼，声不加疾也；际高而望，目不加明也；所因便也。"荀子在《劝学》篇说过："吾尝跂而望矣，不如登高之博见也。登高而招，臂非加长也，而所见者远；顺风而呼，声非加疾也，而闻者彰。……君子生非异也，善假于物也。"其因袭之迹亦很显然。但这些在《荀子》中固多属于重要观点，在吕书则属于比较不重要的部分。故总的来看，吕书受荀子的影响是有限的，它所吸取的主要是儒家的通说，并且常与墨家搅拌在一起，有时甚至还与道、法及阴阳家相糅合。这是不足怪的，因为吕氏是政治家，而不是思想家，他完全是从巩固地主阶级政权的实际需要来决定对各家学说的去取，并不是企图建立一个理论上的严谨体系。秦王政在政治上完全实行法术家的那一套，却也相信长生久视之说，并采取阴阳家五德转移之说，标榜秦以水德王，也是从这种实用的观点出发。其区别只在于吕氏还兼采儒、墨及道家养生之说，反对纯以法术为治罢了。

二、荀子与韩非子

韩非和李斯是荀子的两个著名的学生，他们一个以其法、术、势相结合的思想为秦王政的极端封建专制制度提供了理论基础；一个对秦王朝一些重要的专制制度和政策的制定实施起了重要的作用。但是在汉代，人们并没有把他们的思想、行为归于荀子的影响，而是明显地加以区别。《史记·李斯列传》载李斯入秦前曾辞荀卿，而未言荀子采取什么态度（实际荀子有可能赞同，因为他也希望秦国能由行霸道进入到行王道，见《议兵》篇），但在后面特别记载李斯在志得意满时想起了老师的话，"物禁大盛"，并产生了"吾未知所税驾也"的感叹。这显系在暗示李斯后来的败亡，是没有遵循老师的教戒所致，将荀子和李斯加以区别。桓宽《盐铁论》载文学之言则更进一步，说李斯为相，荀卿为之不食而卒，以见师徒关系的决裂。至于韩非，司马迁虽载其"与李斯俱事荀卿"，却把他与老、庄及申不害列为一传，并明确地说，韩非"喜刑名法术之学，而其归本于黄老"，即把他归入道、法结合的一派，与儒术无关。至晋，仲长敖作《覈性赋》才认为李斯、韩非之所为乃是受到荀子性恶论的启发或鼓舞；至宋，苏轼更承其意而发挥之（均详后）；于是开启了一种以李、韩之过归罪荀卿之风。然清人多有辩之者，近人郭沫若辩之尤力。前些年，才有人旧话重提及，但做了翻案文章，把荀子也划入法家一派，而与韩非一道加以推崇。荀子不是法家，本书在前面已屡辨之；韩非自有其历史地位，不能一概肯定或否定，这里也不拟多说，只就他们师生之间在学术思想上是否有某种继承关系作粗略的探讨。

在讨论这个问题时，首先要指出：荀子虽然也讲法，但不能说韩非的法术思想源于荀。这不仅因为在荀子思想中，法只是处于一种从属礼义的地位，是他的尚贤的政治观的一种派生的手段，而在韩非的学说中，法术（以及与之相关的势）乃占支配地位的政治思想；更为重要的是，韩非的法术思想自有其学术渊源。《韩非子·定法》篇说：

> 问者曰："申不害、公孙鞅，此二家之言孰急于国？"应之曰："是不可程也。人不食，十日则死；大寒之隆，不衣亦死。谓之衣食孰急于人，则是不可一无也，皆养生之具也。今申不害言术，而公孙鞅为法。术者，因任而授官，循名而责实，操杀生之柄，课群臣之能者也，此人主之所执也。法者，宪令著于官府，刑罚必于民心，赏存乎慎法，而罚加乎奸令者也，此臣之所师也。君无术则弊于上，臣无法则乱于下，此不可一无，皆帝王之具也。"

这段话可视为韩非学说的基本纲领，也应视为他自述其学术渊源。当然，他接着对申不害和商鞅都有所批评，认为"二子之于法术，皆未尽善也"。但那是加以补充和发展的问题，不是否认申、商作为法家先驱的意义。

值得注意的是，荀子在《非十二子》中所批评的法家代表是慎到、田骈，说他们"尚法而无法，下修（按：一说当是'不循'之讹）而好作，上则取听于上，下则取从于俗，终日言成文典，反纠察之，则偶然无所归宿，不可以经国定分；然而其持之有故，其言之成理，足以欺惑愚众"。在《解蔽》篇中则以慎到、申不害并举，说"慎子蔽于法而不知贤，申子蔽于埶而不知知"。而于商鞅只言其"善用兵"而"未及和齐（按：百姓）"（《议兵》），于其法殊未之及。这可有两种推测：一是荀子认为商鞅只有政策、法令，无理论著作（今传《商君书》非商鞅作），不算"持之有故""言之成理"，故置之不论。一是他对商鞅之法是肯定的，故置于被批评者之外。看来后一种可能性是应该排除的。因为荀子在《议兵》篇批评说："秦四世有胜，諰諰然常恐天下之一合而轧己也，此所谓末世之兵，未有本统也。"所谓本统指仁义、礼义，这显然包括了对商鞅的批评（因为四世当从商鞅相秦孝公算起）。同篇又说："凡人之动也，为赏庆为之，则见害伤焉止矣。故赏庆、刑罚、埶诈不足以尽人之力，致人之死。为人主上者也，其所以接下之百姓者，无礼义忠信，焉虑率用赏庆、刑罚、埶诈除厄其下，获其功用而已矣；大寇则至，使之持危城则必畔，遇敌处战则必北……不足以合大众，美国家，故古之人羞而不道也。"而商鞅正是以信赏严刑治国的，与荀子之旨相戾。此其一。又《荀子·非十二子》《解蔽》两篇对凡所批评的学派大都不是完全否定，而其所肯定的往往即在批评之中。他批评慎到蔽于法，而他自己也讲法；他批评申不害蔽于势，他自己也讲"君者，国之隆也"（《致士》）。指其蔽，意乃在于他们忘记了更为根本的东西，可见受到他的点名批判正说明他多有一定程度的重视，其"无讥"者，在他看来就无足轻重了。商鞅盖即此例。此其二。韩非则不然，他特别看重商君之法，这可见他们师徒是异趣的。

不过，也不能排除韩非法术思想的形成与荀子有某种关系。我们已无从考证韩非从荀子学习是在什么时候，假如是他年轻的时期，便有可能是从他的博学的老师那里首先得知法家的学说，因情有独钟，然后才经过独立研究，走向了脱离师教、自开门户的道路。这种影响，是在许多博学的老师和独立性很强的学生之间都可能发生的。在一般情况下，我们也不妨承认其间仍有某种继承关系。但韩非的情况颇特殊，他对其老师所坚持的崇礼义、尚贤智的政治理想与仁、爱、忠、孝等道德准则几乎批判得体无完肤，使其主导思想完全背离了师说的轨道。我们就不好仅凭这一点说他们之间有什么渊源了。

荀子的人性论是否对韩非有影响也很难说。韩非没有对人性作专门的论述，但他说过"夫民之性，恶劳而乐佚"，"喜其乱而不亲其法"（《韩非子·心度》）。"民之故计，皆就安利而辟危穷。"（《五蠹》）"夫圣人之治国，不恃人之为吾善也，而用其不得为非也……恃自圜之木，千世无轮矣。"（《显学》）都颇与荀子性恶之旨合。他又说"夫智，性也；寿，命也。性命者，非所学于人也"，也与荀子所云"凡性者，天之就也，不可学，不可事"，及"凡以知，人之性也"相近。从这个角度说，他的人性观似受其师的影响。但荀子的性恶论同他的化性起伪说是不可分割的两面，承认性恶是为了说明施行礼义教化的必要；韩非则反之，"不恃人之为吾善"，而是用赏罚来禁其"不得为非"，他也不认为人性好利是恶，必须导之以义，使利不伤义，而是只用法禁来加以导引和制裁。故他说："闻古之善用人者，必循天顺人而明赏罚。"（《韩非子·用人》）所谓"循"和"顺"，就是循顺人天生的就安利避危穷之性。故其精神与荀子是不同的：荀子重视人的道德的自我完善，法禁只是辅助手段；韩非则蔑视道德，只要法禁。故倘说韩非的人性观是受到荀子的影响的话，那他只是取其一偏，而将主要的一方面阉割或抛弃了。

韩非的天人观也与荀子的天人观既有某种联系又有重大区别。他们的天人观都受到道家的影响，且比道家更为明确地反对鬼神迷信，但荀子只取道家天道自然这一点，把人道与天道区别开来；韩非则吸取道家天人合一的观点而加以改造。其《解老》篇说："道者，万物之所然也，万理之所稽也。理者，成物之文也；道者，万物之所以成也。故曰：'道，理之者也。'物有理不可以相薄，物有理不可以相薄，故理之为物之制。万物各异理，万物各异理而道尽。稽万物之理，故不得不化；不得不化，故无常操；无常操，是以死生气禀焉，万智斟酌焉，万事兴废焉。"这里道与理的关系颇似后来理学家说的"理一分殊"，只是韩非的"道"相当于理学家的"理"，其"理"则略当于"分"，而"不得不化"则是韩非思想的光辉之所在，非道家和理学家所及。盖既强调"化"，则万理固不必同，万事尤不可不变，故韩非虽也讲"因"，但不是任其自然，随波逐流，甚至要归真返朴，而是"论世之事，因为之备"(《五蠹》)；他虽也说"虚静无为，道之情也"，但接着说："参伍比物，事之形也。参之以比物，伍之以合虚。根干不革，则动泄不失矣。"(《扬权》)就是说，既要虚己应物，又要经过比较分析，找出事物的异同，因其已然，分别采取不同的方式去处理。经过这一改造，虽然仍保持着以道统天人的外壳，实际上却把道分成了物理和事理的两大部分。尽管他有时也说事理即天理，如《大体》说："古之全大体者……不逆天理，不伤性情。"《用人》说："必循天顺人而明赏罚。"但这个"天理"不过是人理、人道的代名词，与自然界的物理是不合一的。从这个角度说，韩非虽企图发展道家的天人合一说以修正荀子的天人相分说，实际却是软弱无力的。惟其认为"古今异俗"（《五蠹》），事理也在变化，则较荀子高明。

韩非与荀子在一些带根本性的思想观点上虽对立，在思想方法上却有惊人的一致之处。我在上篇已指出，荀子是很重视研究实际的，曾说："疏观万物而知其情，参稽治乱而通其度，经纬天地而材官万物，制割大理而宇宙里矣。""以赞稽物，万物可兼知也。"（《解蔽》）又说："此事之所以稽实定数也。"（《正名》）"故善言古者必有节于今，善言天者必有征于人。凡论者，贵有辨合，有符验。"（《性恶》）韩非也很注意参稽，前已引其"参伍比物"之言，此外还有"因天之道，反形之理，督参鞠之，终则有始""道者，下周于事，因稽而命，与时生死，参名异事，通一同情"（均见《扬权》）等语。这是战国时期百家争鸣在思想方法上必然产生的积极成果，而首先从理论上作出总结的是荀子，韩非既是他的学生，显然是受到他的影响。又荀子很注意论辩在逻辑上的严谨，强调"壹统类"（前屡见），韩非的论辩风格虽与荀子有所不同（荀平实温雅，韩犀利尖刻），从形式逻辑看亦较严谨，且亦提倡"审名以定位，明分以辩类"而以道"一"之（均见《扬权》）。这也含有荀子的影响。当然，他们所谓"一"的内容是不一样的，他们所参稽的事实在去取上也各有所偏，但不能否认在方法上的认同。这一点，我们只要拿荀、韩同其他诸子相比较就很清楚，不待烦言。

粗略地考察荀子与韩非学说和《吕氏春秋》的关系，我们可以得到这样的认识：荀子对它们虽不是没有影响，但不能说影响很大，特别是荀子的天人观和隆礼的思想在不同的程度上都被抛弃了。我们当然不能据此就判定：荀子学说在当时的影响就只是这样。他在齐曾"三为祭酒",在楚颇受春申君的推崇,游秦、返赵期间也曾受到尊礼;又据刘向《孙卿书录》云:"兰陵多善为学,盖以孙卿也。长老至今称之,曰:兰陵人喜字为卿,盖以法孙卿也。"汉时尚如此,可见他当时在兰陵地区的影响尤大。但吕氏是战国末一位大政治家,其书又是集众门客之力撰成;韩非且曾从荀子受业,而于其学说所取不多,亦可见其"曲高和寡"矣。

荀子的隆礼之说在当时不受重视,甚至遭到反对,殊不足怪。战国时各国都"争于气力"(《韩非子·五蠹》语),本不暇论礼,荀子隆礼太过,近于迂阔,尤宜为讲实用的政治家所轻忽和法术之士所摈斥。汉以后,人们总结秦亡的教训,认识到独法不足以为治,礼又逐渐被注意了。其天人相分说被摈弃,则原因颇值得探讨。盖从"争于气力"的政治经济形势来看,对自然界和神力的崇拜本应抛弃(这是荀子之说得以产生的重要原因),但战国后期,形形色色的天人合一之说的声势却不仅未杀减,反而有愈演愈烈之势。这从政治形势来考察,是统一的局面在逐渐形成,强国的统治者需要假借神权来作为自己实行统一的借口(天命所归),弱国的统治者也需要为自己的挣扎和存在找依据(天命未改);从学术思想渊源来说,天命论和天人感应说已有长远的历史,有的思想家觉得假借神权来推行其说较为便当(如墨子等),有的虽不重神权,仍不免从自然规律中寻找理论依据,以与神权争胜(如老子等)。而更为根本的原因则是:当时的生产虽有发展,人们对自然界的规律的认识也有进步,但生产方式仍只是在地主阶级土地所有制占主导地位下的小农分散经营。这种小农经济对自然界的依赖性是很大的,还远未能达到荀子所言"制天命而用之"的地步,在那些不重视农事、积聚的国家和地区尤其如此。故对自然的崇拜、恐惧乃至对神力的崇拜、恐惧难以消除。又在封闭式的农业社会里,由天然血缘形成的家庭关系、宗族关系是社会的基本结构,这也产生人们对自然的依附。这两者结合起来,就形成了天人合一说得以产生、存在和发展的强固基础。故这种情况不改变,形形色色的天人合一说就必然在思想界占主导地位,而天人相分说只能是一点闪烁的光辉。汉以后,荀学在儒学中的地位由孟、荀并称到一度长期消沉,其原因匪一,但天人相分说的不合时宜始终是一个重要原因。一个思想学说中最有光辉的部分遭遇却如此,这不能不说是历史的悲剧,但却是必然的,本书以下各章将继续联系各个时代荀学的升降加以申述。

第十章　汉魏六朝时期荀学的升降

　　汉魏至南北朝时期，我国学术思想经历了由儒学逐渐占主导地位，到儒学一度中衰，玄学与佛学逐渐居于主导地位的变化。但这只是一种概略的说法。实际上，两汉的儒学已不是原始的儒学，它已融合阴阳家、法家的学说；道家的思想更始终存在，或吸取儒、墨、名、法、阴阳家之说而另构体系（如《淮南子》），或与儒结合而成为玄学的先导（如扬雄《太玄》），或承黄老学派之绪而参以儒术（如王充《论衡》）。魏、晋以后的玄学以及稍后兴盛的佛学，也未摒弃儒学。但各个阶段融合各家的主体确有不同。荀子学说的地位即随着这一学术思想的总体演变趋势而浮沉、升降，下面略加申述。

一、两汉的经学与荀学

　　自清汪中《荀子通论》以来，研究中国经学和荀子的学者多重视荀子的传经之功，本书第八章曾加考察，这里就其在两汉的影响作一些申述和补充。

　　在论述这个问题前，拟先对两汉经学中的今古文之争和齐、鲁学的分歧作简单的交待。

所谓今文经学，是指西汉初年用通行的隶书记录下来的儒家经典的原文及传注、解说。古文经学，是指西汉陆续发现或在民间流传的原用六国时文字书写的儒家经典原文及后人作的传注。今文经传在汉初多先后立于学官，成为官学，古文经学则概被排除（平帝时《毛诗》《春秋左传》一度列入学官，旋废）。东汉章帝后经过贾逵、服虔等的提倡才逐渐列入学官，再经马融、郑玄等的提倡，其地位乃渐在今文经学之上，甚且取而代之。据《汉书·艺文志》记载，《周易》《仪礼》（一称《礼经》）均有古文经，大概是无人传习，并未引起古今之争。引起争论的主要是四家《诗》（齐、鲁、韩、毛）中的《毛诗》，《春秋》三传（公羊、穀梁、左氏）中的《左传》及今文《尚书》二十九篇以外的古文《尚书》和《周官经》（一称《周礼》）。其中古文《尚书》今不存（今传者是魏晋时人的伪作），汉人也未见有求将古文《尚书》立于学官者，故所谓今古文之争实际只是关于《毛诗》《左传》和《周官》是否立于学官之争。由于今文经学多重所谓大义的发挥，古文经学则只重名物训诂的诠注，因此今古文之争也带有两种学风的论争的性质，但主要是今文经学家为了保持其垄断地位而排斥异己之争，与我们要研究的荀学关系不大。

齐学是指由齐人传授的经学，鲁学是指鲁人传授的经学。关于齐学的特点，皮锡瑞《经学历史》曾有概括的说明，家宗霍师《中国经学史》于齐、鲁学之区别论之尤详。其略云：

> 齐学、鲁学之名，虽见于西京，然惟宣帝甘露中，尝召五经名儒平《公羊》《穀梁》同异，各以经处是非，余如《诗》《论》固亦有齐、鲁之说，而不闻异同之辨，不如古今文之聚

讼纷如也。顾一加寻绎，则两派亦微有不同。大抵齐学尚恢奇，鲁学多迂谨。（案太史公讲学齐、鲁之都，其作世家，于齐曰：洋洋乎固大国之风也；于鲁曰：洙泗之间，龂龂如也。以洋洋称齐，以龂龂称鲁，亦即一恢奇一迂谨之证。）齐学喜言天人之理，鲁学颇守典章之遗。

其下胪列齐、鲁诸家经学之异说，不具举。皮氏《经学史》于齐学言之甚简，然甚得其要领，录之于下：

> 汉有一种天人之学，而齐学尤盛。《伏传》（按：指伏生《尚书大传》）五行，《齐诗》五际，《公羊春秋》多言灾异，皆齐学也。《易》有象数占验，《礼》有明堂阴阳（按：《汉志》礼家有《明堂阴阳》及《明堂阴阳记》，今佚。今《礼记》之《月令》《明堂位》及《大戴礼记》之《盛德》等尚略存其说），不尽齐学，而其旨略同。

由此可知：齐学乃上承驺衍阴阳五行之说，多笼罩天人感应说的迷雾，而其势力很大，汉时流行今文《尚书》说、《齐诗》《公羊春秋》大部分《易》学与部分《礼记》均属其流派，西汉末期开始流行的纬书和图谶则是它的附庸；鲁学在西汉仅有《鲁诗》及《穀梁春秋》。不过，我们如不拘泥于汉时传经者所属的地邑，则《韩诗》《毛诗》就其治学风格而言，也得附于鲁学。《周官》详于制度，《左氏春秋》详于叙事，也近鲁学。这两种不同的治学风格，就经学的角度说，也许只算"微有不同"。然就思想方法言，则是大有区别。

　　了解齐学、鲁学的区别，对我们认识荀子对两汉经学的影响是很重要的。盖荀子之学，其要在隆礼、义，其根株则在天人相分，故两汉经学中之齐学，实与荀学无涉。从文献的记载来看，也找不到齐学与荀子有可信的师承关系，鲁学则或有或无。

先说《易》。《史记》《汉书》的《儒林传》所记《易》的传授微有参差，大致是：商瞿传楚人骈臂子弘（《汉书》作"弓"），弘传江东人矫子庸疵（《汉书》作"桥庇子庸"，且桥庇子庸在骈臂子弓前），疵传燕人周子家竖（《汉书》作"醜"），子家传淳于人光子乘羽（《汉书》作"东武孙虞子乘"），羽传齐田何子庄（《汉书》作"装"）。西汉言《易》者"皆本之田何"，京氏（房）《易》、施氏（雠）《易》、孟氏（喜）《易》、梁丘（贺）氏《易》等皆由田氏之传而变者。惟费氏（直）《易》为古文，东汉时陈元、郑众、马融、郑玄、荀爽皆传之，于田何之外别为一支，其余皆田氏之绪余，皆与荀子了不相涉（骈臂子弓非荀书之子弓，前屡言之，不复辨）。

次说《书》。据《汉书·儒林传》，今文《尚书》为济南伏生所传，不言其所始，其《大传》以阴阳五行之说说《书》，自非出于荀子。古文《尚书》出孔安国，然无师承，其说亦罕存（今传者为后人伪作），难可定其性质，但不出荀子则可断言。

次说《诗》。汉四家《诗》中，荀子与《鲁诗》的关系最为确切，与《毛诗》可能有授受关系亦大体可信，前已言之。《韩诗》的传授不明，《汉书·儒林传》曰："婴推诗人之意，而作内外传数万言。"盖自得之。其书不存，遗说大抵多为名物训诂，与《鲁》《毛》有歧义，而风格略同。《韩诗外传》引荀子说诗又有四十四条，故《韩诗》亦可说曾受荀子的影响。惟为齐学的《齐诗》，把地支中的亥、卯、午、酉与阴阳五行说结合成为"五际"之说（见《汉书·翼奉传》及《诗纬·汜历枢》，周予同为皮锡瑞《经学历史·经学极盛时代》篇作注曾引之）。又其始传自齐人辕固生，与荀子亦无涉。故荀子的《诗》学在汉流衍为三家，而《齐诗》不与。

次说《礼》。荀子曾见过《礼经》（即《仪礼》）之类的书，也许还见过《周官》一类的书，前已言之。汉代礼学的复兴始于叔孙通。他曾为刘邦制朝仪，后为太常，又"定汉诸仪法"，可谓汉代礼制的创始人。据《史记·叔孙通列传》载，他尝为秦博士，归汉时"从儒生弟子百余人"，可知他颇通儒术，然其师承不可知，且他在秦时以诡谲免难，归汉后以刘邦不喜儒服，即改楚制短衣，又进敢死之士而不进儒生，其人盖为权变之士，与进退守礼的儒者有所不同，对儒学复兴的贡献虽大，不能以经师视之，也不似荀卿的传人。汉代《礼经》的传授始鲁高堂生和鲁徐生。《汉书·儒林传》载：

> 汉兴，鲁高堂生传《士礼》十七篇（按：即今传《仪礼》），而徐生善为颂（按：《史记·儒林列传》作容，颂即容，谓习其仪节）。孝文时，徐生以颂为礼官大夫，传子至孙延、襄。襄资性善为颂，不能通经；延颇能，未善也。……诸言《礼》为颂者由徐氏。

其后三四传至后仓，《汉书·艺文志》云"后仓最明"，盖始通《礼》意。后仓传戴德、戴圣，就是所谓大、小戴。后世所传《大戴礼记》（残）及《礼记》（《小戴礼记》），旧传即他们两人所哀集。前已言之。然只善为颂的徐生所传的《礼经》，绝非出于荀子，则可断言。清儒谓《礼经》之传出荀子，所依据的是"《大戴礼·曾子立事》篇载《修身》《大略》二篇文，《小戴·乐记》《三年问》《乡饮酒义》篇载《礼论》《乐论》篇文"（汪中《荀子通论》）。荀子《乐论》本于公孙尼子《乐记》，《礼记·乐记》即取自公孙尼子，非袭荀子；其他虽取自荀子，亦不得谓传其学。盖二戴《记》本为杂集战国至汉初说礼之文而成，不主一家，荀子不过其中之一而已。其余与荀学相戾而杂阴阳五行之说者尚多，不可混而为一，前已言之。二戴《记》之引荀子，只是说明他们也重视荀子的礼学而已。

最后说《春秋》。汉时《春秋》有《公羊》《穀梁》《左氏》三传（另有邹氏、夹氏，其说不传，从略）。《公羊春秋》是齐学，也是西汉的显学，其书"多言灾异"，说之者如董仲舒等更以阴阳五行、天人感应之说加以附会，形成了一套天人合一、天人交感的神学理论体系，其与荀学相戾，是不待言的。又其传授，据徐彦《疏》引戴宏《序》曰："子夏传与公羊高，高传其子平，平传与其子地，地传与其子敢，敢传与其子寿，至汉景帝时，寿乃与胡毋子都著于竹帛。"（何休隐二年注同）与荀子亦无干。惟其书多采战国各家之说（见《四库总目提要》，不具举），故其中亦偶有与《荀子》所说相合处，前人所言"《大略》篇言《春秋》贤秦穆公善胥命，《王制》篇言桓公劫于鲁庄，又言周公述职事，悉与《公羊传》合"（家宗霍师《中国经学史》第四篇）即是。这或是所本相同，或是公羊寿、胡毋子都写定《公羊春秋》时有取于荀子，但均不足以说明汉之《公羊》学传自荀子。《穀梁》托始穀梁俶（一名赤），旧传亦子夏弟子（见梁士勋《疏》），其下传授无考。陆贾《新语·道基》曾引《穀梁传》，而为今本所无，又《辨惑》叙夹谷之会与今传《穀梁》同。盖汉初已有传本，惟间存异文耳。《汉书·儒林传》说："瑕丘江公受《穀梁春秋》及《诗》于鲁申公，传至子孙为博士。"申公是荀子弟子浮丘伯的学生，故有可能曾经荀子之传，然《史》《汉》都只说浮丘伯授《诗》于申公，不言兼授《穀梁》，申公亦可能别有所受。但《穀梁》为鲁学，在治学风格上与荀子是相近的。荀子曾与《左氏春秋》之传，则信而有征，本书第八章已言之；但《左氏》在西汉不显，其传授的问题亦较多，下面稍作论述。

《汉书·儒林传》叙《左氏》在西汉的传授云：

> 汉兴，北平侯张苍及梁太傅贾谊、京兆尹张敞、太中大夫刘公子，皆修《春秋左氏传》。谊为《左氏传训故》，授赵人贯公，为河间献王博士，子长卿为荡阴令，授清河张禹长子。禹与萧望之同时为御史，数为望之言《左氏》，望之善之，上书数以称说，后望之为太子太傅，荐禹于宣帝，征禹待诏，未及问，会疾死，授尹更始。更始传子咸及翟方进、胡常。常授黎阳贾护季君，哀帝时待诏为郎；授苍梧陈钦子佚，以《左氏》授王莽，至将军。而刘歆从尹咸及翟方进受，由是言《左氏》者本之贾护、刘歆。

按：此言《左氏》的传授至明晰，可知其在汉初即已传习，当已有今文写本。然刘歆在《移太常博士书》所言，却引起误会。他说：

> 及鲁恭王坏孔子宅，欲以为宫，而得古文于坏壁之中，《逸礼》有三十九篇，《书》十六篇。天汉之后，孔安国献之。遭巫蛊仓卒之难，未及施行。及《春秋》，左丘明所修，皆古文旧书，多者二十余通，臧于秘府，伏而未发。孝成皇帝悯学残文缺，稍离其真，乃陈发秘臧，校理旧文，得此三事，以考学官所传，经或脱简，传或间编。传问民间，则有鲁国桓公、赵国贯公、胶东庸生之遗学与此同，抑而未施。

这段话是三书并言，但仍有别白：《书》十六篇、《逸礼》三十九篇出自孔壁；《左传》则非是，它只是与前二书"皆古文旧书……

臧于秘府"而已。他又说:"传问民间,则有鲁国桓公、赵国贯公、胶东庸生之遗学与此同。"桓公、庸生不知所传各为何书,贯公当即贾谊所师的贯公。贯公盖为文、景时人,故称"遗学",以概其后诸人。但刘歆既三书同说,而重在说"臧于秘府"之古文本,后人读之不细,遂忽略《左氏》在当时实有"臧于秘府"的古文本与传于民间的今文本两种,王充甚至未审其文,笼统地说:"《春秋左氏传》者,盖出于孔子壁中。"(《论衡·案书篇》)晚清王先谦作《汉书补注》,似已觉察这个问题,曾说:"案充承刘向《别录》之说。然(张)苍、(贾)谊实《左氏》始师,非缘壁中所得,或壁中者与见行本同。"按:王注有见而颇疏。王充本人并未说本之《别录》,今存刘向《别录》残文亦无《左氏》出壁中语,王充实为误读刘歆《书》所致。正因为《左氏》有两本,故歆《书》叙当时诸儒反对将此三书立于学官的理由亦异;他们"以《尚书》为备",即认为今文《尚书》二十九篇以外的十六篇是不可信的;"谓《左氏》为不传《春秋》",则只是不承认它作为《传》的资格而已。这件事在今天看来本不甚重要,于本书研究的问题亦少关系,但千百年来,学者们多把《左氏》与《公》《穀》之争,说成只是今古文之争,故聊为辨之,以明真相。

《左传》之不得立于学官,除刘歆《书》所言当时诸儒"保残守缺,挟恐见破之私意,而无从善服义之公心"(按:实质是要保存官学"博士"的利禄)外,恐怕还有思想上的原因。《后汉书·贾逵列传》载贾逵上章帝的条奏说:

> 建平中,侍中刘歆欲立《左氏》,不先暴论大义,而轻移太常……诸儒内怀不服,相与排之。孝哀皇帝重逆众心,故

出歆为河内太守。从是攻击《左氏》，遂为重雠。至光武皇帝奋独见之明，兴立《左氏》《穀梁》，会二家先师不晓图谶，故令中道而废。……今《左氏》崇君父，卑臣子，强干弱枝，劝善惩恶，至明至切，至直至顺。……又《五经》家皆无以证图谶明刘氏为尧后者，而《左氏》独有明文；《五经》家皆言颛顼代黄帝，而尧不得为火德，《左氏》以为少昊代黄帝，即图谶所言帝宣也。如令尧不得为火，则汉不得为赤，其所发明，补益实多。

贾逵的父亲贾徽，曾从刘歆受《左氏春秋》，兼习《国语》《周官》，又受古文《尚书》于塗恽，学《毛诗》于谢曼卿，是一位博学的经学家。逵承其家学，尤博通今古文经学。《左氏春秋》就是通过赖郑兴（刘歆弟子）和他的鼓吹（特别是他）受到东汉明帝、章帝的重视，并于章帝时得立于学官的。其后，《左氏》遂渐取代《公》《穀》而成《春秋》三传中的显学。但上引一段话的重要性不在此，也不在他对《左氏》"大义"的发挥（那其实是老生常谈，了无新意），而在于他向我们传述了一个重要信息：《左氏》（还有《穀梁》）的"先师不晓图谶"，因而在光武帝时不得立于学官；而他则从《左氏》中找出了合于图谶的两条证据，一条是《左氏》能证明图谶所云刘氏为尧后，此事见《左氏》昭公二十九年传，原文是："有陶唐氏既衰，其后有刘累，学扰龙于豢龙氏，以事孔甲，能饮食之。夏后嘉之，赐氏曰御龙。……范氏其后也。"另一条关系到汉朝在所谓五行相胜的序列中属于哪一种"德"的问题，据《文选》沈约《故安陆昭王碑》及左思《魏都赋》注引驺衍遗说，驺衍定的五德终始是虞为土德，夏为木德，殷为金德，周为火德。火德以后是水德。尧以上他如何排，今不可知，惟《史记·五帝本纪》及《吕氏春秋·应同》均说黄帝为土德，盖本于驺衍。其后秦始皇自以为水德，当亦本驺衍。汉代应居何德，几经更易。刘邦初即位，自谓曾杀大蛇，有物曰：蛇，白帝子，杀者赤帝子。因而效周以十月为岁首，色尚赤，即自居于火德；及二年东击项羽入关，见秦有白、青、黄、赤四帝之祠，又自以为承黑帝，即以水为汉德（均见《史记·封禅书》）；文帝时又据公孙臣说，欲易为土德（见《史记·历书》），其后屡经议论，仍定为火德。贾氏此处是说，按五行家的推算，黄帝后为颛顼，黄帝土德，颛顼当为金德；颛顼之后的高辛氏（帝喾），当为水德；尧继高辛氏，当为木德，故云"尧不得为火"。但《左氏》昭公十七年传载郯子谈到古帝王时，黄帝等之后曾提到少昊，贾逵以图谶中之帝宣当少皞，承黄帝，这样，依次往下推，尧就算是以火德王了。按：这后一证实为牵强附会。《左传》的原文为："昔者黄帝氏以云纪，故为云师而云名；炎帝氏以火纪，故为火师而火名；共工氏以水纪，故为水师而水名；大皞氏以龙纪，故为龙师而龙名；我高祖少皞挚之立也，凤鸟适至，故纪于鸟，为鸟师而鸟名。"郯子显然没有说谁代谁，如要说是按顺序，少皞也在太皞后，与汉时图谶不相干。第一证之刘累，近人谓乃汉人传《左氏》者所附益，不排除这种可能性；但《左氏》流传已久，东西汉之际，除刘歆外，名儒如贾护、杜林、桓谭、陈元，中兴功臣如孔奋、寇恂、冯异、来歙，均通《左氏春秋》，然在光武时无人能引此证图谶，殊为怪事。这有两种可能：一是《左传》本有其文，载此传说，与汉之刘氏为尧后之说只是巧合，治《左氏》者未加留意，或耻于附会，故不加引用。至光武时《左氏》被排斥之后，治其学者乃附益为此说。一是本无其文，至贾逵始增益其文以附会图谶。不管是哪一种情况，都说明东汉初年以前，传《左氏》者尚多不附会图谶，附会图谶乃始于贾逵。从这个角度说，贾逵虽于兴《左氏》之学有功，也使《左氏》之学变质。盖《左氏》虽亦杂神怪之说，并已有"阴阳""五行"等名词的出现，但都是属于记前人之言，并非作传者的旨意。故子产等人反迷信的言论亦见诸记载。荀子虽主天人相分，却传《左氏》，其故盖在此；西汉时《左氏》不得立于学官，这亦应是原因之一。后人仅从今古文之争看问题，或仅从刘歆《书》中所言"谓《左氏》不传《春秋》"一句上做文章，都是不全面的。

总之，荀子对两汉的经学有影响，但其作用不如清儒所说的大。这不足怪，因为从主流来看，两汉经学是朝着与阴阳五行说或天人交感说相结合的方向发展的，齐学尤甚，就是鲁学也难免受其影响。故即使那种经传出于荀子之传，也难免要偏离荀学的轨道；那些本非出于荀子所传的经传，就更不用说了。

二、两汉的其他著述与荀学

经学是两汉学术的重要组成部分，但从学术思想的角度说，其他著述更重要。且荀子不是经师，而是通儒，故探讨荀学对两汉学术的影响，经学以外的著述尤当注意。为了论述的方便，拟先对两汉学术思想的演变作概略的说明。

汉是我国历史上继秦的统一帝国。统一的国家需要统一的思想，因而汉代学术思想发展的总趋势是战国以来各家学说的相互融合与吸收。但是在不同的时期和不同的学者那里仍然有个以哪家为主的问题，也有在某个侧面各有所主的问题。当然也有比较一贯的趋势，只是此起彼伏，不那么容易用简短的文字说清楚罢了。

汉承秦制，秦朝那种按照法家思想所建立的中央集权的封建专制制度基本上被继承下来（只是汉初曾局部参用分封制）。但惩秦之失，在汉初，统治政策即有所调整，在意识形态上更有所变化。主要是采纳黄老学派的无为思想，与民休息，同时也颇参用儒术，渐复礼制。至汉武帝时，始采纳董仲舒的建议，罢黜百家，独尊儒术。但以董仲舒为代表的儒学，已远离原始儒学，而大量引入阴阳五行家言，并加以发展，形成了一种以天人合一、天人交感为主导思想的理论体系。这种新儒学以后成了汉朝的官方哲学，一直延续到东汉末年。不过，这种儒学的神学色彩太浓厚了，不免太粗糙，同时在现实的斗争中也显得软弱无力，因而刑名法术之学和黄老学在思想界始终有着一定的影响。在汉武帝到宣帝时固然是"王霸道杂"（即兼用儒、法），东汉后期，法术之学也大有兴复之势（崔寔《政论》可为代表）。西汉末年的扬雄和东汉前期的王充，则企图把道（《老子》）、儒结合起来，用天道自然的宇宙观重建淡化神学的天人合一的理论体系。但不管是强调神权的至高无上或是加以淡化，两汉的思想家或学者，凡论及天人关系的，从汉初的陆贾、贾谊到东汉的王符，莫不在不同程度上带有天人合一（包括天人感应）的色彩，故就天人观而言，荀学在汉代可谓绝响。尽管如此，荀子在汉代学者思想中的地位是较高的，特别是在西汉，他同孟子的地位大体上是相当的，对许多人的思想也有一定的影响。

汉初儒者，除前已提到的叔孙通外，当推陆贾和贾谊。这二人都是通儒而非经师（贾谊曾为《左传》作训故，今不传，即传亦非寻常经师可比），也非拘守一派儒学的人。故他们所强调的大都是儒学的一般道理，如尚德教、省刑罚、薄赋敛、戒奢靡等；仁义与礼义则错综出现。但二人亦有区别。

陆贾很强调天人合一，其《新语》第一篇说："《传》曰：天生万物，以地养之，圣人成之。功德参合，而道术生焉。"其语与《荀子·富国》篇所云"故曰：天地生之，圣人成之，此之谓也"，盖同出一源，所谓"参合"，粗略地看，亦与荀子天、地、人相参的说法相似。但荀子所重在相参，陆贾则重在"参合"，故他说："于是先王乃仰观天文，俯察地理，图画乾坤，以定人道。"这显系用《易传》的天人合一观以取代荀子的天人相分说。按：陆贾曾说："鲍丘之德行，非不高于李斯、赵高也。"（见前章引）以鲍丘与李斯对举，他显然知道他们都是荀子的学生，他又是楚人，也很可能读过荀子的书，故我怀疑他在这里是有意修正荀子之说。他虽亦尝以"礼义"连言，然更多地是以"仁义"连言，亦见其注重点与荀子有异。但陆贾与孟子一派儒者有一个重要的区别：他不迷信先王，甚至不迷信孔子，曾说："善言古者合之于今，能述远者考之于近。"又说："道近不必出于久远，取其至要而有成。……德薄者位危，去道者身亡，万世不易法，古今同纪纲。"又说："书不必起仲尼之门，药不必出扁鹊之方。合之者善，可以为法，因世而权行。"（《新语·术事第二》）这与荀子"以今知古""以一持万"的观点很相近，都是主张既要应时之变，又要保持一贯的原则。惟荀子以礼义为不变的一贯之道，而此则以"纪纲"代之；荀子不显言书不必出于孔子，此则显言而已。这显然继承着荀子的观点而加以发展了。

《汉书·艺文志》儒家著录《贾谊》五十八篇，《隋书·经籍志》载《贾子》十卷，盖已遗佚。今传《新书》，为后人拼凑而成，真伪相杂，难以清理。清卢文弨云："唯《傅职》《辅佐》《容经》《道术》、论政（按：当指《大政》上下《修政》上下）诸篇在《汉书》外者，古雅渊奥，非后人所能为。"（《重刻贾谊新书序》）按：卢说有见，故今论贾谊思想，以《汉书》所载为主，而以卢氏所举各篇参之。

贾谊之书（就其可信者言，下同）罕言天人关系，《鹏鸟赋》说："大钧播物，坱圠无垠。天不可与虑，道不可与谋，迟速有命，乌识其时？"虽言人之修短有命，而委之于不可知。《新语·大政上》云："行之善也，粹以为福已矣；行之恶也，粹以为菑已矣；故受天之福者，天不功焉。"则含有天人相分意。惟《汉书》本传说："谊以为汉兴二十余年，天下和洽，宜当改正朔，易服色制度，定官名，兴礼乐，乃草具仪法，色尚黄，数用五，为官名，悉更奏之。"则颇参用阴阳五行家说，盖未能免俗耳。除此之外，贾谊思想之继承荀子者颇多，其突出者有二：一是他虽亦以"仁义"连言（见《过秦论》），但其言治国之要则以"礼义"为纲。其《陈政事疏》单言礼及礼义连言者均在十次以上，就中如"人主之所积在其取舍，以礼义治之者积礼义，以刑罚治之者积刑罚"，强调"积"，连用词也与荀子同，可知本于荀子。二是《新书·道术》云：

> 请问道者何谓也。对曰：道者，所从接物也。其本者谓之虚，其末者谓之术。虚者，言其精微也，平素而无设施也；术也者，所从制物也，动静之数也。凡此皆道也。

此与荀子所言道即人道亦相近，特别是他论"虚之接物"曰：

> 镜仪而居，无执不臧。美恶毕至，各得其当。衡虚无私，平

　　静而处，轻重毕悬，各得其所。明主南面而正，清虚而静。令
　　名自宣，命物自定。

此与荀子在《解蔽》篇所言认识事物当"虚壹而静"，更若合符
节，显系从《荀子》得到启发。此外，如其论教习太子的重要
时说："夫胡粤之人，生而同声，耆欲不异，及其长而成俗，累
数译而不能相通……则教习然也。"（《陈政事疏》）又如论政以民为
本之义曰："国以为本，君以为本，吏以为本。故国以民为安危，君
以民为威侮，吏以民为贵贱。""故夫诸侯者，士民皆爱之，则其
国必兴矣；士民皆苦之，则国必亡矣。"（《新书·大政上》）这三段话
均为儒家较一贯的思想，但前一段与《荀子·劝学》篇相关的
一段话酷似；后两段亦与荀子所说的"君者，群也"和"君者，舟
也；庶人者，水也；水则载舟，水则覆舟"贴近，不妨视为对荀
子的继承和发挥。

　　贾谊不仅是汉初比较接近于荀子的思想家，也是整个西汉继
承荀学较多的思想家。贾谊以后，据说董仲舒曾"作书美孙卿"（见
刘向《孙卿书录》），但今存《春秋繁露》，除一般儒家言外，仅《深
察名号》篇略存《荀子·正名》之意，余未见有因承之迹；扬
雄除论性综合孟、荀外，也未见有特别契合荀学之处；比较可注
意的是司马迁、刘向、班固、王充和王符。

　　司马迁是杰出的史学家、文学家。他在《史记·太史公自序》
中自期欲"究天人之际，通古今之变，成一家之言"。对于后两
种任务，司马迁可以说很好地完成了。在"究天人之际"这一方
面，他却未能形成统一的见解。司马迁及其父都任职太史令，"文
史星历，近乎卜祝之间"（司马迁《报任安书》）。其父司马谈尝"学天
官于唐都，受《易》于杨何，习道论于黄子"。他本人既承家学，又

尝"讲学齐、鲁之都，观孔子之遗风"，并曾从董仲舒学，闻《春秋》之旨意（均见《史记·太史公自序》），于天人之学，可谓涉及很广。但我国古代的天文学向来受天人合一、天人交感说影响甚深，杨氏《易》学和董氏《春秋》学，更为当时天人合一、交感说的大宗。司马迁既职掌天文，又习闻其说，故他在《律书》《历书》《天官书》中都大量引用这类说法。《天官书》中尤每以天象言人事，如论斗魁时说："在斗魁中，贵人之牢。魁下六星两两相比者，名曰三能。三能色齐，君臣和；不齐，为乖戾。辅星明近，辅臣亲强；斥小，疏弱。"如此之类，比比皆是。但司马迁父子毕竟不同于一般的占星之士和阴阳五行家。其父司马谈在论六家要旨时虽首列阴阳家，但认为："夫阴阳、四时、八位、十二度、二十四节，各有教令，顺之者昌，逆之者不死则亡，未必然也。故曰：'使人拘而多畏。'夫春生、夏长、秋收、冬藏，此天道之大经也，弗顺，则无以为天下纲纪。故曰：'四时之大顺，不可失也。'"（见《史记·自序》）采取有分析的态度。司马迁本人更在《伯夷列传》的评语中愤慨地说："或曰：天道无亲，常与善人。……余甚惑焉。"对天道之干预人事表示怀疑。可惜他不能摆脱因袭，像荀子那样得出天人相分的结论。

司马迁对荀学的最大贡献是：他以历史学家的敏锐目光，在《史记》中写下了《孟子荀卿列传》，谓"荀卿嫉浊世之政，亡国乱君相属，不遂大道，而营于巫祝，信机祥，鄙儒小拘如庄周等，又滑稽乱俗；于是推儒墨道德之行事兴坏，序列著数万言"；又在《自序》中以"明礼义之统纪"来概括荀子的思想。这在汉人中可谓独得荀学的精义，同时也奠定了荀子与孟子为儒学两大宗的历史地位。此外，司马迁还在《史记》八《书》中首列《礼书》《乐书》，虽为儒学通义，然亦与荀子尤重礼、乐相契合；此二《书》后面附有荀子的《礼论》《乐论》，虽为后人（或曰为褚先生）所增益，然可见其渊源有自。又他作《史记》，意在上承孔子的《春秋》，其论《春秋》云："故《春秋》者，礼义之大宗也。夫礼禁未然之前，法施已然之后（按：此二句为贾谊《陈政事疏》中语）。法之所为用者易见，而礼之为禁者难知。壶遂曰：'孔子之时，上无明君，下不得任用，故作《春秋》，垂空文以断礼义，当一王之法。'"按董仲舒《春秋繁露·仁义法》云："《春秋》之所治，人与我也；所以治人与我者，仁与义也。"又《俞序》云："仲尼之作《春秋》也，上探正天，端王公之位，万民之所欲；下明得失，起贤才以待后圣。"或以仁义统赅，或以合天人为说；司马迁独以礼义为《春秋》之大旨，其说有别，盖亦有取于荀子以礼义为统纪之意。

　　司马迁之后，西汉人并尊孟、荀者当推刘向。他在《孙卿书录》中除引述司马迁语（见前引）言荀子述作之意外，还说："孙卿道守礼义，行应绳墨，安贫贱。孟子者亦大儒，以人之性善，孙卿后孟子百余年，以为人性恶，故作《性恶》一篇以非孟子。"又曰："唯孟轲、孙卿为能尊仲尼。"又曰："孟子、孙卿、董先生（按：指董仲舒）皆小五伯。……如人君能用孙卿，庶几于王，然世终莫能用。而六国之君残灭，秦国大乱，卒以亡。观孙卿之书，其陈王道易行，疾世莫能用，其言悽怆，甚可痛也。呜呼！使斯人卒终闾巷，而功业不见于后世，哀哉，可为贯涕！"可谓叹赏之至。惜刘向亦狃于时俗，多言机祥的谬说，未能如荀子之扫而去之。但其所辑《新序》《说苑》均多引荀子之语，其于张扬荀学，盖亦有功矣。

班固是东汉的史学家，他在《汉书·儒林传》述战国七十子以后儒学的流传时说："是时，独魏文侯好学。天下并争于战国，儒术既黜焉，然齐、鲁之间，学者犹弗废。至于威、宣之际，孟子、孙卿之列，咸遵夫子之业而润色之，以学显于当世。"也是以孟、荀并提。在《艺文志·辞赋略》的叙说中，他又称荀卿为"大儒"，以其辞赋与屈原之作并举，谓"咸有恻隐古诗之义"。可见他对荀子在儒学中的地位仍是给予了很高的评价，然于荀子学说的特点他就没有介绍了。此盖由《汉书》主要记汉事使然，然亦见至东汉，荀学的面貌就较模糊了。故《汉书》虽有《礼乐志》，于礼乐之用有所发挥，其中论礼乐之别曰："乐以治内而为同，礼以修外而为异。"亦有取于荀子"乐合同，礼别异"《乐论》之说，然该篇在论及"六经之道同归，而礼乐之用为急"之后即说："圣人……故象天地而制礼乐，所以通神明，立人伦，正情性，节万事者也。"把制礼作乐纳入了天人合一、天人交感的理论体系之中，与荀子之纯从人事说礼乐异趣了。

但班固于荀学亦别有会心之处，其《汉书·刑法志》云：

> 夫人宵天地之貌，怀五常之性，聪明精粹，有生之最灵者也。爪牙不足以供耆欲，趋走不足以辟利害，无毛羽以御寒暑，必将役物以为养，任智而不恃力，此其所以为贵也。故不仁爱，则不能群，不能群则不胜物，不胜物则养不足。群而不足，争心将作。上圣卓然先行敬让博爱之德者，众心悦而从之。从之成群，是为君矣；归而往之，是为王矣。……爱待敬而不败，德须威而久立，故制礼以崇敬，作刑以明威也。

近代严复极赏这段话，又怀疑非班固所能言，当有所本（见《天演论·导言十二》批语）。实则这段话主要取自荀子群分之说。《荀子·

王制》云：

> 水火有气而无生，草木有生而无知，禽兽有知而无义，人有气、有生、有知，亦且有义，故最为天下贵也。力不若牛，走不若马，而牛马为用，何也？曰：人能群，彼不能群也。人何以能群？曰：分。分何以能行？曰：义。故义以分则和，和则一，一则多力，多力则强，强则胜物，故宫室可得而居也。故序四时，裁万物，兼利天下，无它故焉，得之分义也。

两相比较，在表述上虽稍异，主要是班固采孟子性善之说，因强调君的仁爱，但能群方能胜物的基本思想则来源于荀子。按：荀子说："君者，能群也。"（《君道》）其后《韩诗外传五》、董仲舒《春秋繁露·深察名号》及《白虎通·号》等均因之。但能群方能胜物之义，后来几无嗣响，班固此论，可谓空谷足音，殊为可贵。

王充是与班固同时的思想家，所著《论衡》反对谶纬，反对天人感应说及众多虚妄的迷信，似乎理所当然地是荀学的继承人。在这些方面他确实也对荀子的崇实之学有所发挥和补充。他曾说："凡论事者，违实不引效验，则虽甘义繁说，众不见信。"（《论衡·知实》）与荀子论事重"符验"在思想方法上也相一致。但王充的无神论倾向，被近人过分地夸大了。从表面上看，王充是气一元论者，认为天地是"含气之自然"（《论衡·谈天》），万物皆由天自然施气而成，"天之行也，施气自然也。施气则物自生，非故施气以生物也。不动，气不施；气不施，物不生，与人行异。日月五星之行，皆施气焉"（《说日》）。但王充认为："俱禀元气，或独为人，或为禽兽。并为人，或贵或贱，或贫或富；富或累金，贫或乞食，贵至封侯，贱至奴仆，非天禀施有左右也，人物受性有厚薄也。俱行道德，祸福不均；并为仁义，利害不同。"（《幸偶》）这就是说，由于禀气不同，不仅万物各异，人的贫富贵贱也不同。这种禀气的不同，王充认为就是天命。不但个人的贵贱、吉凶由天命，推而言之，"尧、舜之禅，汤、武之诛，皆有天命，非优劣所能为，人事所能成也"（《齐世》）。不仅如此，"凡禀贵命于天，必有吉验见于地，见于地，故有天命也"（《吉验》）。"本禀贵命，故其子孙皆为帝王，帝王之生，必有怪奇，不见于物，则效于梦矣。"（《奇怪》）意即凡贵命必有祥瑞和异象以为符验，故王充不但相信符瑞（详见《验符》《讲瑞》《吉验》等篇），也相信骨相（见《骨相》）、卜筮（见《卜筮》）和妖祥之气（亦见《卜筮》），还相信神，认为齐桓公"有神灵之助，故有射钩不中之验"（《吉验》）。不过，他认为天神一般不能知人间善恶，曾说："天神之处天，犹王者之居也。王者居重关之内，则天之神宜在隐匿之中。王者居宫室之内，则天亦有太微、紫宫、轩辕、文昌之坐。王者与人相远，不知人之阴恶；天神在四宫之内，何能见人暗过？"（《论衡·雷虚》）故他不信天人交感之说，而一切以宿命为依归，命好，自然好；命不好，为善亦不能改。尝曰："善恶同实，善祥出，国必兴；恶祥见，朝必亡。谓恶异可以善行除，是谓善瑞可以恶政灭也。"（《异虚》）故王充的思想可以两言以概之：天道无为，唯气所施。但气既可决定朝代的兴亡与人的吉凶祸福，又必见于妖祥，则必有神以主之。他自己也承认："天地之间，恍惚无形，寒暑风雨之气乃为神。"（《龙虚》）就是说，神是寓于气中的，这充其量只能说是泛神论，而不是无神论。王充就是用这种"泛神论"把天人结合起来，而成为一种新的天人合一论。它与荀子的天人相分说是完全不同的两种思想体系。

王充既主张天人合一，故于孟、荀的评价亦有轩轾。人们只看到《论衡》有《刺孟》篇，往往认为王充对孟子是不满的。其实，王充屡以孔、孟并举，认为"孔子圣人，孟子贤者"。(《命禄》，又《逢遇》亦孔、孟并举，称为"贤圣之臣"。）其刺孟，盖责备贤者之意。于荀子，则只说："周世通览之人，邹衍之徒，孙卿之辈，受时王之宠，尊显于世。"(《别通》)只以"通人"目之。按：王充在《超奇》篇把人分为俗人、儒生、通人、文人、鸿儒五种，通人仅高于一般儒生，在文人下，自不能侪于贤人。盖"圣犹贤也，人之殊者谓圣，则圣贤差大小之称"(《论衡·知实》)，贤者纵不在他所谓鸿儒上，至少也相当，在王充看来，比通人应是高出两等的。又《论衡》虽刺孟，但引孟子至十余处，而直接引荀子仅《本性》引其性恶说加以批评，及《程材》篇"蓬生麻间"数句暗用《荀子·劝学》之语而已。一重一轻，也显而易见。故我认为，那种以王充为承荀学之绪者乃皮相之谈。然从王充之书却可以见出孟、荀学说的升降，故特论之。

与王充相同，王符《潜夫论》也讲"气"，认为"道者，气之根也；气者，道之使也"(《本训》)，颇似后来理学家所云理在气中又在气先之说。他相信天人交感之说，则与王充不同。但王符也是一个比较崇实的思想家，故在某些具体论述中有取于荀子。如其首篇《赞学》云："天地之所贵者人也。圣人之所尚者义也，德义之所成者智也，明智之所求者学问也。虽有至圣，不能生知，虽有至材，不生而能。"以人为天地之所贵，见《荀子·王制》，亦见《孝经》，姑不论；强调德义成于智，则显系上承荀子"凡以知，人之性也"之说。其《释难》篇强调论辩要"知类"，《慎微》篇强调"积微"，盖均有取于荀子；《明暗》篇论人君兼听则明，偏信则暗，亦契合荀子"公生明，偏生暗"(《不荀》）之旨。此外，他在《释难》篇还直接引用《荀子·议兵》篇语，以证"仁者必有勇，而德人必有义"。然其言乃儒家之通义，并不能反映荀学的特色。

以上略考几个名家的著述，可知荀学对两汉学者和思想家还是有较大影响的。然东汉已不及西汉。若与孟子相较，则其司马迁、刘向、班固诸人虽以孟、荀并称，然孟子的影响实较荀子为大。这可以从以下几方面证之：

1. 据东汉赵岐《孟子题辞》云："汉兴，除秦虐政，开延道德，孝文皇帝欲广游学之路，《论语》《孝经》《孟子》《尔雅》皆置博士。后罢传记博士，独立五经而已。讫今诸经通义得引孟子以明事，谓之博文。"其说别无征验，或以为疑。然据《后汉书》本传，赵岐为人方正，似不会作无根之谈。荀子则从无立于学官之事，可知汉初孟学已较荀学为显。

2. 《后汉书·儒林列传》云：程曾，字秀升，作《孟子章句》。程曾于章帝建初三年举孝廉，迁海西令，则东汉初已有《孟子》注。其后则有赵岐《章句》，今存；又据高诱《吕氏春秋叙》自言曾"正孟子章句"；《隋书·经籍志》复载郑玄、刘熙均有《孟子注》七卷。则东汉晚期注孟子者有四家，而《荀子》不闻有注，此更可证孟子之受到重视远过于荀子，东汉犹然。

3. 两汉著述中引荀子者不少，《韩诗外传》及《新序》《说苑》中尤较多，其数目超过孟子，但董仲舒《春秋繁露》引孟子者颇多而罕及荀子。桓宽《盐铁论》记宣帝时贤良文学与桑弘羊等辩论，亦多引孟子语以证其说，而明确提到荀子者仅一处（见前）。扬雄尤尊孟子，《法言》中多引其说，并谓他之所以"小诸子"，是因为"以其知异于孔子也，孟子异乎不异"（《君子》），意即孟子之知虽有异于孔子而大体不异。又极赞孟子辟杨、墨，而"窃自比于孟子"（《吾子》）。于荀子，则仅一提："或曰：'孙卿非数家之书，俶也。至于子思、孟子，诡哉！'曰：'吾于孙卿与？见同门而异户也。'"意谓荀子在《非十二子》中虽批评了孟子，只是"同门异户"。虽未加贬斥，然与极推孟子相较，则有别矣。至东汉王充，遂升孟子为贤人，而仅以"通人"处荀子了。

孟学在汉代之所以显于荀学，当时人未作比较的说明。然从汉代学术思想的发展可略知其消息。盖汉代与战国时期不同，战国时列国分立，各家学说虽有意在为新的王朝制法，然主要是提出一种理论纲领，故于天人关系，可以各抒己见。秦朝实现短期的统一，已不得不尊天奉神以文饰其法术的统治。汉代为巩固其统治，更不得不兼综各家之说构成新的意识形态，在天人关系上，尤不得不张扬天人合一之说以假借天的威势为人间的封建专制政治服务。当然，在这个问题上也有分歧：以董仲舒为代表的官方哲学采取的是神人合一、神人交感之说；扬雄则遵循"以人占天"（《法言·五百》）的思想路线，认为"天无人不因，人无天不成"（《重黎》），并用"玄"把天人联结起来；王充又异，用含有"讫神"色彩的"气"把天、人加以结合。但不管如何变，天的权威是无上的。这与荀子所主张的天、地、人相参的天人相分说自然相左，而与孟子的天人合一说则可相合。但汉人尚与宋以后的理学家不同，他们还不求把天意（或"气"或"玄"）完全人伦化。故其人性论或云有善有恶，或云善恶混，因而亦未以性恶论作为排斥荀学的罪案。又荀学以礼义为人道的纲纪，按其解释固亦包含仁民爱物的内容，但他言礼，所强调的还是"分"。这在封建秩序尚未巩固的时期是适合统治阶级的需要的。在封建秩序已巩固的时候，礼的作用相对于法来说就成为次要的了。反之，为强调各阶级、阶层的协调，仁就成为重要的宣传武器了。故礼义与仁义，在汉人的著述中虽常交互使用，仁政或仁义却更为政治家和思想家所乐于鼓吹，礼则更多地与乐并提而成为实施教化的手段。这也应是荀学在汉代的地位逐渐低于孟学的原因。

三、汉末至隋荀学的消长

荀学至东汉渐衰，至汉魏之际却为之一振，至曹氏代汉，特别魏正始以后，则益落矣。这是与当时社会的变化及其引起的学术思想的变化相联系的。

东汉后期宦官与外戚专权，帝王昏聩，终于引起社会矛盾大爆发，造成农民大起义和群雄割据、互相攻伐的形势，最后形成了魏、蜀、吴三国鼎立的局面。当时斗争的各方，虽复援引天命，假借神权以自文，客观形势却适足证明与谶纬神学结合的东汉官方儒学的破产。有眼光的地主阶级政治家、思想家和学者都不得不另求救世之方，并在不同程度上怀疑和反对天人感应的迷信。不过，各人所见不尽同。就政治家言，曹操、诸葛亮可为代表。他们都颇采刑名法术之学以治军治国，但诸葛亮持操颇严，处事"开诚心，布公道"，可谓兼资儒法。曹操"尚通侻"，不重名节，"惟才是举"，有古法术家兼纵横家之遗风。当时思想家、学者如荀悦（著有《申鉴》）、仲长统（著有《昌言》）、徐幹（著有《中论》）虽倾向不尽相同，大抵都兼资儒法。如荀悦既说："夫道之本，仁义而已矣。"又说："法坏则世倾，虽人主不得守其度矣。"而总其要，则曰："故凡政之大经，法教是也。"（《申鉴·政体》）主张德教与法制相辅而行。仲长统亦云："德教者，人君之常任，而刑罚为之佐助焉。……教化以礼义为宗，礼义以典籍为本。常道行于百世，权宜用于一时。……故制不足，则引之无所至；礼无等，则用之不可依；法无常，则网罗当道路；教不明，则士民无所信。"（《群书治要》引《昌言》）。徐幹隆礼，认为"尽敬以从礼者，谓之成人；过则生乱，乱则灾及于其身"（《中论·法象第二》），然又说"政之大纲有二……赏罚之谓也。人君明乎赏罚之道，则治不难矣"（《中论·赏罚第十九》），也是德教与刑赏并重。故从政治观说，他们三人都是荀学的继承者。

然而荀悦、仲长统、徐幹在天人关系的看法上却有较大的不同。荀悦引《易传》且释之曰："立天之道曰阴与阳，立地之道曰柔与刚，立人之道曰仁与义。阴阳以统其精气，刚柔以品其群形，仁义以经其事业，是为道也。"（《申鉴·政体》）在原则上继承了天人合一说，但他对于卜筮、时日方位的禁忌，祈请祸福的效验都表示怀疑（详见《俗嫌》），而认为"君子乐天知命故不忧，审物明辨故不惑，定心致公故不惧""君子循其性，以辅其命，休斯承，否斯守"（《杂言》下）。意思是说，只考虑自己的行为、思想是否正确，对于是吉是凶，并不计较。这大致同于孔子的尽人事听天命的思想。又荀悦认为人性有三品，"上下不移，其中则人事存焉"。而在他看来，上智与下愚都是少数，多数人可"待教而成"其善，"待法而消"其恶（《杂言》下）。其说从天人关系言，也是采取区别看待的态度，与子思、孟子及后来的理学家不同。不过，总的说来，他的天人观源于《易传》，与荀子的天人观属于不同的理论体系。

徐幹《中论》主要论人事，其《历数》篇言及天人关系说："故孔子制《春秋》，书人事而因以天时，以明二物相须而成也。……夫历数者，圣人所以测灵耀之赜，而穷玄妙之情也。非天下之至精，孰能致思焉。"这与荀子所言"圣人不求知天"不同，反映了他对研究天文历数的重要性的认识较荀子有进步。但他只说"天时"，不说"天道"，说"相须而成"，不说天人合一或人道本于天道，是极有分寸的，与荀子天地人相参之说不相悖。《中论》中唯一说到"天道"的，只有《夭寿》上所说的"天道迂阔，暗昧难明，圣人取大略以为成法，亦安能委曲不失，毫芒无差跌乎"这么几句。所谓"成法"，他未作具体说明，盖指顺天气寒暑四时的变化以施政令之类，故他下面接着说"信无过于四时"，而寒暑消长的变化有时也失常；人的寿夭祸福则多由自主，天"亦不能以手臂引人"使受祸福。其基本倾向近于荀子天人相分之说，只是没有荀子说的那么干脆而已。

仲长统的天人观尤近于荀子。他说："二主（按：指汉高祖及汉光武帝）数子（按：指萧何、曹参、邴吉、魏相、陈平、周勃、霍光等）之所以威震四海，布德生民，建功立业，流名百世者，唯人事之尽也，无天道之学焉。然则王天下、作大臣者，不待于知天道矣。所贵乎用天之道者，则指星辰以授民事，顺四时而兴功业，其大略也。吉凶之祥，又何取焉？故知天道而无人略者，是巫医卜祝之伍、下愚不齿之民也。信天道而背人略者，是昏乱迷惑之主、覆国亡家之道也。"（《群书治要》引《昌言》）这与荀子"官人守天，而自为守道"之说基本一致，而说得更为痛切。只是他有时也说"天神可降，地祇可出"（同上）；虽属夸饰之词，殊未能免俗。又他说："道德仁义，天性也。"（《文选·广绝交论》注及《意林》等引《昌言》）则近于孟子，与荀子认为礼义起于圣人之积伪不同。

　　以上主要从政治观、天人观两个方面说明荀、徐、仲长三家对荀学的继承有所不同，而后两人为较多。若就《中论》与《昌言》（今存者不全）之现存者加以较全面的比较，则《中论》承荀学之绪者尤多。今存《中论》前有《序》，不知何人所作，审其语气，盖与徐幹同时相友者。此《序》前首称："予以荀卿子、孟轲怀亚圣之才，著一家之法，继明圣人之业。"以荀卿与孟轲并称"亚圣"，为此前旧籍所仅见。《序》中又言徐幹居乡："州郡牧守礼命，踧踖连武，欲致之。君以为纵横之世，乃先圣之所厄困也，岂况吾徒哉？有讥孟轲不较其量，拟圣行道，传食诸侯；深美颜渊、荀卿之行，故绝迹山谷，幽居研几。"抑孟扬荀，尤此前旧籍所未见。这虽属他人转述，似未可据依。然考其书，以仲尼与荀卿并提者一处（《贵言》），以仲尼与孟轲并提者一处（《智行》），以孟轲与荀卿并提者亦一处（《亡国》），然并提孟、荀时荀详而孟略，而复有独赞荀子一处，谓："昔荀卿生乎战国之际，而有睿哲之才，祖述尧舜，宪章文武，宗师仲尼，明拨乱之道，然而列国之君，以为迂阔不达时变，终莫肯用也。"（《审大臣》）据此，则徐氏纵不抑孟，其于荀子尤为倾慕，盖可断言矣。又其书引孟子曰者仅一处（见《智行》），直接引荀子曰者三处（分别见《贵言》《考伪》《亡国》，其中《贵言》一段，不见今传《荀子》），又全袭其文者一处（见《复辩》，原文见《荀子·宥坐》）。此虽枝节，亦见其略有区别。更有著者，《荀子》首《劝学》，《中论》则首《治学》；荀子隆礼，《中论》第二篇《法象》即言以礼仪自饬的重要；荀子论事贵有"符验"，《中论·贵验》篇专发其旨；荀子论君道，谓"明主好要，而暗主好详"（《荀子·王霸》），《中论·务本》亦云"人主之大患也，莫大于详于小事，而略于大道"；荀子主张据实定名（见《荀子·正名》），《中论》亦云"名者所以名实也，实立而名从之，非立名而实从之也"（《考伪》）；荀子论事好用"类"的方法（详上篇），《中论》亦主张"类族辩物"（《核辩》），"是以君子之论，必原事类之宜而辩循理焉"（《天寿》）。盖其渐渍荀学者甚深，故所论虽多切当世之务，多有荀子未尝言及者，而持论的角度与方法，自然与荀子契合。

曹丕代汉称帝之后，特别是魏正始以后，荀学日趋衰落。当然，其间仍有人提起他，如西晋裴𬒈著《崇有论》就肯定他对老、庄的批评，颜之推的《颜氏家训》也两次谈到他。若从思想方法的崇实加以考察，则欧阳建的《言尽意论》从认识论的角度论证了名（言）与实（意）的关系，与荀子的正名说可谓一脉相承而有所发展。裴𬒈的《崇有论》认为理是各种事物（有）"之所体"，并说：

> 夫品而为族，则所禀者偏。偏无自足，故凭乎外资，是以生而可寻，所谓理也……众理并而无害，故贵贱形焉；失得由乎所接，故吉凶兆焉。是以贤人君子，知欲不可绝而交物有会，观乎往复，稽中定务。惟夫用天之道，分地之利，躬其力任，劳而后飨；居以仁顺，守以恭俭，率以忠信，行以敬让；志无盈求，事无过用，乃可济乎！

又说：

> 贱有则必外形，外形则必遗制，遗制则必忘礼；礼制弗存，则无以为政矣。（见《晋书》本传）

其用词与荀子不同。所言之理，除人理外，还包括各种物理。但他认为贵贱的形成是由物的"所禀者偏"，但又"并而无害"，与荀子所言群而有分之理是相近的；他认为人类必须"躬其力任"，以"用天之道，分地之利"，与荀子所言天、地、人相参而各有其职之说，亦相近；他认为"欲不可绝"，然而当有节，又强调礼制的作用，更与荀子的思想契合。如再推而广之，后来何承天的《达性论》、范缜的《神灭论》从其具有无神论思想来说，似可认为有荀学的遗响，但所论与荀学无直接联系。何承天的《达性论》本于《易传》，尤与荀学的理论体系不同。

魏晋至隋，荀学的日益衰微，其根本原因是：东汉末年农民大起义的结局，并没有导致稳定的统一的封建帝国的确立，而是形成了数十年间魏、蜀、吴三国的对峙和斗争。在三国内部（特别是魏、吴），统治阶级内部的斗争也非常残酷。后司马氏代魏，暂时统一了中国。不久，晋朝统治阶级内部以及他们与少数民族统治集团之间的矛盾又连绵不断。中国不仅陷于长期南北分裂对峙的局面，南北两方内部的斗争也此起彼伏，政权多次更替。至隋，才实现短暂的统一。在这漫长的历史阶段中，人民固然困苦不堪，士大夫也常险境丛生。这种客观环境，固然使得一些不守常规的豪杰之士得以脱颖而出，也使得一些奸险小人得逞于一时，而那些持操守节之士反易遭横祸。"存在决定意识"，因而当时的学术思想就不是沿着仲长统、徐幹所企盼的儒法兼资的道路发展，而是从崇实的刑名法术之学，转向务虚的名理之学，形成所谓的玄学，后又加上外来的佛学。儒学虽仍有其影响，却基本上处于从属的地位了。

近人多谓魏晋南北朝时期是我国历史上一个思想解放的时代，是一个人的个性得到发展的时代。这有一定的道理。但必须看到：这时的思想解放和注意人的个性实与近代意义上的个性解放有原则的区别。首先，这时对人的个性问题的提出，既导源于东汉晚期人物的品鉴，又植根于乱世需要不拘一格提拔人才的现实（曹操的"惟才是举"的教令即由此而发）。魏刘劭的《人物志》就是在理论上和实践上对此问题所作的较早的概括，傅嘏、李丰、钟会、于广等的才性同、异、合、离之辨（见《世说新语·文学篇》），则是这个问题在认识上的展开。由于儒家传统中论人的标准向来主张德才兼备，先德后才，故这个问题的提出，最初即带有某种反儒学、反礼教的性质；但其起初的目的在如何识人和任人，尚未形成一种理论上的倾向，到稍后发展成为名教与自然之争，主张越名教而任自然的一派，才可说有一定程度的反世俗礼教的倾向。然那些主张越名教而任自然者，有些（如嵇康、阮籍）乃是愤世嫉俗，有托而逃，故所反对的主要是礼教（名教）的矫饰和虚伪的一面，而以率真自然代之。有些则不过故作放达，以利其放纵情欲而已。故嵇康《诫子》纯乎儒家之言；阮籍亦不许阮咸与于放达之流（见《世说·任诞》），这是一方面。其次，这时的一些学人虽欲在儒学之外别求人生价值，进而对宇宙本体作进一步探索，但只能回归到道家老、庄的旧轨道，或寻求道、儒的结合，因而有所谓本无、崇有之争。但崇有一派不占优势，而本无一派成为玄学的大宗，这一派后来或融入佛教的般若学，或与之携手同行，构成了东晋以玄、佛合流的趋势，这是又一方面。再次，儒家的礼教（或名教）虽被上述思潮冲击，暴露其软弱性和虚伪性，而为一些放达之士和权谋诡谲之士所摈弃，但作为儒家礼教的根株的宗法制并未被动摇；相反，在西晋以后，还得到加强，形成了世家大族把持政权的格局。与之相联系，婚丧等礼制也照样维持，研究礼制（特别是丧服制）仍然是一门重要学问；只是与礼教相联系的道德节操很少有人认真实行而已。总之，这一时期的思想和个性的解放，虽从积极适应乱世对人才的需要开始，却向着消极地顺应现实的方向发展；它虽打破了儒家过分看重伦理道德的桎梏，暴露了封建伦理道德理论体系中的矛盾及其所包含的虚伪性，但又鼓动了一种放任无为甚至纵欲无度的浮华、奢靡之风。从基本精神和发展的主流说，它是鼓动人们随波逐流，顺应现实，苟全性命于乱世，而不是鼓励人们积极有为，去改造现实，推动社会进步，更谈不上利用自然，"制天命而用之"（《荀子·天论》）。这是我们在评价这一时期的思想时所不能忽视的。

在这种思想氛围下，荀学的湮沉是自然的。值得研究的是：荀子的性恶论，汉以来虽未有赞同者，大抵都以孟、荀都未得其中，因而有人之性善恶混及唯上智与下愚不移、中人则善恶交争之说。至此时，乃有仲长敖作《覈性赋》，其言曰：

> 赵荀卿著书，言人性之恶。弟子李斯、韩非顾而相谓曰："夫子之言性恶当矣，未详才之善否何如？愿闻其说。"荀卿曰："天地之间，兆族罗列，同禀气质，无有区别。裸虫三百，人最为劣。爪牙皮毛，不足自卫，惟赖诈伪，迭相嚼啮，总而言之，少尧多桀，但见商鞅，不闻稷契。父子兄弟，殊情异计；君臣朋友，志乖怨结；邻国乡党，务相吞噬；台隶僮竖，唯盗唯窃。面从背违，意与口戾；言如饴蜜，心如蛮厉；未知胜负，便相陵蔑。正路莫践，竞赴邪辙；利害交争，岂顾宪制？怀仁抱义，只受其毙，周孔徒劳，名教虚设。蠢尔一概，智不相绝。推此而谈，孰痴孰黠？法术之士，能不禁龁！仰则扼腕，俯则攘袂。"荀卿之言未终，韩非越席起舞，李斯击节长歌，其辞曰："形生有极，嗜欲莫限。达鼻耳，开口眼。纳众恶，距群善，方寸地，九折坂。为人作崄易，俄顷成此寒。多

谢悠悠子，悟之亦不晚。"

赋是文学作品，作者愤世嫉俗，故假荀子性恶之说以讽之，其本意不一定是攻击荀子。又其言"裸虫三百，人为最劣"，与荀子强调人的可贵和人为的伟大作用恰相反，也显见不具有严谨的理论性。这篇赋在思想史上的意义在于：他第一次提出韩非、李斯的法术思想乃是受到荀子性恶论的启发，这为后来攻击荀子开了先河；同时，它还向我们提示了孟、荀学说升降的奥秘和中国学术思想发展的一个主导趋向，中国哲学思想的一个重要方面是人性论。孟子的性善论与道家老、庄的以自然为宗的人性观有别，但都是以天人合一说为基础的。东晋南北朝时期流行的"众生皆有佛性"的学说性质又不同，然亦与之相近。荀子的性恶说则相反，它建立在天人相分的基础上。魏晋以后，儒、道、释逐渐融合，玄学中的名教出于自然论，就是道、儒结合的产物，它实质上是性善论的另一种说法。仲长敖的其他作品已无存，我们无由知道他对人性的完整看法。但从他把性恶论与韩非、李斯联系起来看，至少说明他认为人性的堕落与性恶论有关，这正是后人诟病荀子的一个主要原因，也是一些玄学家要鼓吹名教出于自然与后来一些儒者要千方百计维护性善论的目的。魏晋南北朝时期思孟一派的儒学虽亦不甚显，然尚有晋綦毋邃为《孟子》作注（见《七录》及《新唐书·艺文志》），子思所作的《中庸》更为人所重，宋戴颙曾从《礼记》和《子思子》中抽出单独为之作《传》，梁萧衍又为之作《讲疏》（均见《隋书·经籍志》），与荀学的日趋沉寂有别，就是因为思、孟的人性论与一些玄学家的思想相合。故仲长敖的这篇赋，在某种意义上可说是标志中国思想史人性论发展趋势的重要信号。此后，人性的善恶问题虽然仍有歧见，韩愈承荀悦而提出的性三品说较有影响，但总的说来，性善论却渐居支配地位了。

第十一章　唐代荀学的闪耀

　　唐代是我国封建社会历史上的光辉灿烂的时期，在经济、文化上都有超越以前的成就。其对外实行开放政策，对内能以平等的态度对待境内的少数民族，尤为我国历史上所罕见。这些，近人多有论述，无待多言。这里只就其与荀学的流衍有关的文化政策略加申论。

　　唐朝的文化政策总的说来是比较开明的，对各种传统文化和外来的文化大都采取兼收并蓄的态度。就文化思想言，它对当时流行的儒、释、道三家，基本上采取让其自由发展、互相争论、互相融合的态度。其间，对佛、道的矛盾，朝廷也曾有所干预（如武则天特别崇佛，玄宗有意扬道，以及武宗时曾灭佛等），然为时均不长。但惩魏晋以来崇玄、佛之失，唐朝在处理佛、道与儒的关系时大体上有个一贯的态度。唐太宗有言："梁武帝君臣惟谈苦空，侯景之乱，百官不能乘马；元帝为周师所围，犹讲《老子》，百官戎服以听：此深足为戒。朕所好者，唯尧、舜、周、孔之道，以为如鸟有翼，如鱼有水，失之则死，不可暂无耳。"（《通鉴纪事本末》卷二九《贞观君臣论治》）这段话，他的后嗣虽间有违者，然立国方针既定，总是有人出来匡正。不过，唐代的崇儒又与东汉不同，它没有忘记以法辅儒。唐前期自太宗至玄宗数代，在帝王授意、大臣负责，积极整理儒家经典（如《九经正义》的撰定等），完善礼制（从《贞观礼》到《开元礼》）的同时，也大力从事刑法的修订补充，形成了律、令、格、式四者相辅而行的较完整的刑法体系。而在修订过程中，除了因时制宜外，大多贯彻了改重从轻和戒慎勿率的原则，也就是注意把儒家的仁民思想和法家的明法思想结合起来。故唐律虽有鲜明的阶级性，在执行时更不免有以帝王和刑官的意志代法的现象（武则天时尤甚），但就总体说，比此前的刑法是完备得多，也较进步了。

由于唐代既崇儒又未定儒学为一尊，同时，由于唐朝前后期（大体以玄宗天宝年间为界）政治、经济形势的变化，唐代儒学的发展大体可分为前后两个阶段。

本书上章曾指出：由于玄学和佛学的兴盛，儒学在魏晋南北朝基本上处于从属的地位，那主要是从思想理论方面说的，并不是说儒学的影响消失了。实际上除上章已提到的《礼》学之外，其他各种儒学经典，如《诗》《书》《春秋》等仍然为许多读书人所重视。《易》学更为学者们所关注，与《老》《庄》合称"三玄"，成为玄学家研习的重要典籍。但魏晋以来的经学与两汉的经学有所不同：两汉经学有今古文之分，齐学鲁学之分。今古文经学在东西汉有升降，与齐学相联系的谶纬神学却始终未衰，且浸润益广。魏晋以后，今文经学除《春秋》的《公》《穀》二传及《韩诗》外，皆已不传，齐学则仅存《公羊春秋》，而罕见传习，与之相联系的谶纬神学亦趋于淡化。这是就总的趋势而言，若加以分析，则此时的经学对两汉经学（主要指东汉经学）有继承，也有创新。大致地说，三礼之学主要是继承东汉的郑学（即郑玄注），其间虽有王肃与郑立异，但终不敌郑学。创新则首推晋王弼的《易注》，他基本上把《易》当作哲学著作看，以《老》学汇通《易》学，一扫汉人以《易》为卜筮之书，专研"象数"的陈规，开创了《易》学研究的新局面。其余魏晋以后的经注，如晋杜预的《春秋左传注》、南朝人范宁的《穀梁传注》，及《伪古文尚书》的伪孔（安国）《传》，皆以通达经传本文为主，既不守汉人家法，神学色彩又较淡，也在一定程度上反映了这时经学的新面貌。不过，在南北朝时，南北的经学颇有不同。据《北史·儒林列传》说："江左，《周易》则王辅嗣（弼），《尚书》则孔安国，《左传》则杜元凯（预）；河、洛，《左传》则服子慎（东汉服虔），《尚书》《周易》则郑康成（玄）；《诗》则并主毛公；《礼》则同遵郑氏（玄）。"就是说，南朝于《易》《书》《左传》均宗魏晋新注，北人则仍守汉学。

经学的南北分歧，对于大一统的唐朝显然是不利的，特别是对科举考试中的命题和评卷均会产生麻烦（唐朝科举考试有明经科专试经学，进士考试亦时以经传命题）。故唐前期儒学的弘扬首先是对南北流行的经注和解说（即所谓"正义"或"义疏"）加以拣释和整理，形成统一的权威性解释，这就是现传《十三经注疏》中的《易》《书》《诗》、三《礼》三《传》等《九经正义》（亦称《九经注疏》）。值得注意的是，唐人所撰的《九经正义》，其所取经注全同于南朝，只是增加了汉何休的《公羊注》。这引起人们的不同评价，大抵专宗汉注者多加非议，通达者则加以赞许。本书意不在评价经学，姑不论；仅从淡化经注中的神学因素说，这实在是一个进步。（尽管《九经正义》中仍然有不少关于天人感应的说教，这是不可避免的，因为《经》《传》中原来在不同程度上均有此种成分，作为官修书，也不可能排除这种说教。）

《九经正义》的编撰不仅反映了唐人要求树立一种统一解释儒学经典权威的需要，也反映了唐人对儒学经典的解释采取了一种比较开放的态度，它实际上是把某些汉人用阴阳家释儒经和魏晋人用玄学家的眼光释儒经这两种传统都不同程度地继承下来。这与唐初统治者制定的文化政策是相合的。

但以《九经正义》为代表的唐前期儒学也有缺点。首先是它只重在兼收与综合，属于唐人自己研究的新心得不多。其次是过于偏重经学，对儒学诸子则未加注意。这反映在唐代的祀典上是：学校虽常祀孔子为先圣（曾两度以周公为先圣、孔子为先师，但为时均不久），然配享者在贞观时除颜回外，为左丘明、卜子夏、公羊高、穀梁赤、伏胜、高堂生、毛苌、孔安国、刘向、郑众、杜子春、马融、卢植、郑玄、服虔、何休、王肃、王弼、杜预、范宁、贾逵等二十二人（《旧唐书·礼仪志》无贾逵，为二十一人，其他书均有），都是旧籍所载传经的经师。开元时方增孔门十哲（即孔门"四科"中颜回等十人）、曾参及其他著名弟子（即所谓"七十子"），孟子及荀子皆不与。

当是由于朝廷意向的影响，唐前期士大夫的文章、议论中虽有引孟、荀之语者（例如魏徵《论治道疏》即并引孟、荀之言，《旧唐书·礼仪志》所载诸臣论太庙之制一再引荀子"有天下者事七代，有一国者事五代"之语），也有并称孟、荀有所赞誉者（如卢照邻《驸马都尉乔君集序》称："尼父克生，礼尽归于是矣。其后荀卿孟子，服儒者之褒衣。"《南阳公集序》称："游、夏之门，时有荀卿、孟子。"），然未见有着意评论孟、荀的文章和言论。

　　本人所见对孟、荀作出较高评价的是生活在唐前后期之交的李华。他在《质文论》中说："《左氏》《国语》《尔雅》、孟、荀等家，辅佐五经者也。"又其《赠礼部尚书孝公崔沔集序》说："偃、商没而孔伋、孟轲作。"二文立言角度不同，似非于孟、荀有扬抑。其后权德舆的《比部郎中崔君元翰集序》云："荀况、孟轲，修道著书，本于仁义，经术之文也。"从论文的角度立言，而推本经术，于孟、荀亦无轩轾。唐后期尊孟抑荀之风盖始于韩愈。他在《原道》中追溯道统之传，直以孟轲承孔丘，而荀子仅与扬雄并列，不在承传之列，其《读荀子》，亦盛赞孟子为"醇乎醇者也"，而以荀子与扬雄为"大醇而小疵"。但既只说是"小疵"，又说："考其（按：指荀子）辞时若不粹，要其归与孔子异者鲜矣。"对荀子的评价仍是较高的。又其《原性》承荀悦"性三品"之说，于孟、荀均有所取，有所不取，亦无专攻荀子之意。至其弟子皇甫湜作《孟子荀子言性论》，虽承性三品之说，然已颇扬孟而抑荀；其另一弟子李翱作《复性书》，就进一步专宗性善论，以颜回、子思、孟子承孔子，而置荀子于不论矣。至晚唐，刘轲尤一意扬孟，著有《翼孟》一书（见白居易《代书》），皮日休更作《请孟子为学科书》，为以《孟子》跻于经典的先声。至宋，《孟子》终于与诸经典并列。

　　但在唐后期，荀学却闪耀着光彩，特别是荀子的天人相分说得到了空前的阐扬。李筌、柳宗元、刘禹锡、吕温、牛僧孺、杨倞、杜牧都作出了贡献。柳宗元尤堪称弘扬荀学的中流砥柱；杨倞首为《荀子》作注，其功亦卓。

　　李筌其人，传说纷纭。唐范摅《云溪友议》说："李筌郎中为荆南节度判官。"《太平广记》卷六三引《集仙传》（宋曾慥著）说李筌"仕至荆南节度副使、仙州刺史"。宋陈振孙《直斋书录解题》在李筌《阃外春秋》条下说"唐少室山布衣李筌撰",均不言其生活时代。惟《云笈七籤》卷一一二引杜光庭《神仙感遇传》,谓其开元中为江陵节度副使、御史中丞。又巴黎图书馆所藏敦煌本《阃外春秋》残卷,卷首有进书表,末署"天宝二年六月十三日少室山布衣臣李筌上表"。按:唐开元时始于边境置节度使,内地十五道,只置采访使。肃宗至德后,因安史之乱,始于内地要冲大郡置节度使,荆南(治江陵府)其一也。据此,则《神仙感遇传》之说不可信。李筌其人,盖在天宝时尚为布衣,至德以后方为荆南判官。其所著有《太白阴经》等,又今传《阴符经》注,相传也是他所作。《阴符经》和《太白阴经》在天人关系上的看法不同,但亦有相通之处,因此这里一并谈一下。

《阴符经》是一部道书,它的来历不明。《神仙感遇传》说:李筌在"嵩山虎口岩,得《黄帝阴符》本经……题云:'大魏真君二年七月七日,上清道士寇谦之藏诸名山,用传同好。'其本糜烂,筌抄读数十遍,竟不晓其义理"。后至骊山,逢一老姥,始得其解。其说恍惚,类神仙家言,盖道教徒所附会,不足征信。但据宋楼钥《攻媿集·褚河南阴符经跋》、岳珂《宝真斋法书赞》等的记载:其书唐初欧阳询、褚遂良皆有写本,则其曾为寇谦之所藏或伪作,亦有可能(请参看余嘉锡《四库提要辨证》卷一九)。唯所云得老姥始得解,又云:"母曰:'日已晡矣,吾有麦饭,相与为食。'袖中出一瓠,令筌谷中取水。既满矣,瓠忽重百余斤,力不能制而沉泉,及还,已失母所在,但留麦饭数升而已。筌食之,自此绝粒。"则妄耳。此书今传版本不同,大抵不过三百余字,其中所谓"天有五贼"之"五贼",原文没有交代,说者纷纭,其他亦有难解处。但该《经》首云："观天之道，执天之行，尽矣。"其后又云："天性，人也；人心，机也；立天之道以定人也。天发杀机，龙蛇起陆。人发杀机，天地反覆，天人合发，万变定基。"可知它在天人观上属于天人合一，但又与一般天人合一说不同，颇有把天人当作矛盾统一体的意思。其中又云："天地，万物之盗；万物，人之盗；人，万物之盗也。三盗既宜，三才乃安。"此"盗"字意指盗取的对象，尤含有自然界互相矛盾，又互相利用，但不能超过限度的可贵思想，堪称是中国古代天人合一说中最有见解的一种。在某种意义上也可说是对荀子"制天命而用之"的观点的一种发展。或是有见于此，李筌在其《太白阴经》一书中对天人相关和天人相分之处作了严格的划分，从而继承和弘扬了荀子的天人相分的学说。

《太白阴经》是一部兵书，其《人谋上·天无阴阳》云：

> 天圆地方，本乎阴阳。阴阳既形，逆之则败，顺之则成。盖敬授农时，非用兵也。夫天地不为万物所有，万物因天地而有之。阴阳不为万物所生，万物因阴阳而生之。天地不仁，以万物为刍狗，阴阳之于万物有何情哉？夫火之性自炎，不为焦灼万物而生其炎。水之性自濡，不为漂荡万物而生其濡。水火者一其性，而万物遇之自有差殊；阴阳者一其性，而万物遇之自有荣枯。若水火有情，能浮石沉木，坚金流土。则知阴阳不能胜败、存亡、吉凶、善恶明矣。

> 夫春风东来，草木甲坼，而积廪之粟不萌。秋天肃霜，百卉具腓，而蒙蔽之草不伤。阴阳寒暑为人谋所变，人谋成败岂阴阳所变哉？……范蠡曰："天时不作，弗为；人事不作，弗始。"盖天时者，为敌国有水旱灾害虫蝗霜雹荒乱之天时，非

孤虚向背之天时也。太公曰："圣人之所生也，欲正后世，故为谲书而寄胜于天道，无益于兵也。"夫如是，则天道于兵何阴阳哉？

按：此文的基本观点与荀子无殊，但说得更明确和透辟了。

柳宗元是唐代贞元、元和间一位有改革思想的政治家和杰出的思想家、文学家，为了振奋人们的精神，鼓励人们发挥自己的聪明才智以推动政治改革和社会进步，他几乎倾其毕生的精力同天人交感、天人合一之说进行斗争，写下了《天说》《天对》《时令论》《断刑论》《天爵论》《贞符》《褅说》《非国语》等一系列论文和著作，继承并发展荀子的无神论观点和天人相分的学说。

《天说》是针对韩愈关于"天之说"而作的。韩说亦见其《与崔群书》及《与卫中行书》，其时盖在贞元十八年。柳说当亦作于此时，属于柳氏早期作品。这篇文章除引述韩氏之言外，不过二百来字，然柳氏关于天人关系的基本观点已明确地表述出来了。现摘录如下：

> 柳子曰："……彼上而玄者，世谓之天。下而黄者，世谓之地。浑然而中处者，世谓之元气。寒而暑者，世谓之阴阳。是虽大，无异果蓏、痈痔、草木也。假而有能去其攻穴者，是物也，其能有报乎？蕃而息之者，其能有怒乎？天地，大果蓏也；元气，大痈痔也；阴阳，大草木也，其乌能赏功而罚祸乎？功者自功，祸者自祸，欲望其赏罚者大谬；呼而怨，欲望其哀且仁者，愈大谬矣。"

引文中果蓏、痈痔、草木，是借用韩愈的语言，但韩愈是用果蓏、草木腐败则虫蝎生，人元气败坏则痈痔生，以比喻天地间元气败坏人乃生，进而推论人类的一切活动都是对元气阴阳的"攻残败挠"，乃"天地之仇也"。据此，韩愈说："吾意有能残斯人使日薄岁削，祸元气阴阳者滋少，是则有功于天地者也。"天地宜赏之；"繁而息之者，天地之仇也"，天地宜罚之，不应怨天的乖戾。他的话诚如柳宗元所说，是"诚有激而为是"，并不是庄言正论；柳宗元则借之以喻天地为无知之物，从而从根本上否定其赏功罚祸的功能。这与荀子的天人相分之说是一脉相承的，但在肯定天的物质性这一方面，比荀子说得更为明确而坚定了。

《天说》可说是柳宗元关于天人关系的看法的纲领，其他论著则是其发挥和补充。如《时令论》（上下）、《断刑论下》就是从天、人既相分又有联系的角度，论述凡与自然气候有关的经济活动应顺天时，与天时无关的政教赏罚则应根据人事的需要随时进行。其论大抵多包含在荀子的论述中，但柳氏说得更清晰。其中最精彩的是下面的一段论辩：

> 或者曰："《月令》之作，所以为君人者法也。盖非为聪明睿智者为之，将虑后代有昏昧傲诞而肆于人上，忽先王之典，举而废之……故取仁、义、礼、智、信之事附于时令，俾时至而有以发之也。不为之时，将因循放荡，而皆无其意焉尔。于是又为之言五行之反戾、相荡、相摩、妖灾之说，以震动于厥心，古之所以防昏乱之术也。今子发而扬之，使前人之奥秘，布露显明，则后之人而又何惮耶？"曰："圣人之为教，立中道以示于后，曰仁、曰义、曰礼、曰智、曰信，谓之五常，言可以常行者也。防昏乱之术，为之勤勤然书于方册，兴亡治乱之致，永守是而不去也。未闻威之以怪，而使之时而为善，所以滋其怠傲而忘理也。语怪而威之，所以炽其昏邪淫惑而为

祷禳、厌胜、鬼怪之事，以大乱于人也。且吾子以为畏册书之
多，孰与畏人之言？使谔谔者言仁义利害，焯乎列于其前而
不悟，奚暇顾《月令》哉？"

按：历来人们鼓吹天人交感、天能福善祸淫之说，除了假借神权
以约束人民，使之顺从统治阶级的统治之外，确实也包含了约束
统治阶级自身，特别是帝王的胡作非为的作用。故有些人虽反对
占卜、相命、卜葬等迷信活动，然维护天的权威，并仍不废天人
感应之说（例如唐前期的吕才、傅奕等），柳宗元在这里的批判
可谓击中要害，有力地维护和发挥了天人相分的学说。

《天爵论》是从人的德才的差异的角度探讨天与人的关
系。在这个问题上，柳氏与荀子大同而小异。荀子认为"人之性
恶，其善者伪也"（《性恶》），其所以能化性起伪，关键在于人有认
知客观事物的能力（《解蔽》："凡以知，人之性也；可以知，物
之理也。"），能根据客观事变，加强自我修养，完善自己的道德
才智（《荣辱》："尧、禹者，非生而具者也。夫起于变故，成乎
修修之为，待尽而后备者也。"）。故他说："涂之人可以为禹。"（《性
恶》）其所以有圣贤与小人之分，是因为"人伦并处，同求而异道，同
欲而异知。生也，皆有可也，智愚同；所可异也，智愚分"（《富
国》），即属于努力方向（道）与认识水平（智）的区别所产生的。柳
氏认为，"故善言天爵者，不必在道德忠信，明与志而已矣"。明
与智、道与志正相应，此其所同。但柳氏认为："夫天之贵斯人
也，则付刚健纯粹之气于其躬。……刚健之气，注于人也为志……
纯粹之气，注于人也为明。"把人的聪明、意志的区别看作是两
种天赋，此是与荀子相异者一。其次，他虽说："道德与五常，存
乎人者也；克明而有恒，受于天者也。"又说："明以鉴之，志以

取之。役用其道德之本，舒布其五常之质，充之而弥六合，播之而奋百代，圣贤之事也。"承认人有五常之质，与荀子认为礼义起于圣人之伪不同。盖柳氏虽强调人为，但承认人性可含有为善的素质，只是必须以明与志加以扩充。故他在篇首说："仁义忠信，先儒（按：指孟子）名以为天爵，未之尽也。"不说非是，只说"未尽"，即是给孟子的性善说留了一定的地位。至于是所有的人都具有向善的素质，或是部分人有，或是人性善恶混，他没有明言；但他认为道德主要出于人为，则是无疑的。又他在篇末特别补充说："或曰：子所谓天付之者，若开府库焉，量而与之耶？曰：否，其各合乎气者也。庄周言天曰自然，吾取之。"可知即使他所说的受之于天的明与志，也只是一种自然禀赋，这里的天乃自然而然之意，既非指有形的天，尤排除了任何神意的作用。因而这些看法，并不妨碍他从整体上说是天人相分论者。盖所谓天人相分，并不否认自然界对人类活动的制约，当然更不否认人的自然禀赋对个人的发展道路有某些制约的作用。它只是认为自然界有自然界的规律（"天行有常"），人类社会有人类社会的规律，它们虽有联系，却既不等同，也不合一，尤无所谓天（神）意干预人类的治乱。这是必须辨明的。

柳宗元对荀子的天、人学说的发展是多方面的，其中尤为重要的是：荀子"不求知天"，对自然界的规律以当时可验证的已知知识为限，舍此皆置不论；他又坚守"以近知远"的原则，对尧、舜以前的历史亦置之不论。柳氏则吸取前人对天体演进和人类社会演进的研究成果，并用进化、发展的观点加以总结。他在《天对》中说：宇宙的"本始"是"厖昧革化，唯元气存"，而其形成是"无功无作"，对宇宙的生成作了唯物论的推测。他在

《贞符》中对人类原始社会的描述尤富新意。其言曰：

> 孰谓古初朴蒙空侗而无争，厥流以讹，越乃奋敫斗怒震
> 动，专肆为淫威？曰：是不知道。惟人之初，总总而生，林
> 林而群，雪霜风雨雷电暴其外，于是乃知架巢空穴，挽草木，取
> 皮革。饥渴牝牡之欲驱其内，于是乃知噬禽兽，咀果谷，合
> 偶而居。交焉而争，睽焉而斗，力大者搏，齿利者啮，爪刚
> 者决；群众者轧，兵良者杀，披披藉藉，草野涂血；然后强
> 有力者出而治之，往往为曹于险阻，用号令起，而君臣什伍
> 之法立。德绍者嗣，道怠者夺。

按：我国古代最初注意人类原始社会的是道家，但他们把原始社
会描绘成纯朴和谐的天堂。荀子曾见老、庄之书，应有所感，但
他太重现实，不求稽古，故论人类文明的进步，只用"人之生不
能无群，群而无分则争""故圣人制礼义以分之"数言了之，这
是一个遗憾。其他诸人著作除《管子·君臣》外，亦未能对人
类文明的进步与国家的产生作历史的说明（详上篇）。柳宗元此
文，乃始申其说，驳正道家之言，这不仅对荀学是一个重要发
展，也是我国古代历史观的巨大进步。他的《封建论》还以"势"表
述历史的演进的必然趋势，其意义同。

此外，柳宗元在政治观上也有与荀子相承之处。如他在《六
逆论》中批判石碏所言"六逆"中"贱妨贵""远间亲""新间旧"之
说，即上承荀子"贤能不待次而举"之意而发挥之；其《四维
论》认为"廉耻"不能与"礼义"并称为"四维"，与荀子隆礼
义之意亦相近。至于强调民本，则属于儒家之公义，非属荀学一
家，其尚德教而亦重赏罚之法，虽近荀学，然至唐，也是一些有
见识的地主阶级政治家之公言了。

　　柳宗元不及荀子之处，是他虽承荀子天人相分之说，强调人的主观能动作用，但偏重在政治道德方面，对荀子"制天命而用之"的思想则未能继承。这可能与汉以来生产技术虽不断在进步，但不如战国时新使用铁器，进步较为显著有关；也可能是他主要关心的是天人感应说的危害性，集中力量加以抨击，故把荀子这个重要观点遗落了。当然也可能还有别的原因，难以臆测。总之，荀子所表达的那种因应自然以利用自然的伟大气魄在柳宗元这样杰出的思想家的著述中也没有反响，这更是一种遗憾。至于柳宗元虽坚持无神论，却又不反对神道设教，那是荀子也有的，我们就不能苛责了。

　　刘禹锡是柳宗元的好友，也是一位有改革思想的文学家和思想家，他的《天论》三篇是踵柳宗元的《天说》而作。其上篇自言："余之友河东解人柳子厚作《天说》以折韩退之之言，文信美矣，盖有激而云，非所以尽天人之际，故余作《天论》以极其辩云。"自负甚高。然柳宗元在《答刘禹锡〈天论〉书》中对于增益发挥之处却少所许可，近人则颇右之。现先言其要，然后略加评议。

　　刘氏之《论》也肯定："天之道在生植，其用在强弱；人之道在法制，其用在是非。""天恒执其所能以临乎下，非有预治乱云尔；人恒执其所能以仰乎天，非有预于寒暑云尔。"可知他在总体上也持天人相分的观点，与柳宗元同。他所作的补充发挥主要是提出了"天与人交相胜"之说。然据其所谓交相胜的天、人，在概念的内涵上并不一致。天，有时是指自然界，有时是指天命之说；人亦然，有时是指人类，有时是人为决定治乱之说。而按其全文，正面论述天、人第一义的殊少，大旨不外乎说：气候的阴阳寒暑之变和人的气力的强弱都是天决定的，人间的法制和是非是由人决定的，各有能与不能，因而交相胜（原文见《天论上》，不具引）。他着力论述的是治乱由于天命之说与治乱由于人为之说的交相胜，摘要如下：

> 人能胜天者，法也。法大行，则是为公是，非为公非。天下之人蹈道必赏，违善必罚。……故其人曰：天何预乃人事耶？……法小弛则是非驳，赏不必尽善，罚不必尽恶。……人道驳，故天命之说亦驳焉。法大弛，则是非易位，赏恒在佞，而罚恒在直，义不足以制其强，刑不足以胜其非，人能胜天之实尽丧矣。……则其人曰：道竟何为耶？任天而已。

此外，他还有一些看法，为柳宗元在《天说》中所未尝论及，留待后面再说。

按：天有生植的功能，是常识；前人（包括荀子）亦多已言之，故柳宗元在《答刘禹锡〈天论〉书》中谓"不待赞而显"，诚是；然他又认为天是"自生而植"，人不必"务胜之"，则失之。这里既有天可胜人，也有人可胜天的问题，荀子在《天论》中虽也讲"不与天争职"，但他比较注意自然界对人的制约，其《天论》言："所志于天者，已其见象之可以期者矣；所志于地者，已其见宜之可以息矣；所志于四时者，已其见数之可以事者矣。"即是考虑了在农业生产条件下认识和顺应自然规律的必要。不过，荀子作为一个对人类群体力量充满自豪感的思想家，他最重视的是"财非其类，以养其类"，利用自然界的财富为人类服务；是采取积极的政治、经济措施来预防自然界反常的现象对人类生活造成的灾难，即所谓"强本而节用，则天不能贫；养备而动时，则天不能病；修道而不贰，则天不能祸，故水旱不能使之饥，寒暑不能使之疾，祅怪不能使之凶"（同上）。一言以蔽之，就是"制天命而用之"。刘禹锡虽然提出了天人交相胜的问题，同样也没有认识和论及这一点。

刘氏所云天"其用在强弱"，与柳氏在《天爵论》中所云明与志受于天颇相类，只是一从气力上说，一从智慧与意志上说有不同。但柳在答书中认为气力也属于人而非天。两相参证，更可证柳宗元在《天说》中所说的天与在《天爵论》中所说的天含义不同（前者的天是指自然界，后者是指人的自然禀赋），而刘氏则混而为一了。古人语质，同一词在不同的语言环境中有不同的含义，这是无可非议的，本书曾指出，荀子书中的天也有两种含义，但在同一语言环境中则不应混同，刘氏在这里显然缺乏严谨性。

刘氏把天命之说、人为之说也只用天、人两词来表述，尤为在概念上混淆，故柳宗元讥之为"枝叶甚美，而根不直取以遂焉"。撇开这一点不论，刘氏对这个问题的探讨是有意义的。他把人世的治乱同天命、人为之说联系起来考察，用意也是好的，并含有一定的道理。但从总体来看，他的观点和论据都是片面的。从中国历史上看，在所谓"治世"或"乱世"，往往天命之说都颇占优势，而在治乱参半或社会酝酿巨变的时候，往往有清醒之士起而对天命说提出质疑或加以否定。刘氏的说法，如移于个人则大体近是。一个人在处于顺境时，往往相信事在人为，在处于逆境时，则或不免无奈而听天由命。当然，这都不能绝对化。从刘、柳个人经历来看就都不符合，他们的仕途有顺逆，都未改变其重人为的观点。这不足怪，因为治乱固常不是绝对的，个人的沉浮尤多变，然各人对待的态度不同，借用刘禹锡的话，就是"人道驳，故天命之说亦驳焉"。有天命论的鼓吹者，就总会有人提出质疑、修正或予以廓清，只是敢于廓清者较少而已。

刘禹锡在概念上的混乱，还表现在他既肯定"倮虫之长，为智最大，能执人理，与天交胜。用天之利，立人之纪，纪纲或坏，复归其始"，承认人道与天道有异；但又说"大凡入于数者，由小而推大必合；由人而推天亦合。以理揆之，万物一贯也"，陷入了天人合一论。无怪柳宗元要规劝他："无羡言侈论，以益其枝叶，姑务本之为得，不亦裕乎？"

但刘禹锡对天人关系的论述也有其较精之处。他在回答人们怀疑天虚空无形时说："空者，形之希微者也。""古所谓无形，盖无常形尔。"这在当时条件下，是对天的物质性所作的较好的解释，是对唯物论的坚持和发挥。故柳宗元称之，谓"独所谓无形为无常形者，甚善"。又他在以操舟譬喻天人关系时说：人们操舟行于潍、淄、伊、洛（小水）时，或"迅而安"，或"覆而胶"，人们都不归于天，"理明故也"；行于江、河、淮、海（大水），或济，或沉，人们都归之于天，"理昧故也"；又说："夫物之合并，必有数存乎其间焉。数存然后势形乎其间焉。一以沉，一以济，适当其数乘其势尔。"其所谓理与数，皆略当于今所谓事物的规律，势则指事物运动的趋势，他认识到人在处理客观事物时，倘对其规律已有了解，成功与失败，都不会归于天意，反之则归之于天命；又认识到人的成败有时与客观事物发展的趋势有关，"势有急徐，故有不晓尔"，即事变急，来不及发觉和驾驭，事变慢，则容易发觉，采取措施对付。这都既有助于人们正确理解行事成败的原因，又揭露了产生天命迷信的根源，是对天人相分说的发展和贡献。

　　吕温是柳、刘的好友，刘氏称其"能明王道似荀卿"（《衡州刺史吕君集序》，吕集今存），牛僧孺亦同时，而成名稍晚（牛氏集不存，其文载《文苑英华》及《全唐文》）。他们都是天人相分论者。由于吕的《古东周城铭》与牛的《颂忠》系为同一事件而发，故并论之。

　　《左传》及《国语》载：周苌弘请求晋国动员诸侯合力重建成周城，以挽救周朝的衰颓。晋女叔宽说："苌叔违天……天之所坏，不可支也。"（《左传》定公元年）卫彪傒曰："苌弘其不殁（按：不得好死）乎？《周诗》有之曰：天之所支，不可坏也；其所坏；亦不可支也。"并认为苌弘为"将天以道补者"，有"违天""反道""诳人"等"三殃"（《国语·周语》）。这是典型的听天由命的思想，吕温在《古东周城铭》中针对此事评论说：

> 为仁不卜，临义不问。无天无神，唯道是信。国危必扶，国威必振。求而不获，乃以死殉。兴亡治乱，在德非运，罪之"违天"，不可以训。

寥寥数语，既表达了鲜明的天人相分的观点，也抒发了为国忘身的思想感情。牛僧孺的《颂忠》尤愤慨言之：

> 某以为一言丧邦，其例由斯矣。若是，则帝王不务为政，而务称天命；下不务竭忠，而务别兴衰矣。虽欲不亡，其亡固翘足而待矣。必谓天坏不支，自古无中兴之君乎？衰运不补，自古无持危之臣乎？……且彪傒谓臣谋其君为违天，则危而不扶为顺天乎？人道补天为反道，则舍人征天为合道乎？诱人勤王为诳人，则劝人叛王为信人乎？辞之悖乱有至是者！夫人道，迩也；忠者，人伦纲纪也；天道，远也；谈者，人伦虚诞也。假天道以助人伦，犹虑论诬于失也，况舍人事、征天道，弃迩求远，无裨于教者也。……夫天之所与，岂

有亲者？以道承天，则天无坏者；以乱承天，则天无支者。故支坏非天也，兴衰由人也，但有人不支而坏，无天不可支也。

吕、牛都集中抨击迷信天命之说，以申治乱由人之理。虽未能如柳、刘视天为无知之物的直捷，但其证天之无预人事亦甚辩。在当时仍是具有战斗性的。

牛氏还有《善恶无余论》一文，为辩驳《易传》"积善之家必有余庆，积不善之家必有余殃"之说而作，牛氏认为这话无论从事实和效果上都是不能成立的。因为"善人之子不必皆恶"，其得庆可以是本身积善所致，非余庆；恶人之后嗣也可能行善；如一概而论，就会是"庆殃之谬加"。而且从效果上说，可能导致善人的子孙"怠于为善"，恶人之子孙"恣恶"。接着，他引证一些历史人物作证，从而得出结论说："予固谓殃庆皆复于身也，不复乎子孙也。然予敢谓善必庆而贵，恶必殃而贱也。"这似说得太绝对了，没有考虑善、恶与庆、殃也有不相应的情况。但他紧接着说："所以贵者，道贵也；所以贱者，道贱也。道之贵乎，孔父，素王也；道之贱乎，殷辛，独夫也。"撇开功利不言，只从精神上的贵贱立论，大体上还是能自圆其说的。牛氏此文没有直接提到天人关系。然人的善恶与屈伸不相应，在我国思想史上，往往是天命论者和反天命论者立论的一个重要出发点，"余庆""余殃"之说，就是狡狯地把善恶的效果推向未来，为所谓天赏功罚罪的天命论辩护。牛氏揭穿它的荒谬，肯定庆、殃、贵、贱决定于人的自身行为的善恶，仍然是对天人相分说的一个有意义的补充说明。

柳宗元在《非国语》中也提到苌弘城成周事，并说吕温有《铭》在先，牛僧孺有《颂忠》在后，故他只以数语了之。可见牛氏《颂忠》之作当在其早年，若在后期，则柳就不及见了。其《善恶无余论》则未详作于何时，牛氏后升到宰相，是唐文宗、武宗时牛、李(德裕)党争的首领，恐无暇著书，疑亦早年所作。如然，则唐时的天人相分说皆集中在元和前后。而杨倞之注《荀子》，亦恰在此时。

　　杨倞，《新唐书·艺文志》以为杨汝士子。然同书《宰相世系表》载汝士三子，一名知温、一名知远、一名知至，无倞名，《四库全书总目提要》以为"意者倞或改名"。又汪中据《古刻丛钞》所载《唐故银青光禄大夫使节蔚州诸军行蔚州刺史兼御史中丞马公墓志铭》，题朝请大夫使持节汾州诸军事守汾州刺史杨倞撰，以为即此杨倞。然杨倞《荀子序》题衔止为"大理评事"，书其时为元和十三年十二月，而《墓志》为会昌四年作。故学者颇以为疑(见王先谦《荀子集解·考证》引郝懿行《与李璋煜月汀比部论杨倞书》)。按：会昌四年(844)距元和十三年(818)只二十六年，杨倞完全有可能在元和时为大理评事，至会昌时升迁为汾州刺史，不必怀疑。惟汪中在《荀子通论》中定倞为武宗时人，则稍疏。其人盖略与刘禹锡、牛僧孺同时，皆生活于唐贞元后期至武宗时者(刘生活于772—842，牛生活于779—847，柳早死，其生卒年为773—819)。由于是首创，杨倞《荀子注》不免间有疏阔处，对有关天人关系的语句的诠释，即有违背原意者，但其余大体正确，故至今尚为治《荀子》者所重视。又其《序》云：

　　　　陵夷至于战国……则孔氏之道几乎息矣。……故孟轲阐其前，荀卿振其后。观其立言指事，根极理要，敷陈往古，持挈当世，拨乱兴理，易于反掌，真名世之士，王者之师。又其书亦所以羽翼六经，增光孔氏。非徒诸子之言也。

似嫌稍泛，未能畅发荀学的精义。然评之以"根极理要"，赞之以"羽翼六经，增光孔氏"，在当时可谓推崇极矣，其阐扬荀学之功是不可没的。

李筌、柳、刘、吕、牛及杨氏之后，继承、发挥荀学者就少了，可以一提的只有杜牧。

杜牧的生活年代（803—852）与上述诸人亦相接，但属于后辈，牛氏死后的《墓志铭》就是杜牧作的。他是晚唐的著名诗人，亦工文，且有经世的才学，于军事理论尤有造诣。相比之下，他在哲学方面的造诣较浅，如他在《塞废井文》中认为开井多则地气泄漏，"地气漏泄，则所产脆薄""今之人不若古之人浑刚坚一"，即带有神秘色彩。但他亦颇受荀学的影响。自汉以来论人性者，虽多对孟、荀之说采取折中的态度，专主性善说者不多，然未见有偏于荀子性恶说者，惟杜牧在《三子言性辩》中以"情出于性"为本，认为"夫七情中，爱怒二者，生而能自。是二者性之根，恶之端也"。因此他说"孟子言人性善，荀子言人性恶，扬子（按：扬雄）言人性善恶混"，"比于二子，荀得多矣"。他立说的依据主要是"乳儿见乳，必挈求，不得即啼，是爱与怒与儿俱生也"。及壮，各种人的表现虽不同，有的"淡然"（君子），有的可以礼法约束（中人），有的则礼法亦不能制（小人）。而"人之品类，可与上下者众，可与上下之性，爱、怒居多"。这与性三品说有类似之处，惟认为上者只是"淡然"，中人也是"拘于礼""惧于法"而"不敢恣其情"，与三品说谓中人善恶混异。从人性论的研究来看，不能说有新的进展，只是对荀子的性恶说略加修正，使之稍为委婉而已。然在孟子性善说的声势趋高之时，他能立异，还是可以注意的。杜牧还有一篇《论相》为揭露相术不验而作。末云："余读荀卿《非相》，因感吕氏（按：指汉吕后父）、杨氏（按：指杨坚），知卿为大儒矣。"也直接为荀子张目。此外，他在《杭州新造南亭子记》中揭露佛经中宣扬的事佛可灭罪受福之说的欺骗性，指出它实际上是给奸赃吏、贪官提供一种消除内疚的工具，从某种意义上说，也应视为对荀子反对迷信鬼神的思想的一种发展。

唐代宪宗元和前后（约从德宗贞元后期算起，及至刘禹锡、牛僧孺的先后去世）四五十年间（以前三十年为主），荀学（主要指其天人相分说）之所以一度闪耀其光辉，其原因尚待深入研究。初步考虑，可能与下述的历史状况有关。

从政治形势看，唐朝自"安史之乱"后，基本已由盛变衰。外则吐蕃、回纥时有侵扰，内则某些藩镇（以河北为多）叛服不常，宦官恣横。然在德宗后期至武宗这段时期，唐朝所统辖的大部分地区，局势尚属稳定，未至大乱，社会生产也得到恢复。这种客观形势，既使一些清醒的士大夫有深切的危机感，又在他们中唤起了唐朝中兴的希望，激发了要求改革的热情。贞元、元和间，王叔文、柳宗元、刘禹锡等所倡导改革活动就是一个显著的标志。这次活动虽因宪宗的上台夭折了，但宪宗尚非昏君，且能任用裴度取得平淮西叛镇的重大胜利，一些士大夫的希望并未破灭。而要改革，要挽救危局，必须破除苟且偷安的士风、民风，特别要破除统治阶级上层对天命和其他宗教的迷信（包括对佛教的迷信），树立有所作为的积极的态度。韩愈、李翱等极力倡导重建孔、孟的道统，柳宗元、刘禹锡等高举荀子天人相分的旗帜，从目的来看，是服务于同一需要，只是所见有不同。韩、李等偏向于因和导，故韩愈对天命之说，在信疑之间，而重在张扬仁义之统；李翱则倡"复性"之说，以唤起人们实行仁义道德的自觉性。柳、刘等偏重于矫与励，故力主天人相分之说，并在政治思想上以儒家的德教为主，兼采法家严赏罚之意，企图用双管齐下的办法激励人们奋发有为，故均接近荀学，而柳为尤近。

天人相分说在此时得到发扬，还与唐代思想发展的进程有关。唐代佛、道（包括道家和道教）两家的思想都得到发展。其间各有流派，直置不论；概言之，均可分为哲理与宗教迷信两部分。其宗教迷信部分尽管有尊天、尊佛之异，都带有神秘色彩；其哲理部分虽有空宗、有宗与天道自然等的差异，都否定（或淡化）天作为最高的人格神的存在。柳、刘等对佛道的态度有所不同（柳、刘不反佛，杜牧反佛），客观上都受其哲理中没有（或淡化）天神迷信的影响。柳在《天爵论》中明言有取于庄周"言天曰自然"之说；其于佛，颇契于天台宗，均其证。至于他也主张利用"浮图事神而语大"，认为"有以佐教化"，那是他针对"越人信祥而易杀"所采取的措施（见《柳河东集·柳州复大云寺记》），即对所谓"愚民"采取的一种统治术。这固然反映他的思想弱点和阶级局限，然古代一些无神论思想家（包括荀子）都在所难免，从思想史来看，是不必深究的。

唐末至五代，社会动乱长期不止，当时活跃在斗争漩涡中的桀骜不驯的军事政治首领，当然未必相信天命论和天人合一之说，但却或假天命以行其志，或抱谋事在人、成败由天的想法以邀一时之倖，而一些文人则徘徊于疑信之间；天人相分之说遂趋于消沉了。

第十二章　宋（金）元明时期
荀学的衰微与遗响

　　荀学在唐后期一度闪耀其光辉之后，自宋至明的近七百年间长期处于衰微的阶段，而宋时尤甚。这是由这一历史时期的经济、政治形势和文化思想发展的趋势所决定的，尤与此时文化思想发展的趋势密切相关。

　　人们通常说宋明是理学（道学）兴盛的时期，从主导倾向说，这是很对的。但是，如果我们把眼界拓宽一点，则理学并不是当时唯一的学术思潮，理学家以外，还有一些有影响的思想家。明代的王学可算是理学的别派，姑不论，宋代就至少尚有王安石的新学、苏氏父子的蜀学曾有较大的影响，司马光之学亦自成一宗，影响不小。然而我们粗略地考察一下这些人的学说，却发现有两个共同的趋势：一是这些学说的创立者（附和者情况复杂，姑不计）都极重视个人的道德修养（蜀学稍宽松，但于基本的节操要求亦严），而且强调心灵的净化（程度有不同，蜀学稍宽）；二是他们大都是天人合一论者，但其中有不少人不太相信鬼神及卜筮、相命等方术，企图赋予天以某种理性的色彩，淡化或否定上帝（天的人格神）的决定作用。故除了少数人外，这时一些思想家和学者的天人合一论，较之此前的天人合一论有一个显著的区别：一般不露骨地宣扬天人感应说，而主要从性命之理上寻找天人合一的依据。理学家是最突出的，其他思想家和文化名人也多如此（欧阳修等个别人属例外）。宋明时期的这两个思想趋势实质是统一的，前者可以说是目的，后者可说是为使封建伦理道德合理化、神圣化寻找理论依据。

应该指出：宋明的学者所阐扬的天人合一说，其内容并不限于个人道德的范畴，也不限于政教措施，它涉及宇宙观、认识论等诸多的方面，具有较丰富的内涵，也有一些新的发现，未可概加抹煞。然其理论的基石是仁义礼智信（即"五常"）等政治伦理道德，其余只是扩而充之的副产品，或是与此未能协调的智慧的火花。以理学家为例，就宇宙观来说，有理气共生的二元论，有理在气先的客观唯心论，有气在理先的气一元论。然大都认为性即理（天理），惟理气共生论者认为仁义礼智之性（天理）与元气共生；气一元论者与理在气先论者则分了个先后，理先论者说有理方有气，气一元论者说有气斯有理。就认识论而言，有谓当格物致知的，有谓心即是理的。然致知的主要目的也是体认天理与天命之性，在这个意义上说，仍是殊途同归。其他人在理论上有的不似理学家这样严密，但在人性问题上多能用天人合一的观点自圆其说。宋人遇到的最大困难是关于命的诠释，尽管他们想了许多办法来弥合天人的矛盾，但都左右支绌，捉襟见肘。因为我国古代的所谓"命"内涵甚广，既包含个人和国家的成败、兴亡、吉凶、祸福，也包括个人的穷达寿夭，甚至性也是一种命。而这些现象主要是由多种人为的因素互相影响所造成的，它有某种规律性，又有偶然性；自然条件、人的先天素质也起着某种作用，但一般要通过社会条件（即人事或人为的条件）才能表现出来。所以，不管你把命运说成是理或气运行的规律，或是别的自本始以来就有的规律，或是干脆回到神意决定的老路，都无法把天与人合一起来。不过，这是自来主张天人合一的思想家遇到的难题，我们是不能期待宋人能自圆其说的，当然更不能因他们在这个问题上说得破绽百出而否认他们是天人合一论者。

宋明的学人之所以这样比较一致地热衷于天人合一的性命之学（当然也有例外，但不多），既是我国古代思想发展的必然，也是宋以后封建制度发展的需要，尤与宋代的国策相适应。

从思想发展说，它可以说是儒学长期与道家、佛教互相矛盾和融合的结果。中国的儒学本来是一种以政治伦理道德为基础的哲学理论体系。他们所鼓吹的政治伦理道德思想是怎样来的，孔子并没有直接作出回答。他的弟子把孔子之道概括为忠、恕两字，《礼记·大学》把儒家之道概括为正心、诚意、修身、齐家、治国、平天下，都大体上反映了孔子的思路，即他是从个人与小群体、大群体的关系中逐步推衍出那些道德原则的。故孔子虽不否定天命鬼神，但其理论体系中，天命、鬼神并不占重要地位，顶多只起某种监督和裁决的作用，而且裁决并不公平，因而谈不上什么天人合一。到子思、孟子及荀子，由于受到道家和《易传》的刺激和启发，就不能以此为满足了。他们都致力于探求儒家那一套政治伦理道德产生的根源和依据，于是提出了天人关系和人性问题。不过，结论相反：思、孟是以人性论为基础建立其天人合一的政治伦理道德理论体系，荀子则建立一种天人相分的理论体系。后来董仲舒又建立以天（神）人感应说为基础的天人合一理论体系。这可说是儒学本身的三大理论遗产。经过魏晋到唐,在道家思想和佛学的冲击下,董仲舒的那套理论体系显见过于粗糙了,但天的权威,在很多士大夫看来是不能打倒的,从儒家的经典来看,也是难以打倒的,从科学发展的水平来看,又未达到足以打倒的地步。董仲舒那一套既太粗糙,于是后来的学人在人性问题上大做文章。故从唐李翱起,就再度学习孟子,从人性问题上寻找天人合一的依据,并吸取佛性学说中的相近因素加以初步的发展。宋人正是承其绪余。只是李翱在学术界的地位不够高,又公开信佛,未免模糊了儒、释的界限,不利于张扬儒学的旗帜,故宋人多讳之不提。实际上,宋人也多于佛、道有所吸取,只是或公开或隐蔽,又都在吸取时注意划清界限罢了。

但对宋明文化思想发展趋势起决定作用的,还是当时的政治经济状况。

承唐之后,宋明的封建经济有了进一步的发展,农业、手工业的生产水平都有所提高,江淮流域尤为显著,东南沿海也较唐时得到进一步的发展,在这些地方形成了一些手工业、商业比较繁荣的都会,唐时兴起的农村集镇也有较大的发展,在明代后期还产生了一些私营手工业作坊(萌芽状态的资本主义生产方式)。这些城镇在中国广袤的土地上虽仍是寥若晨星,未足以影响根深蒂固的广大农村的自给自足经济;但商人的往来贸易和城镇居民的增加,却对传统的聚族而居的宗法制社会结构及建筑于其上的伦理道德观念形成一定的冲击。同时,社会财富的增加也刺激了人们提高物质生活的需求,对地主阶级的物质贪欲尤其起了颇大的刺激作用,在宋代仁宗,明代弘、正以后尤为明显。这不能不引起那些力主维护封建伦常者的忧虑,天人合一的性理之学就是顺应这种忧虑而产生的。至于后来又从此分化出反映社会新变化的异端，如明后期李贽（卓吾）等人，那是提倡性理之学和心学的人始料不及的，这是一。

其次，宋惩唐代后期的藩镇之乱和五代十国的分裂，在政治上加强了中央集权的封建专制制度；同时鉴于唐代的安史之乱由玄宗重用非汉人的安禄山所引起，宋人多主张宁将少数民族置之境外，而重在控制境内的安宁；从而形成重内轻外和重文轻武的传统国策。这种国策既要求加强思想控制，重振"纪纲"，同时也使士人有较多的机会进入仕途，过着优裕的生活（宋代冗官多，待遇也较优厚），还使他们中的多数人形成了将思想目光向内的共同心理。性命之学大兴于宋，可说是这些客观条件相结合的产物。金元明三代的政治形势有变化，但宋朝建立的高度中央集权专制制度基本上是被沿袭下来的，明代还有所发展；加之，一种思想传统既经形成，就有其较强的生命力。这样，宋人所开创的学风（特别是理学家开创的学风）就这样被沿袭下来了。

宋明文化思想趋向既如此，孟学的上升和荀学的衰微就成为必然。不过，二者都有一个发展过程，而且荀学的影响始终没有彻底清除，它仍以某种形式出现在当时的主流思想或非主流思想之中。

宋代思孟学说的被尊崇，盖始于范仲淹。他曾作《自诚而明谓之性赋》，阐明子思天人合一的人性论，又曾指示后来成为著名理学家的张载学《中庸》（见《宋元学案·高平学案》引汪应辰与朱熹书中语），成为宋人大尊《中庸》因及孟子的先导。然其时影响尚不大，故其门客李觏在所著《常语》中仍有许多非孟之语，虽说主要在于批判孟子的王霸之说，以辨其泥古（"法先王"）之失，然可见其心目中孟子的地位不很高。又其论性，大体主韩愈性三品之说，并参以扬雄善恶混之论（见《李觏集·礼论第四》），也不尊孟。孟子的大被尊崇实始于王安石。他不仅在一系列的文章中扬孟抑荀，称孟子为"圣人"（《与祖择之书》），还在他主持的熙宁科举考试改革中，把《孟子》与《论语》并列为考试科目，《孟子》由"子"书升为"经"书，此为其始。然其同时人司马光尚著《疑孟》，于孟子的人性论、政治观及所论士人出处原则均有所批评。有人认为此文及同时晁说之的《诋孟》（未见），"非攻孟子，攻安石也"（《四库提要》语）。司马光、晁说之与王安石的政见不同，可能含有针对王安石尊孟而发的因素，晁氏尤然；但谓其"非攻孟子"，恐是臆测之辞。司马光的政见不免守旧和偏激，但其人严肃有守，殆不致借孟子以攻王氏；又其所论，大都正正堂堂，且有因承前人处（如驳孟子性善说即本于韩愈），与王氏言行殊不相涉；谓为借古讽今，也难令人信服。

但孟子的被尊，又不能说是王安石个人之力，他不过是代表一种思潮。与之同时，理学家程颢、程颐，文学家苏轼，其政见均不同于王安石，但均尊孟，程氏兄弟尤卖力。故哲宗元祐时，旧党当政，《孟子》仍列在考试科目之中，以后《孟子》为经，遂成定局。至南宋朱熹集《礼记》中的《大学》《中庸》及《论》《孟》为《四书》，《孟子》就更如日中天，成为此后数百年间士人的必读书了。

与孟学的日益被尊崇相反，荀学则逐渐受到宋代一些人的严厉批判。我对宋人的文集读得不多，就所见者言，理学的先驱孙复在历数孔子以下的大儒时仍以孟、荀、扬（雄）并提，只是认为应补上董仲舒（据《宋元学案·泰山学案》引《睢阳子集·董仲舒》）。稍后欧阳修说："昔荀卿子之说，以为人之性本恶……予始爱之，及见世人之归佛者，然后知荀卿之说谬焉。甚矣，人之性善也。"已批荀，但他又说："以人性为善，道不可废；以人性为恶，道不可废；以人性为善恶混，道不可废；以人性为上者善，下者恶，中者善恶混，道不可废。然则学者虽毋言性可也。"（据《宋元学案·庐陵学案》引《公是先生弟子记》载欧阳修语）因而招致刘敞（即公是先生）的辩驳。可见他还是持通侻的态度，无可无不可的。对荀学开始大肆抨击，盖自王安石一辈人始，下面约举其中有代表性的几种人的言论，以见其概。

一、王安石和苏轼

王和苏的政见不同，人性论则极相似，故合为一类。

曾见一论荀子之文，谈到其影响时，于宋首举王安石，没有加以论证，大概是想当然，也可能是因旧传王安石说过"天变不足畏"的话。其实这话的真实性是值得怀疑的。姑假定他曾有类似的言语，亦当是针对某种天变的迷信而言。由于天文学的进步，人们对某种"天变"已能找到它的规律，如月食，古人早就知其为一种正常现象，当然可以不畏。而更重要的是，反对某些迷信，并不等于主张天人相分，唐代的傅奕、吕才，比王安石稍年长的李觏都反对对某些方术的迷信，但他们都是天人合一论者，甚至不排除天人可以交感。王安石亦然，他不相信推命术（见《推命对》），但从天人观来看，他是天人合一论者，曾说：

> 万物待是而后存者，天也；莫不由是而之焉者，道也；道在我者，德也；以德爱者，仁也；爱而宜者，义也。……故

> 庄周曰："先明天而道德次之，道德已明而仁义次之，仁义已明而分守次之……是非已明而赏罚次之。"是说虽微庄周，古之人孰不然？古之言道德所自出而不属之天者，未尝有也。

熟悉韩愈《原道》一文的人可以看出，这段话是对《原道》首段的修正，意思是韩愈只从"博爱之谓仁，行而宜之之谓义"推论道德，而不归于天，是一个缺陷。而其次段则暗批荀子及法家，其言曰：

> 至后世则不然，仰而视之曰："彼苍苍而大者何也？其去吾不知其几千万里，是岂能知我何哉？吾为吾之所为而已，安取彼？"于是遂弃道德，离仁义，略分守……直信吾之是非，而加人以赏罚。于是天下始大乱，而寡弱者号无告。（《王文公集·九变而赏罚可言》）

这简直是把"天下大乱"归咎于天人相分之说，帽子可谓大矣。此非王氏一时之言，其《洪范传》亦云：

> 二帝三王之诰命，未尝不称天也，所谓"于帝其训"也，此人之所以化其上也。及至后世，矫诬上天以布命于下，而欲人之弗叛也，不亦难乎？

顺便指出：王安石之所谓"天"，颇有取于庄周，在一定程度上把它看成是一种至高无上的道，并用道把它和儒家的政治伦理道德观联结起来。但道家的道是"象帝之先"（《老子》语），即置于上帝之上的。王氏则含糊其辞，他说："夫天之为物也，可谓无作好，无作恶，无偏无党，无反无侧，会其极，归其极矣。"这是把天看作大公无私的象征，然又说这就是"于帝其训"；还说凡处事有疑，不但要"谋之人以尽其智"，还要通过卜筮"谋之鬼神以尽其神，而不专用己也"（均见《洪范传》）。天道又成为上帝与鬼神同一的术语了。故王安石并不是无神论者。从这个角度看，他也与荀子没有继承关系。

王安石很重视对性命问题的探讨。他论性与孟子有所不同，认为"性情一也"，但又有内外的区别，"喜、怒、哀、乐、好、恶、欲未发于外而存于心，性也；喜、怒、哀、乐、好、恶、欲发于外而见于行，情也。性者情之本，情者性之用"（《性情说》）。性既是未发，故他认为"性不可以善恶言"，已发才有善恶，"皆吾所谓情也，习也，非性也"（《原性》）。这说得很玄奥，盖有取于释家佛性之说。然从其强调习而言，似比孟子更注重人为。但他又说：

> 孔子以为"示之以好恶，而民知禁"，今曰"无有作好，无有作恶"者何也？天命之谓性，作者，人为也，人为则与性反矣。《书》曰："天命有德，五服五章哉；天讨有罪，五刑五用哉！"命有德，讨有罪，皆天也，则好恶岂可以人为哉？所谓示之以好恶者，性而已矣。（《洪范传》）

其意是说：天的好恶，与人为的好恶不同，只在命性上表示，这不是说性本来仍有善恶吗？又其《扬孟》篇说："故孟子之所谓性者，独正性也；扬子（按：扬雄）之所谓性者，兼性之不正者言之也。"绕了一个大圈子，仍然归结到人之性善恶混，而善为正性，恶为非正性。这似于对荀、孟采取折中的态度，但实际正与不正，已示区别；而承认有不正之性，乃出于不得已。且看他在《礼论》中对荀子的批判：

> 呜呼！荀卿之不知礼也！其言曰："圣人化性而起伪。"吾是以知其不知礼也。……故礼始于天而成于人，知天而不知人则野，知人而不知天则伪。圣人恶其野而疾其伪，以是礼兴焉。今荀卿以谓圣人之化性为起伪，则是不知天之过也。

就是说，礼是本于或顺着人的天命之性而加以人为的。而荀子完全从人为着眼，故"不知礼"。显然，他在这里把不正之性完全甩掉了。在《礼乐论》中，他更明确地说："礼乐者，先王所以养人之神，正人气而归正性也。"

王氏之论所以这样似一贯又不一贯，关键在于作为一个务实的政治家，他是看到了天人并不合一的；但他又不敢或不愿承认天人各有其职，人类社会的生活准则和发展规律不能与天混同。因而在不得已承认善恶由习之后，马上掉过头去回到善为正性的观点上去。其论命亦然，他明知命有天人不合之处，仍归结到要循天人合一的道路去实践（详《推命解》及《扬孟》）。既如此，他当然要尊孟抑荀了。

颇为可怪的是：王氏对荀子的批判几乎达到了吹毛求疵的地步。如《荀子·子道》篇曾载孔子与子路、子贡、颜回的问答，子路说："智者使人知己，仁者使人爱己。"孔子说："可谓士矣。"子贡说："智者知人，仁者爱人。"孔子说："可谓君子矣。"颜回说："智者知己，仁者爱己。"孔子说："可谓明君子矣。"这些话是否为孔子所说，可不论，其意谓"知己""爱己"较"知人""爱人"和"使人知己""使人爱己"更难，与孔子的"忠恕"之道以我为起点是不相悖的，至少含有片面的真理。而王安石必谓知己、爱己易，并谓这段话"非孔子之言而为荀卿之妄"（均见《荀卿》），专著一文加以批判，殊难理解。此外，他还就《荀子·尧问》篇所载周公之言"吾所执贽而见者十人，还贽而相见者三十人，貌执之士者百有余人，欲言而请毕事者千有余人""仰禄之士犹可骄也，正身之士不可骄也"等语写了《周公》一文，专批荀卿。认为圣人当立法以尊贤，不应只像战国时春申君、孟尝君那样亲自去做拜访、接见士人的事；更不应骄"仰禄之士"，而应"虽暗室不敢自慢"。后一批评甚是，前一批评则是深文周纳。因为《荀子》中所记只是周公的一段话，原是不能把待士之法都说尽。而且《荀子》一书自《宥坐》以后，杨倞注早已指出是"皆荀卿及弟子所引记传杂事"，非荀子所作，也不一定为荀子本人所记，王氏不容不知，其《荀卿》《周公》两文所批者均在《宥坐》以后，却张皇其事，说什么"甚矣，荀卿之好妄也！""后世之士，尊荀卿以为大儒而继孟者，吾不之信矣"（《周公》）。这真是小题大做，攻其一点，不计其余。据此，似可推测：王氏盖以荀子既主天人相分，又倡言性恶，故深疾之，在读《荀子》时，就不分小大，不考真伪，凡可举而攻之者，一概拿来批驳以泄愤，然有伤大雅矣。

苏轼与王安石有所不同。他认为"道可致而不可求"（《东坡全集·日喻》），因而对道没有完整的论述，尤罕言"天道"及天人关系。其论性则与王安石有相似之处：也是合情以言性，谓性无善恶，但善恶是"性之所能之"。"圣人以其喜、怒、哀、乐、爱、恶、欲七者御之而之乎善，小人以是七者御之而之乎恶。"惟力辩智愚为才而非性，破韩愈上智、下愚之说，较王安石说得明确些（王氏亦言智、愚非性，而一笔带过，未极其辨）。他又说："圣人之所与小人共之，而皆不能逃焉，是真所谓性也。"（《扬雄论》）其意盖以人类的合理欲望为性。然人类的欲望固难以范围，其合理与否又不胜纷繁而难辨，故苏氏说："古之君子，患性之难见也，故以可见者言性，以可见者言性，皆性之似也。"（转引自《宋元学案·苏氏蜀学略·苏氏易解》）所谓可见者，他曾列举"饥而食、渴而饮，男女之欲"（《扬雄论》），"好色而恶臭"（《中庸论》），但人性当然不只此，故他总括地说："人之好恶，莫如好色而恶臭，是人之性也。好善如好色，恶恶如恶臭，是圣人之诚也，故曰自诚明谓之性。"（《中庸论》）可见他所谓性包括人的合理的情欲，并由此而推广到共同需要的理性，其涵盖面甚广。故他援引《中庸》的话说："夫妇之愚，可以与知焉，及其至也，虽圣人亦有所不知焉。"（《子思论》）本此，他不仅不赞成孟子的性善说，而且指出孟子所说的仁、义之端有未尽（同上）。我们在此不能辨明苏氏的是非得失（这需要专论），但要指出：他这种说法，实际上是一种变相的扩大的性善论，只是对其不合理的发展留了余地而已。正惟如此，苏氏对孟子的总体评价是很高的，认为"其道始于至粗，而极于至精，充乎天地，放乎四海"。相反，他对荀子就极力加以贬斥了。其《荀卿论》曰：

> 昔者尝怪李斯事荀卿，既而焚其书，大变古先圣王之法，于其师之道，不啻若寇雠。及今观荀卿之书，然后知李斯之所以事秦者，皆出于荀卿而不足怪也。荀卿者，喜为异说而不让，敢为高论而不顾者也。其言愚人之所惊，小人之所喜也。子思、孟轲，世之所谓贤人君子也；荀卿独曰：乱天下者子思、孟轲也。天下之人如此其众也，仁人义士如此其多也，荀卿独曰：人性恶，桀纣性也，尧舜伪也。由此言之，意其为人，必也刚愎不逊，而自许太过。彼李斯者，又特甚者耳。……彼见其师历诋天下之贤人，自是其愚，以为古先圣王，皆无足法者。不知荀卿特以快一时之论，而荀卿亦不知其祸之至于此也。其父杀人报仇，其子必且行劫。荀卿明王道述礼乐，而李斯以其学乱天下，其高谈异论，有以激之也。孔、孟之论，未尝异也，而天下卒无有及者。苟天下果无

有及者，则尚安以求异为哉？

苏氏在此以学生之过，归罪其师，前人多已辩其不当。然于其所以将李斯之过归罪荀卿的理由，则少有人驳正。盖苏氏与王氏不同，他对荀子的"明王道，述礼乐"给予了肯定，对其新说（包括性恶论），也认为只是"特以快一时之论"，在另一篇论文里，他甚至说："孟子既据其善，是故荀子不得不出于恶……故夫后世之异议皆出于孟子。"（《子思论》）并未像王氏那样几乎完全抹煞。他之所以反对荀子，主要在于他认为荀子不像孔子那样"观其言语文章，循循莫不有规矩，不敢放言高论，言必称先王"（《荀卿论》），而荀子则"喜为异说而不让，敢为高论而不顾"，即不守老规矩，标新立异，敢于是非前贤。这不仅反映苏轼思想保守的一面，也是汉以后中国大多数知识分子的病根。他们不知道，历史在前进，思想理论也要发生变化，异说正是历史前进的反映。他们也不知道，他们所谓的"贤人"，大多是汉以后的人封的，在战国时期，百家争鸣，彼此是平等的，互相批评、批判，都是正常的，谈不上什么"刚愎不逊"，孟子不也辟杨、墨，汉以后这种对先王、圣贤的盲目崇拜之风，不仅笼罩着那些庸俗之辈，也影响到某些有识见的知识分子，以致他们的某些新见解也往往要用旧包装，苦苦地为自己的新见在以往的语言中寻找依据，甚至还用不能遵守前训非议别人。不过，比较起来，苏轼还算较好的，他只抬出了先王和圣贤，王安石则还抬出天道。王、苏都非腐儒，对中国思想文化的发展都有较大的贡献，而均不免此病，这是可为叹惋的。

二、二程与徐积

宋代理学家及其同道都是天人合一论者,他们大都直接或间接针对荀子的天人相分说和性恶说有批评。但或仅片言只语,或藏而不露,均从略。这里只举其有代表性的几个,现先谈北宋的程颢、程颐和徐积。

二程均尊孟抑荀,然对荀子的评价二人尚有别。《二程遗书》卷一《端伯传师说》云:

> 韩愈亦近世豪杰之士。……至如断曰:"孟氏醇乎醇。"又曰:"荀与扬择焉而不精,语焉而不详。"若不是佗见得,岂千余年后便能断得如此分明也?

按:端伯为李籲字,他是二程门人,其所传师说,有明说出于"伯淳先生"(程颢)或"正叔先生"(程颐)者,有只称"先生"或直记其语者,然大抵以出于程颢者为主,这段话与下引程颐语有不同,可知出于程颢。如果这种判断不错的话,他对荀子的评价与韩愈对荀子的评价无异,虽然低于孟子一等,其地位仍是较高的。专记程颐语的《伊川先生语》就不同了,他说:

> 韩退之言孟子醇乎醇,此言极好。……其言荀、扬大醇小疵,则非也。荀子极偏驳,只一句性恶,大本已失。扬子虽少过,然已不识性,更说甚道。

又说:

> 荀卿才高,其过多;扬雄才短,其过少。韩子称其大醇,非也。若二子,可谓大驳矣。然韩子责人甚恕。

既然不是"小疵,"而是"大驳",这就与王安石要取消荀子"大儒"资格之说相近了。

二程对荀子评价的差别，可能与他们兄弟二人的性格不同有关。程颢为人比较宽和，故对前人虽界限颇严，而不作苛论；程颐为人比较偏狭，故力排异论，不稍宽假。不过，理学家对荀子的批评不得不愈来愈严、愈苛，也是势所必然。盖理学家的研究范围虽不只人性一端，但性与天理、性与天道，在他们看来始终是二而一的最高的哲学范畴，理在气先与气在理先或理气共生的争论，不过是关于它们在宇宙本始中如何定位的问题。后人称他们的学说为性理之学，是深得其要的。性即理，如性为恶或善恶混，那么，天理也就成了恶的或善恶混的了，他们构筑的思想理论体系就全都崩溃了。这是无论如何都不能容许的，当然要给予严厉的批驳。

但是，荀子的性恶说是不易打倒的。这倒不在于得出的人性皆恶的结论，而在于他所依据的是"今人之性，生而有好利焉……生而有疾恶焉……生而有耳目之欲，有好声色焉"，即人皆有追求好的物质生活的欲望。这是包括孟子在内也难以否认的（见下引），只是他不把它纳入异于禽兽之性的人性范围而已。但人的这种物质欲望毕竟又不同于其他动物的本能，且很容易成为人作恶的起点，排除它，很难令人信服。这是扬雄要调和孟、荀的由来，也是王安石、苏轼要千方百计维护性善说的主导地位，又要给性恶说留下一点存在的空间的由来。但王、苏都未把性抬到与天理合而为一的高度，留下一点空隙，尚无大碍，理学家就不同了。故性恶说始终像幽灵一样纠缠着所有的理学家，致使他们绞尽脑汁想以各种说法来排除它。张载和二程想出的对策就是把人性分为天命之性（或天理之性）与气质（也叫气质之性），前者至善无恶才是性，后者则善恶不齐，不是君子所谓的性。这样说，在理论形式上似乎是勉强说得过去了，实际上还是给性恶说留下了地盘。明代有个叫孙慎行的学者曾揭露理学家的这种窘境：

> 孟子谓"形色天性也"，而后儒有谓"气质之性，君子有弗性者焉"。夫气质独非天赋乎？……孟子谓"为不善，非才之罪也"，而后儒有谓"论其才，则有下愚之不移"……孟子谓"故者以利为本"，而荀子直谓"逆而矫之，而后可以为善"，此其非人人共知。但荀子以为人尽不善，若谓清浊贤愚，亦此善彼不善者也；荀子以为本来固不善，若谓形而后有气质之性，亦初善中不善者也。夫此既善，则彼何以独不善？初既善，则中何以忽不善？明知善既是性，则不善何以复系之性？然则二说，又未免出入孟、荀间者也。荀子矫性为善，最深最辨。唐、宋人虽未尝明述，而变化气质之说，颇阴类之。（引自《明儒学案·东林学案二》）

按：孙慎行是彻底的性善论者，他认为人之性本皆善，后来善恶异，都是由于习。我们这里不去评论。但他看到荀子的人性论"最深最辨"，又指出理学家认为人须变化气质以至于善之说，"颇阴类之"，均可谓独具慧眼。于此可见，宋代那些高举反荀旗帜的人的学说中，实际上仍有荀学的遗响在。

也许因为理学家有这个心病，他们对性恶说只作一般性的批评，避免接触荀子的具体论据。但这绝不意味他们对之熟视无睹，而是采取正面论述的方式来消灭其影响。其中最显著的两种就是高呼"存天理，灭人欲"和义利之辨。不应误会，以为理学家的"灭人欲"与佛教的禁欲主义完全相同。人欲对天理而言，是指人的私欲，即不合天理之欲。但理学家确实把人的情欲看成可以产生罪恶的渊薮，力图用"正心""诚意""居敬"等把它控制到最低限度，与荀子主张按照人的不同才能、地位分别给予适当满足是针锋相对的。义利之辨亦然。本书在论荀子时已指出，荀子并非不讲义，相反，他把礼义提到根本政治道德原则的高度。但他的"义"是对各种人的利的区分和协调，亦即对利的规范。理学家则把孟子重义轻利的观点发挥到极点，甚至达到不要利的程度。利欲这个东西很复杂，它既是社会生存的条件和推动社会前进的一种动力，又是万恶之源。撇开荀子说的礼义所包含的阶级偏见不计，其以义制利的观点应是正确的。理学家把理、义与利、欲对立起来，只强调一面，看似一尘不染，却把早期儒学在这个问题上的正确观点抛弃了，把儒学弄得僵化到没有一点生气了。

徐积是理学先驱胡瑗的学生，可算理学家的同道。与二程不同，徐积作《性恶辨》力图对荀子性恶说的某些论据加以驳辩。不能说他的驳辩完全无所见，如荀子《性恶》篇说："薄愿厚，恶愿美，狭愿广，贫愿富，贱愿贵，苟无之中者，不及于外。由此观之，人之欲为善者，为性恶也。"徐积辩曰：

> 荀子过甚矣。……孟子以仁义礼智谓之四端。夫端亦微矣……是在其养而大之也。此所谓薄愿美（按：荀子原文见前引，此处有漏），狭愿广，贫愿富，贱愿贵，以其不足于中而必求于外也；安得曰富而不愿财，贵而不愿势，苟有中而不求于外邪？……性恶而为善，譬如搏水上山，善而为善，如水之流而就湿也，火之始燃而燥也，岂不顺也？（《宋元学案》卷一《安定学案》）

按：荀子之意谓无诸内乃求诸外，徐积本孟子，谓必有诸内而不足乃求诸外，如撇开人性形成的历史过程不论，确实道着了荀子论证的偏颇和弱点。徐氏全文所论，大体始终抓住这一点，是不为无见的。但荀子之意本谓礼义起于防止人的利欲的过分膨胀，引起社会的紊乱，这是不错的，其错在仍以利欲为恶，而未能认识到利欲也有善的一面。故徐氏之论，仍未能打中荀子的要害。倒是王安石、苏轼的性无善恶，但又可以向善恶两方发展之说，在客观上纠正了荀子的偏颇，惟其又不能摆脱性善说的桎梏，则失之。

包括徐积、二程在内的宋人还有一种偏见，就是把荀子所谓礼义起于圣人之伪的"伪"，解释为诚伪之伪。其实，荀子所谓"伪"乃人为之义，唐杨倞注《荀子》早已作正确的诠释。宋人却偏不信，徐积尤明知故辩，说什么"礼义之伪与作伪之伪，有以异乎？其无以异乎？在人者必皆谓之伪（按：此明知荀子之'伪'指人为），则何事而不言伪？言性恶者，将以贵礼义也，今乃以礼义而加之伪名，则是欲贵之而反贱之也"。这是玩弄文字游戏，先以恍惚之辞将"伪"的两种不同的含义加以混淆，然后暗暗抛开人为之义，对诚伪之义加以责难。二程没有对荀子的"伪"字作正面解释，但自周敦颐起，都对荀子"养心莫善于诚"加以批评，周说"荀子元不识诚"（转引自《宋元学案·濂溪学案》），二程说："既诚矣，又何养？此已不识诚，又不知所以养。"（据《二程遗书·元丰以来吕与叔东见二先生语》，未详为大程、小程所说，《濂溪学案》附录，以"既诚矣，心焉用养也"为大程语。）所谓"不识诚"，即指荀子以礼义起于圣人之伪，可见他们也是把"伪"理解为诚伪之"伪"。古人语质，对古书上的词有不同的理解，本属正常现象，但荀子所说的"伪"，语气明确，而宋人多执意不从，这就不能不说有所蔽障了。

三、朱熹、陆九渊

朱、陆是南宋理学中两派的大师。他们都尊孟抑荀，但朱、陆二人有别。

朱熹承程颐之说，对荀子的总体评价仍颇低，且看他与门人的两段对话：

问："东坡言三子论性，孟子已道性善，荀子不得不言性恶，固不是。然人之一性，无自而见。荀子乃言其恶，它莫只要人修身，故立此说？"先生曰："不须理会荀卿，且理会孟子性善。……荀、扬不惟说性不是，从头到底皆不识。……韩退之谓荀、扬'大醇而小疵'，伊川曰'韩子责人甚恕'，自今观之，他不是责人恕，乃是看人不破……"

或言性，谓荀卿亦是教人践履。先生曰："须是有是物而后可践履。今于头段处既错，又如何践履？天下事从其是，曰同，须求其真个同；曰异，须求其真个异。……陈君举作《夷门歌》，说荆公东坡不相合，须当和同，不知如何和得？"（《朱子语类》卷一三七）

朱熹在这里对荀子批评没有什么新意，无非是说要有诸内才能求诸外。却有两点可以注意：一是他在思想理论上的党派性很强，绝没有近人所鼓吹的和合哲学的影子，他是主张同则同，异则异，不容许求同存异。二是从两位问者之言可见，人们对理学家之全面否定性恶说尚有不服，说荀子之意也是"要人修身""教人践履"，未可抹煞。这可说是荀学的又一种遗响。

朱熹对荀子的批判颇有创意之处是：他也如苏轼一样把荀子和法家挂钩，但却发挥得淋漓尽致。其《楚辞后语·成相第一》

题辞云：

> 此篇……杂陈古今治乱兴亡之效……其尊主爱民之意，亦深切矣。……然黄歇（按：春申君）乱人，卿乃以为托身行道之所，则已误矣。卿学要为不醇粹，其言"精神相反"为"圣人"，意乃近于黄老；而"复后王""君论五"者，或颇出入申、商间。此其所以传不壹再，而为督责坑焚之祸也。差之毫厘，谬以千里，可不谨哉！可不谨哉！

按：《朱子语类》卷一三七中有一段话与此大意略同而较简。这段话则较周详，既对荀子《成相辞》有所肯定，又以此《辞》为例，对荀子学说的整体和一些基本观点提出了批评。其中"精神相反"句不好理解，说者不一。杨倞注："相反，谓反覆不离散也。"朱熹从之。《老子》有"载营魄抱一，能无离乎？"（《老子》第十章）及"神得一以灵"语，故朱熹以为"近于黄老"。"君论五"指《成相辞》所言为君之道的五个方面，即"臣下职""君法明""刑称陈""言有节""上通利"。这五者除"上通利"是指君主不专擅权利，则下情能上达，无远不瞩外，其余多与法家思想相近，故朱氏以之与"法后王"并在一起，认为"或颇出入申、商"。《语类》载朱熹语，则直截了当地说："荀卿则全是申、韩，观《成相》一篇可见。"这当是说话时不暇择言，在行文时就较注意分寸了。关于荀子的"法后王"，本书上篇已作了分析，朱熹谓之与申、商相出入，殊未当。然其谓荀子思想中有吸取黄老学说及接近法家处，则大体正确。故朱熹虽仍因袭苏轼之说，以李斯之所为归过荀子，但比较而言，他对荀子的认识比苏轼是深入了。从他的角度说，谓荀子不纯粹，似亦有理。但儒家的学说，本是在与其他各家思想的交流、交锋中发展的，不纯粹是必然的，如以孔子的思想作为标准，二程和他本人的思想能算纯粹吗？

朱熹对荀子还有一些评论虽不正确，但亦有见。如他说："荀子尽有好处，胜似扬子，然亦难看。"又说："不要看扬子，他说话无好处，议论亦无的实处。荀子虽然是有错，到说得处也自实，不如他说得恁地虚胖。"谓扬雄"无好处"，非是；但以"虚胖"拟扬雄之言，以"实"评荀子，可谓善于形容。此外，朱熹还曾举荀子的个别言语，如"君子大心则天而道，小心则畏义而节""能定而后能应"，认为"说得好"，是"好话"，则是取其与理学家相符的思想，并非荀学的精要。（以上朱熹语均见《朱子语类》卷一三七）"君子大心则天而道"（见《荀子·不苟》），与下句"小心则畏义而节"文不对称，《韩诗外传》四作"即敬天而道"，义有别。盖荀子虽主张天人相分，但认为"无天地，恶生？无先祖，恶出？无君师，恶治？……故礼，上事天，下事地，尊先祖而隆君师"（《礼论》），此即敬天之义。若仅作"天而道"，或读作"则（法）天而道"，就是以天为法，与荀子之旨戾矣。朱熹盖未细考，故取之。

陆九渊对荀子的总体评价，同程颢一样，赞成韩愈的评判，认为"何其说得如此端的"（《陆象山全集·语录》）。他还作有一首《策问》云：

> 孟子之后，以儒称于当世者，荀卿、扬雄、王通、韩愈四子最著。荀子有《非十二子篇》，子思、孟轲与焉。荀子去孟子未远，观其言，甚尊孔子，严王霸之辨，隆师隆礼，则其学必有所传，亦必自孔氏者也。而乃甚非子思、孟轲，何耶？至言子游、子夏、子张，又皆斥以贱儒，则其所师者果何人？其所传者果何道耶？其所以排子思、孟轲、子游、子张者，果皆出于私意私说，而举无足稽耶？抑亦有当考而论之耶？

对于这些问题，我们在今传陆氏文集中找不到他的答案，然细审其提问的语气，虽操两可之权，不把自己的倾向明白显示出来，其意似在于并非"皆出于私意私说"，而"有当考而论之"者。陆氏会如何考，如何论，已无从知。但问题提得如此层层深入，可知他必有所见，而其所见，又必当于荀子有所取，这似乎不是妄测。

从现存陆九渊的著作中，可以找到的陆氏对荀子具体内容的肯定和批评，只有三段，都是关于《荀子·解蔽》篇的。一段见其《孟子说》，原文是：

> 诸子百家所字，乃是分诸子百家处。蔽陷离穷，是其实；诐淫邪遁，是其名。有其实，而后有其名。……荀子《解蔽》篇，却通蔽字之义，观《论语》六言六蔽与荀子《解蔽》篇，便可见当于"所"字上分诸子百家。

陆氏可谓好学深思，善学古人。他从荀子《解蔽》中领悟到诸子百家学说的区别，即在于其所蔽之处，这是很深刻的。盖事物都有对立的两方面，不知另一面，而只看到这一面，实际对这一面的认识也会有所蔽。"庄子蔽于天而不知人"，既不知人，其论"天"也就有所蔽了。故只要抓住庄子所蔽的"天"，也就抓住庄子学说的特点了。但陆九渊在赞扬荀子《解蔽》篇说得人之蔽处好的同时，对之也有批评：

> 予（按：指其门人杨显道）举荀子《解蔽》"远为蔽，近为蔽，轻为蔽，重为蔽"之类，说好。先生曰："是好，只是他无主人，有主人时，近亦不蔽，远亦不蔽，轻重亦然。"（以上二条均见《语录》）

这是陆氏用他的"宇宙便是吾心，吾心即是宇宙"（《杂说》）及"宇宙不曾限隔人，人自限隔宇宙"（《语录》）的观点去修正荀子。所谓"主人"，即我，即"吾心"，意谓如以吾心通之，就可以不蔽了。这与荀子主张保持"虚壹而静"的心理状态，"疏观万物而知其情，参稽治乱而通其度"以解蔽，从思想方法上说是相反的。不过，陆氏还是承认荀子所说的各种蔽"是好"，即是客观存在，只是解蔽的方法有异罢了。

四、叶适

叶适是南宋讲求事功的政治家，有人也认为他是荀学的继承者。这与说王安石是荀学继承者一样是虚枉不实之词，他其实是宋代最贬抑荀子的代表之一。不过，叶适论学，主张内外兼修，于心性之学，不甚重视。因而他不在人性问题上尊孟抑荀，而是说："孟子性善，荀卿性恶，皆切物理，皆关世教，未易轻重也。"其本人则不主张"以善恶论性"，只取孔子性近习远之说（见《习学纪言》卷四四《荀子》，下引皆出此书）。他集中批判的是荀子的天人相分说，其言曰：

"天行有常，不为尧存，不为桀亡。"所以言有常道者，覆焘运行，日月之所丽尔。尧之时则治，是为尧而存也；桀之时则乱，是为桀而亡也。（按：此句不知所云，难道桀之时无日月覆焘运行吗？其意或指桀之时虽有日月而等于暗无天日，则狡辩矣。）谓"不为尧存，不为桀亡"，非也。又言"应之以治则吉，应之以乱则凶"，吉凶果在所应，则是无常也，谓"天行有常"，非也。（按：荀子所谓"应"指人对付自然界的措施，即下文所言既顺天时又备天灾，叶适习于天人感应之说，故全不理会原意，妄加驳斥。）"强本而节用，则天不能使之贫；养备而动时，则天不能病；修道而不贰，则天不能祸。"夫古之人既强本而节用矣，既养备动时矣，既修道不贰矣，其不贫、不病、不祸，则皆曰天也，非我也，今偃然而自居曰：我也，非天也；夫奉天以立治者，圣人之事也，今皆曰我自治之，非天能为，是以己灭天也。（按：此方是叶适本旨。）"不为而成，不求而得，夫是之谓天职"，谓下民天情也，天官也，天君也。（按：原文"天职"是指自然界功能的全体，人之天情、天官、天君是指人的自然禀赋，叶氏不察，混而一之。）夫物各赋形于天，古人谓其独降衷于民，然必为而后成，求而后得，故谓圣贤，败而失之者，下愚不肖也。今既谓当清天君、正天官、养天情，以全天功，而又谓"不求知天"；且虽圣人，无不自修于受形之后，而未有求知于未形之先者，及其既修而能全天之所赋矣，则惟圣人为求知天，今谓"圣人为不求知天"，非也。（按：荀子"不求知天"之说虽有病，然此语所谓"天"，系专指自然界的未知的变化，原文语意至为明白，人的自然禀赋，荀子虽用天情、天官等词，却是把它与自然界的总体区别开来的。叶氏先有意无意混而一之，然后加以批判，可谓无的放矢。）又谓"全其天功，则天地官而万物役"，且古圣人未尝敢自大其身，而曰吾能官使天地者也；又曰："大天而思之，孰与物畜而制之？从天而颂之，孰与制天命而用之？"（按：孔子曰："大哉尧之为君也，惟天为大，惟尧则之。"）是尧未尝物畜而制之也。《诗》曰："不识不知，顺帝之则。"是文王未尝制天命而用之也。详考荀卿之说，直以人不能自为而听于天者不可也；然则人能自为而不听于天，可乎？武王曰："惟天阴骘下民，相协厥居。"尧、舜传之至于周矣。然则谓人之所自为而天无预也，可乎？又曰："道之所善，中则可从，畸则不可为，匿则惑。"……又曰："万物为道一偏，一物为万物一偏，愚者为一物一偏，而自以为知道，无知也……"呜呼！万物之于道，无偏也，无中也；一物之于万物，无偏也，无中也。自其中言之，皆中也，一物犹万物也。自其偏言之，皆偏也，万物犹一物也。荀卿以诸子为愚而偏，而自谓为中也，而其乖错不合于道如此，吾未见其能异于诸子也。

按：叶适谓荀子"直以人不能自为而听于天者不可也，然则人能自为而不听天，可乎？"似甚辨。然荀子并未忽略天、人有某些互相联系和制约之处，而是在具体论述中屡言之。他的天人相分说，是说天道与人道不同，人不能改变天道运行的规律，天亦不能干预人道的治乱。叶氏虽不否认人为的作用，然其根本思想在于人要听天而为，而且，天即帝（上帝）。就后一层说，他比某些理学家还落后。因为理学家虽不敢公言否认上帝的存在，更承认有鬼神的存在，但他们所强调的是把天的意志理性化的天理，与上帝保持了距离。不过，在尊天这一点，他们还是相同的，不仅他们相同，所有天人合一论者不管是真心还是假意，都是借天来作为推销其思想主张的护身符。这既是中国长期处于农业社会的反映，也是中国长期不能跨出农业社会的原因之一。近之极力倡导继承天人合一的传统者，不知对此有何看法？又叶氏所云"一物犹万物""万物犹一物"，亦谬。一般与特殊虽有其互相涵盖之处，但一般不同于特殊，特殊不同于一般。叶氏此论与理学家所云"物物有一太极"相似，抹煞了事物的区别，尤其是抹煞了天与人的区别。

叶适对荀子的批判范围颇广，评荀子的《劝学》，则谓："为辞甚苦，然终不能使人知学为何物。但杂举泛称，从此则彼背，外得则内失。其言学数有终，义则不可须臾离，全是于陋儒专门上立见识。又隆礼而贬《诗》《书》，此最为人道之害。"评荀子的政治观，则曰："荀卿论治，多举已然之迹，无自致之方，可观而不可即也。"评荀子"礼者，养也"之说，则举孔子以"克己"为"复礼"之言，认为"荀卿谓制礼以为养，使耳目口鼻百体之类必皆有待于礼，则礼者欲而已矣"。评荀子《解蔽》则谓："盖诸子之学，何尝不日知道而治心，使之虚静而清明以形天下万物之理，而自谓不能蔽也，荀卿以己之所明而号人以蔽，人安得而受之？"论《正名》，则曰："古人正事而不正名，名与天地并，未有知其所由来者，以《诗》《书》所称，则何必后王？舍前而取后，是名因人而废兴也。"评《非十二子》，则曰："若夫荀卿所言诸子，苟操无类之说，自衣食于一时，其是非尤不足计，而乃倒攻群辩，若衢骂巷哭之为，至于子思孟轲，并遭诋斥，其谬戾无识甚矣。"此外，他还对荀子的禅让之辩、止斗之戒、论大儒、法后王等皆有所批评。其中亦非尽无所见，如他说："荀卿屡言为治当以后王为法，后王者，周也，意诚不差，然周道在春秋时，已自阙绝不继……况至荀卿，王法灭尽之余，暴秦大并之日，孔氏子孙畏祸不敢，而独怅怅然以无因难验之说叫呼于其间，有轻易之情，无哀思之意，徒以召侮而不能为益也。"其中亦不无任情未当之言，但指出荀子言王道颇"轻易"，法后王"无因验"，则未尝不微中其病。他批评荀子尧舜禅让之辩，认为荀子"谓天子如天帝，如天神"，虽与荀子原意不尽合，然荀子说"诸侯有老，天子无老"，确把君权过于神圣化了，如把"谓"字改为"视"字，则是洞中肯綮的。但叶适之论，如此者少，从全体来看，大多是深文周纳，甚至是撇开荀子所论的是非，节外生枝，横加责难。如他指出："荀卿议论之要有三，曰解蔽、正名、性恶而已。"虽遗天论，但大致指出荀子的精义所在，显见叶氏读荀有见。但他在举出荀子解蔽之论的要点后，却不对其道理之当否评论，而是用"虽然，难矣"，一笔荡开，作出上引的判断，认为诸子无人不蔽，无人不自以为不蔽，根本没有作《解蔽》的必要。论正名，在举出荀子之论的要点后，本已说："荀子之言如此，其于名可以为精矣。"但又用"虽然，古人正事不正名"一笔撇开，说荀子正名是多此一举，甚至强词夺理说："则孔子所欲正（名）者，亦其事而已。"

　　为什么叶适要这样对待荀子呢？是为了尊孟吗？殊不然，他对孟子也有不少批评（见《纪言·孟子》，在论荀时也曾附带批孟），尽管分寸不同，对孟子较客气，却与理学家及王安石的处处袒孟有别。是他因荀子主张天人相分而迁怒于其他吗？不能排除这个因素，但似亦不尽由此，因为叶氏在批荀的同时，亦时露对荀子的同情或惋惜。如他在评论荀子《议兵》篇时说："荀卿谈王道若白黑，嗣孔氏如家嫡，不秦之仇，而望之以王，责之以儒，呜呼！固哉！秦惟不能自反也，不用荀卿而用李斯者与？"责备之余，是不胜慨叹的。又他在评论荀子《正名》说后说："荀卿不知其不足辩，而辩之终身不置。是时六国灭亡无几，焚经籍，杀儒生，事既坏而名亦丧。荀卿无以救之，则与十二子者同归于尽尔，哀哉？"叹惋之意，尤溢于言表。这些都不是或不全是，为什么他要这样吹毛求疵乃至节外生枝呢？盖叶适读书，与一般思想家、学者不同。他主要是政治家，评古人并不重在学理之当否，而重在他认为是否合当前的需要。他那么贬斥荀子的论学，盖因荀子认为"其数则始乎诵经，终乎读礼，其义则始乎为士，终乎为圣人"（《劝学》原文，叶氏则以"学数有终，义则不可须臾离"概括之）。而读经、做圣，正是当时理学家所标榜的，叶氏则认为学应"极至于无内外"，尤反对理学家"往往以为一念之功，圣贤可招揖而至"（均见《纪言》同卷），故借批荀子论学之隘（按：此与荀子所处的时代有关），为当世"陋儒"针砭。他置荀子解蔽本身论点的正确与否不论，其意尤显，故也连带批孟，说："舜言'人心惟危，道心惟微'，不止于治心；箕子'思曰睿'，不在心。古之圣贤无独指心者，至孟子，始有尽心知性、心官、贱耳目之说，然则辨士索隐之流，固多论心，而孟荀为甚焉。"在《纪言》论《孟子》一节中，他对此更作了详细的批判，而终之曰："盖以心为官，出孔子之后；以性为善，独自孟子始，然后学者尽废古人入德之条目，而专以心性为宗主，虚意多，实力少，测知广，凝聚狭，而尧、舜以来内外交相成之道废矣。"其余不尽举，大都亦针对现实而发。按：叶适之意，自有可取，然理学家自理学家，孟是孟，荀是荀，源流固不可忽，变化亦不可不辨。混而一之，归咎前人，固已可商；孟、荀异道，尤当分别。以言"心"为例，荀子虽重视治心，但不贱耳目，尤重践履对人的认识的作用，正是"极至于内外"，奈何与孟子同非乎？评论古人，当然不免带上评者的时代色彩，然必须先弄清古人的真面目及其所处历史条件，否则便容易厚诬古人，是不可取的。

以上略举两宋一些代表人物对荀子的评价，大体上可分为两种：一种对他贬抑殊甚，这是多数，代表着宋代学术思想界的一种主导倾向；另一种则仍维持韩愈"大醇小疵"的原评，我只举了程颢和陆九渊两人，此外，还有为重刻《荀子》作序（原文见王先谦《荀子集解》附录）的唐仲友和作《荀扬大醇而小疵赋》（见《历代赋汇》）的杨杰等，但不是居主导地位的意见。不过，如前所说，即使是对他贬抑殊甚的人，也不能不承认他的某些见解有一定的价值，性恶说尤在不同程度上被吸取。这基本上反映荀学在两宋的历史命运。但有一点需要补充，据石介《徂徕文集·与范奉礼书》云：

> 辱书谓士熙道言天人有感应为失……至乃谓"天自天，人自人，天人不相与，断然以行乎大中之道，行之则有福，异之则有祸，非由感应也"。

石介反对此说，曾加驳辩，从略。可注意的是士熙道的意见，从所引者来看，完全与荀子和柳宗元等之说相同。士熙道，名建中，是理学先驱孙复的朋友。《宋元学案·士刘诸儒学案》中有他的传，称"泰山（孙复）之所推重者，先生为第一"。并谓"先生所著，如《道论》以言帝王之道，《原福》以究祸福之本，《原鬼》以明鬼神之理，《随时解》以著守正背邪、遗近趋远之说，皆醇儒之言也"。此文当在《原福》中，惜我未得见，然仅据引文，亦可见其为荀学之遗响矣。

还需顺便提一下李觏和张载。张载是气一元论者，故近人皆以唯物论目之，似可归入荀学一流。然张载《正蒙》累言"神"及"神化"，其义颇难确定。如言"知虚空即气，则有无隐显，神化性命，通一无二""太虚为清，清则无碍，无碍故神"（《正蒙·太和第一》）等，这均似可以"神妙的作用"释之，然他又说"鬼神者，二气之良能也""天道不穷，寒暑也；众动不息，屈伸也。鬼神之实，不越二端而已矣"（同上）。则明言有鬼神，只是这鬼神的运动规律，寓于阴阳二气变化之中而已。故倘要说是唯物论，也是一种怯懦的唯物论；如从其实，似以称为泛神论较妥。他又是天人合一论者，曾说："天人异用，不足以言诚；天人异知，不足以尽明。""性与天道合一存乎诚。"（《正蒙·诚明第六》）"天人一物，辄生取舍，可谓知天乎？……大学当先知天德，知天德则知圣人，知鬼神。"（《正蒙·乾称第十一》）这与荀子的天人相分说已相反。他还说："气与志，天与人，有交胜之理，圣人在上而下民咨，气壹之动志也；凤凰仪，志壹之动气也。"（《正蒙·太和第一》）粗粗地看去，似乎只是说，人亦可胜天，主观亦可影响客观。但把凤凰来仪（古人以为祥瑞），作为"志壹以动气"的典型事例，这就绝不是人与自然界的关系，而是带一神秘色彩的气与人的意志交感了。又张载说过："古之学者便立天理，孔孟而后，其心不传，如荀、扬皆不能知。"（《理窟》）他自己已明确与荀子划清了界限，故对张载的学说虽可给予较高的评价，却绝不能把他归入荀学一流。

李觏的思想不成体系，若据其所云"夫物以阴阳二气之会而后有象，象而后有形。……天降阳，地出阴，阴阳合而生五行"（《李觏集·删定易图序论·论一》）等语，似可说他有唯物论的倾向。但这只是他就《易传》所描写的世界图式所作的一种诠释，在其所作《天谕》中则唱的完全是另一种调子：

> 畏天者昌，习天者亡。……人之情，非所常见而见之必惧，惧必思，惧之情同，而所思不同。明主思之在德，德修而灾异消……暗主思之以为在数，故任数而不修德……惟天之仁又出灾异以申救之。……灾异愈多，不惧愈甚。……然

而上帝之怒，不足独当，下延众庶，上累庙社，甚可痛也。呜
呼！人不可玩，况天乎？天而可玩，君命何足道哉！此孤臣
正士所以泣血于地下也！

可能有人会说，其中容有神道设教之意，然如不信天神，何能说
得如此沉痛、郑重？故李觏虽尝批孟，却不能说他承荀。惟他特
别提倡礼，并认为"曰政，曰刑，礼之支也……曰仁，曰义，曰
智，曰信，礼之别名也"(《礼论一》)。这与荀子以礼为"法之大分，类
之纲纪"之说颇相似，可能受到荀子的影响。但荀子的崇礼，是
与他的性恶说、群分说联系在一起的；李觏论性，则大体与韩愈
同，认为性有三品："上智，不学而自能者，圣人也。下愚，虽
学而不能者也。"中人，则"学而得其本者，为贤人，与上智同，学
而失其本者，为迷惑，守于中人而已矣。兀然而不学者，为固陋，与
下愚同"(《礼论四》)。因而他认为：仁、义、智、信，根于圣人之性。"圣
人率其仁、义、智、信之性，会而为礼。"(同上)把礼看作先验的产
物，仍守天人合一说，与荀子异趣。故李觏的礼论，只能说有荀
学的某种遗响。

五、赵秉文、宋濂、刘基、王廷相、李贽

金、元、明三朝，总的说来，对荀学的关注不及宋。惟论人
性时牵连及之。然所论大抵不出宋人范围，于性恶说尤多守陈
议。故均置不论。但对荀学的态度亦有稍异宋人或大异宋人者，金
之赵秉文，元明之际的刘基、宋濂，明中叶的王廷相及晚明的李
贽（卓吾）即其人。

赵秉文是金朝后期著名的文人、学者。他的思想略近苏轼，然

其对孟、荀思想的态度与苏稍不同。其《滏水集·原教》云：

> 夫道，何谓者也？总妙体而为言者也。教者何？所以示
> 道也。……道德性命之说，固圣人罕言之也。求其说而不得，失
> 之缓而不切，则督责之术行矣，此老、庄之后所以流为申、韩
> 钦？过于仁，佛、老之教也；过于义，申、韩之术也；仁义合
> 而为孔子。孟子守先王，荀子法后王，孟、荀合而为孔子。

他以道为"总妙体而为言"，仍与苏氏谓"道可致而不可求"之
意相近，不欲深究性命，则近于欧阳修之说，而其归结，则于诸
子各有所取，又有所不取，名为折中孔子，实为宏通之论。法后
王是宋人批判荀子的一个方面，赵氏将它与孟子的法先王摆
平，无疑在为荀子辩护。

宋濂受理学的影响颇深，是元明之际一位尊孟抑荀的代表人
物，其言有两处可注意。首先是他在《孔子庙堂议》中说：

> 孔子集群圣之大成，颜回、曾参、孔伋（按：子思）、孟轲，实
> 传孔子之道，尊之以为先圣先师而通祀于天下，固宜。其余
> 当各及邦之先贤。……今以杂置而妄列，甚至荀况之言性
> 恶，扬雄之事王莽，王弼之尊庄、老，贾逵之忽细行，杜预之
> 建短丧，马融之党附权势，亦厕其中，吾不知其何也。

按：据《文献通考·学校考五》，宋神宗元丰七年，"礼部言：乞
以邹国公（按：即孟子）同颜子配食宣圣，荀况、扬雄、韩愈并
从祀于左邱明等二十二贤之间（按：左等二十二人从祀本于唐开
元礼），从之"。这反映宋人在极力尊孟的同时，也给了荀子、扬
雄、韩愈以一定的地位，与唐人之惟以经师从祀不同，是宋人比
唐人更重视儒学理论的一种表现。又其时王安石已罢相，王珪、
蔡确当权，司马光、苏轼及二程均不在位，故荀子亦得列入。当

是相沿不改，故宋濂有此议。这反映在元时理学盛行之后，荀学日益衰微的趋势。其次是他在《诸子辩·荀子》中说：

> 其论殊精绝。然况之为人，才高而不见道者也。由其才高，故立言或弗悖于孔氏；由其不知道，故极言性恶，及讥讪子思、孟轲，不少置。学者其亦务知道哉！至若李斯，虽事荀卿，于卿之学懵乎未有所闻。先儒遂以为病，指为刚愎不逊，自许太过之人，则失之矣。

按：此论前面大部分大体因袭宋人，惟既说"其论殊精绝"，又说"不知道"，未免矛盾。此盖因宋濂博学工文，于荀子之论，实多激赏之处，行文时不慎，不觉将文道统一之说忘记了。至其最为有见之处，则是把荀子与李斯区别开来，并对苏轼之说加以驳正。荀学虽包含了法家的某些成分，实为两种不同的理论体系。宋濂为之辩明，是有助于人们正确认识和理解荀子的。

与宋濂同时的刘基和明中期的王廷相则不同，不管是有意还是偶合，他们都于荀子的天人相分说有所继承，但他们都生在理学家理、气之说流行之后，故都未免受其某些影响，不能说得如荀子和柳宗元之斩截，然刘、王有别。先看刘基的《天说上》：

> 或曰："天之降祸福于人也，有诸？"曰："否！天乌能降祸福于人哉？好善而恶恶，天之心也；福善而祸恶，天之道也。为善者不必福，为恶者不必祸，天之心违矣。使天而能降祸福于人也，而岂自戾其心以穷其道哉？天之不能降祸福于人亦明矣。"
>
> 曰："然则祸福谁所为与？"曰："气也。……气有阴阳，邪正分焉。阴阳交错，邪正互胜，其行无方，其至无常，物之遭之，祸福形焉，非气有心于为之也。……"

曰："然则天听于气乎？"曰："否！天之质，茫茫然气也，而理为其心，浑浑乎其善也。善不能自行，载于气以行。气生物而淫于物，于是乎有邪焉，非天之所欲也。人者，天之子也，假于气以生之，则亦理为其心。气之邪也，而理为其所胜，于是有恶人焉，非天之欲生之也。……"

曰："然则天果听于气矣。"曰："否！天之气本正；邪气虽行于一时，必有复焉。故气之正者，谓之元气。元气未尝有息焉，故其复也可期，则生于邪者，亦不能以自容焉。……""故见祸福而谓之天降于人者，非也；气未复而以祸福责于天，亦非也。不怨天，不尤人，夭寿不贰，修身以俟，惟知天者能之。"

按：刘基所论，可谓为天人有分有合、暂分终合说。而联结这种分合的是气。气有阴阳，人有正邪，然邪非天之欲，这是分；气之阴阳交错，邪正互胜而无常，因而善恶与福祸不相对应，与天之道悖，这也是分。但天之元气终当复，善恶迟早有报，这又是合。据此可知刘基所谓气，实际上包含两层意义：其一是指人的天赋气质，其二是指变化无常而有常的气运或气数。这与刘禹锡的天人交相胜之说有近似处，但刘禹锡没有说什么天之心好善恶恶，天之道福善祸恶，也未说人理同于天心、天道，基本上坚持了柳宗元所提出的天为无知之物的无神论观点。刘基则虽未说天有知，却至少承认了有一个公平正直的天心、天道的存在，而且它是与人理合一的。这实际上是承袭了理学家以天理为人理的观点，只是他比较客观地承认所谓天道与个人祸福、国家兴盛有合有不合而已。他的《天说下》论天灾也是这个思路。与荀、柳相较，他的天人观实在怯懦得多，只是保存了天不能降祸福于人这一点遗响而已。

王廷相是明中叶著名的思想家、文学家。较之刘基，勇气和见识都高得多。他曾说："天地之先，元气而已矣。元气之上无物，故元气为道之本。"（《王廷相集·雅述》）此为上承王充、张载等之说。然王、张等元气一元论者，撇开其区别不论，皆以元气运行之道、理或命贯串天、人，成为天人合一说的一派。王廷相则注意将天、人区别开来。先看他的人性论。

王氏说："孟子言性善，乃性之正者也；而不正之性，未尝不在。"其言"口目耳鼻四肢之欲，性也；有命焉，君子不谓性也，岂非不正之性乎？是性之善不善，人皆共之矣"（《雅述》）。这并非创见，宋人莫不知，只是或承认二者都是性，或分为天理之性、气质之性，而谓气质之性"君子勿性"而已，他的杰出之处是：把人性的善恶都不看成是"天"，而是属于人，属于习。其《慎言》篇说：

> 且夫仁、义、礼、智，儒者之所谓性也。自今论之，如出于心之爱为仁，出于心之宜为义，出于心之敬为礼，出于心之知为智，皆人之知觉运动为之而后成也。苟无人焉，则无心矣。无心则仁、义、礼、智出于何所乎？故有生则有性可言，无生则性灭矣。

本书上篇曾指出：荀子非常重视人的感知能力，并对人的知觉活动作了深刻的分析，作出过"凡以知，人之性也；可以知，物之理也"和"心有征知"等著名论断。王氏这里所云"皆人之知觉运动为之而后成也"，正是荀子把人的思想道德（礼、义）看成是理性认识的产物（"圣人之伪"）的观点的继承，是有得于荀学的精髓的表现。正是因为有这种认识，故他虽亦把人性与气联系起来，说："精神魂魄，气也，人之生也；仁、义、礼、智，性也，生之理也；知觉运动，灵也，性之才也；三物者，一贯之道也。故论性也，不可以离气；论气也，不得以遗性。此仲尼相近习远之大旨也。"（同上）但其实质，不过是说人的生命产生于气，有生命方可言"生之理""性之才"而已。故看似天人合一，实为天人相分。因为生之理是由"性之才"产生的，没有人的知觉运动，便不知生之理。此意王氏在《雅述》中亦反复言之，如云："父母兄弟之亲，亦积习稔熟然耳。……则凡万物万事之知，皆因习、因悟、因过、因疑而然，人也，非天也。""人之生也，使无圣人修道之教，君子变质之学，而独循其性焉，则礼乐之节无闻，伦义之宜罔知，虽禀上智之资，亦寡陋而无能矣。"这几乎与荀子《性恶》篇所说完全一致了。

王廷相还巧妙地对"天命"说作了新的解释，以证成其天人相分之说，他在批驳时人薛蕙的天人感应观点时说：

> 君采（按：薛蕙字）以天之生人生物，果天意为之乎？抑和气自生自长，如蛾蚋之生于人乎？谓之"天命"者，本诸气所从出言之也，非人能之也，故曰天也。"命德讨罪"，圣人命之讨之也，以天言者，示其理之当命当讨，出于至公，非一己之私也，乃天亦何尝谆谆命之乎？古圣人以天立教，其家法相传如此。当然以为真，非君采聪明之素矣。（《论性书》）

按：古人要否定天有意志和天人感应，有一个很大的困难，就是如何对待儒家经典中所包含的这类神道说教。荀子和柳宗元都基本上采取回避的态度，以"君子以为文"（荀）或"盖以愚蚩蚩者耳"（柳）之类的话了之。但迷信经典的儒生是不肯放过的，总要哓哓不休。明通如王安石、叶适，就过不了这个关，屡屡引用

《诗》《书》以攻荀子之说，《尚书·皋陶谟》中的"天命有德，五服五章哉！天讨有罪，五刑五用哉！"就曾被引用（见前）。薛蕙也袭其故技，以此作为天赏功罚罪、福善祸淫的依据。王廷相在此信中采取一种聪明的办法，先对"天命"之"天"下一新解，认为所谓"天"不过就是物质的气，"天命"是说万物和人由气所生，这是正本；然后说所谓"天命有德""天讨有罪"，其实是"圣人"之所为，并无所谓天命，其所以假借天，那只是"圣人以天立教"的"家法"，聪明人是不会"当然以为真"的。话说得委婉，实际是说：你这个聪明人怎么说这种蠢话呢？他在《阴阳管见辨》中更直截了当地说："愚谓天所能为者人不能为，人所能为天亦不能为之。"一语揭示了所有天人合一论者的虚妄。

王廷相亦未免有拖泥带水之处：他从"气之变化，何物不有"的观点出发，给鬼神、仙人的存在留下了余地。不过，他认为鬼神、仙人都不能离气"自神"，故虽"百灵显著，但恐不能为人役使，亦不能为人祸福耳"（《阴阳管见辨》）。与张载的含糊其辞有别。因而仍基本上坚持了天人相分的立场。

李贽是晚明著名的学者，他的思想糅合了儒、释、道三家之说，斑驳陆离，未尽能一贯。但大旨归于任性而行，则自然合于人伦物理，也自然成佛，颇似魏晋玄学家越名教而任自然一派。其《焚书·读律肤说》云："故自然发于情性，则自然止乎礼义，非情性之外复有礼义可止也。惟矫强乃失之，故以自然之为美耳。"即此意。据此，他应反对荀子之学。然他却翻千古的成案，在其所作《藏书·德业儒臣》中将荀子置于孟子之上，并在传末评论说：

　　李生曰：荀与孟同时，其才俱美，其文更雄杰，其用之更通达而不迁。不晓当时何以独抑荀而扬孟轲也？中间亦尊周孔，然非俗所以尊者；亦排墨子，亦非十二子，然非世俗之所以排、所以非者，故曰"荀、孟"。吁！得之矣。

这是故为高论，标新立异，哗众取宠吗？若是素无特操的人，不排除这种可能；李贽为人最讲率真，最恨作伪，当不如此。为了解开这个谜，我们不妨再引述他的《德业儒臣后论》：

> 李生曰：圣人之学，无为而成者也。然今之言无为者，不过曰无心焉耳。夫既谓之心矣，何可言无也？既谓之无矣，又安有无心之为乎？……解者又曰：所谓无心者，无私心耳，非真无心也。夫私者，人之心也。人必有私而后其心乃见，若无私则无心矣。……然则为无私之说者，皆画饼之谈，观场之见。……故继此而董仲舒有正义明道之训焉，张敬夫（栻）有圣学无所为而为之论焉。夫欲正义，是利之也；若不谋利，不正可矣。……若不计功，道又何时而可明也？今日圣学无所为，既无所为矣，又何以为圣为乎？

按：李氏在这里虽只点名批了董仲舒和张栻（理学家），实则亦是批孟子。因为董仲舒的"正其义不谋其利，明其道不计其功"之说，正是从孟子"王何必曰利，亦有仁义而已矣"推衍出来的。理学家的义利之辨更是继承着孟子，张栻"圣学无所为而为"之说，亦由此派生。李氏则认为各遂其私，各正其利，就是义，所以极力反驳。前已指出：荀子的性恶说及其群分说、礼义观都是建立在承认人人有利欲之心的基础之上的，在这一点上正与李氏相契，这当是李氏推崇荀子的重要原因之一。但又不能说，李氏之推崇荀子仅出于此。正如他已明白指出的，他之推崇荀子，在于荀子"通达而不迁"，且其"所尊""所排"，与世俗之"所尊""所排"者有不同。盖李氏为学，最重创新，"以孔子之是非为是非"《《焚书·赞刘谐》），尚在他反对之列，当然更反对以流俗之是非为是非。故他评量前人，并不要求其道尽与己合，而更注意其是否有某种创造性。他的前辈李梦阳倡导文学复古运动，与李氏本人文章通俗恰相反，但他在《续藏书》中以李梦阳与王阳明并提，极致推许之意，即是体现他这种观点的一个典型例子。荀子于百家之说皆以己意去取，不守一隅，这当然更应为他所推崇了。唐以来批评荀子者或谓其不够"醇"，或讥其"驳"与"求异"，李氏恰恰欣赏其能"异"，不困守陈言，可谓独具慧眼，不妨说是荀子在千古中一知己。李氏之后的清人，对荀学的重视远过明人，但能这样看荀子的殊罕见，悲夫！

以上是概说荀子的学说在宋、元、明的命运，下面再说一下《荀子》一书在此时流传、注释的情况。

《荀子》一书，自唐杨倞作注后，宋人钱佃有《荀子考异》一卷，考证异文和佚文。明人则有归有光辑评《荀子》一卷；又《荀子》三卷，焦竑注释，翁正林评林。后二书我未见。归氏有《荀子叙录》，载其所著《震川先生集》卷二，谓杨注本未善，"余欲重加厘整，而惮于纷更，第别其章条，或句为之断……而时有芜谬，取韩子'削其不合者附于圣人之籍'之意，与其他脱文衍字，并为识别"，知为选本。《叙录》又云："当战国时，诸子纷纷著书，惑乱天下。荀卿独能明仲尼之道，与孟子并驰。顾其为书者之体，务富于文辞，引物连类，蔓衍夸多，故其间不能无疵。至其精造，则孟子不能过也。自扬雄、韩愈皆推尊之，以配孟子。迨宋儒，颇加诋黜，今世遂不复知有荀氏矣。悲夫！学者之于古人之书，能不惑于流俗而自得于心者，盖少也。"这在明代，也可谓空谷足音。但读其集，于荀学盖无所得，故上面置之不论。焦氏论性，极赏宋人范浚之说。范氏谓"天降衷曰命，人受之曰性，性所存曰心。惟心无外，有外非心；惟性无伪，有伪非性"，而其归结则谓"善虽不足以尽性，而性固可以善名之也"（《焦氏笔乘》卷四）。其说大致同于王安石、苏轼。故焦氏本人论性，谓："孟子：性无善无不善，性相近也；性可以为善，可以为不善，习相远也；有性善有性不善，上智与下愚不移也。"又曰"盖性无不入，此性之所以为妙"。（同上卷一《论性》）除"不移"之说异于王、苏外，大致亦同于王、苏，而尤近苏氏。抱着这种观点注《荀》，恐亦难有所发明，然在"今世遂不知有荀氏"的情况下，他能注释《荀子》，也值得注意。如将王廷相、归有光、李贽、焦竑之所为合起看，可知在明中叶以后荀学亦渐有生机，与前此稍异矣，故特附记之。

第十三章 清代荀学的
复兴和尊荀与反荀的论争

荀学在经过宋、明（特别是宋）的压抑之后，到清代乃逐渐复兴。然尊荀与反荀的论争亦日趋剧烈。这与清朝政治形势的变化和学术思想的变化大体上相适应，也可分为清初、清中叶、晚清三个阶段。然亦有区别，这就是：清中叶尊荀者所开辟的阐扬和研究荀学的道路、方向从乾、嘉时起一直延续到晚清，而晚清富有新内容的尊荀与反荀的论争则至戊戌变法前后才展开。本章的论述即从这个实际状况出发，既按时代的先后，又不完全遵守时代的界限，来论述荀学复兴的过程和反荀的观点的演进。

一、清初荀学复兴的征兆

清初是经世致用之学比较昌盛的时期，特别在康熙前期以前的二三十年间，出现了一批著名的经世致用的学者。他们从各个角度总结明末农民大起义和亡于清的历史教训，探索历史前进道路。但是，这些人大都是从理学（包括其别派陆、王心学）的阵营中走出来的。虽然其中有的人（例如顾炎武、黄宗羲、王夫之等）从经世致用出发，开拓了研究传统文化的新途径，提出了一些新的观点，但对先秦学术的研究不免受到理学家的影响，大都于六经、《论》《孟》之外，在诸子中只注意老、庄，于其他各家则较少留意。博学如顾、黄、王亦未能突破这个樊篱。故这时的学者大都很少提到荀子。费密的《经典论》《道脉谱论》或以孟、荀并举，或以荀子、扬雄继孟子，与宋儒异，稍后方苞说"荀子少驳"（《书孟子荀卿传后》），也稍异宋儒，然均于荀学无所发明，比较可注意的是傅山、张尔岐和王夫之。

傅山是清初学者中一位罕见的重视先秦子书的人。他的《霜红龛集》有整整四卷是《读子》，所论有《老子》《淮南子》《墨子》及《亢仓子》《鬼谷子》《尹文子》《邓析子》《公孙龙子》《鹖冠子》《庄子》《管子》等。虽未专论荀子，然在卷三十一《读经史·学解》中有一段论及《荀子·非十二子》篇中的非思、孟一段，其言曰：

> 荀子非子思、子舆氏也，曰："略法先王（按：原作生，误）而不知其统，犹然而材剧志大，闻见杂博，案往旧造说，谓之五行，甚僻违而无类，幽隐而无说，闭约而无解。案饰其词而祗敬之，曰：此真先君子之言也。……世俗之沟犹瞀儒，嚾嚾然不知其非也，遂受而传之，以为仲尼子游为兹厚于后世。"荀以此非思、孟则不可，而后世之奴儒，实中其非也。其所谓"案往旧造说"然也。僻违幽隐，则儒无此才也；闭约不解，则诚然也。奴儒尊其奴师之说，闭之不能拓，结之而不能觿。其所谓不解者，如结襡也，如滕箧也。至于材剧志大，犹不然。本无才也，本无志也，安得其剧大？本无闻见也，安得博杂也？沟犹瞀儒者，所谓沟渠中而犹然自以为

大，盖瞎而儒也，写奴儒也肖之。然而不可语于思、孟也。

不言而喻，傅山在此是借荀子的话批判当世的俗儒，尤其是理学之徒。他在开篇时即曾点明，兹从略。此文之妙，还在于他为思孟的辩护与众不同。他接着说：

> 思孔氏丧出母，而思则令子上不丧出母，其著也。子思之母死于卫，而子思亦以有礼无财、有财无时言之，其义犹乎道隆从隆，道污从污，而以其为母也，难乎直情行之，故支吾其词。若子上之母，则思可径行者也，故不令白丧之。其于先君之言行何如也？

按：所举子思二事见《礼记·檀弓上》。子上，子思之子。意思是说，子思丧母不尽礼，尚有孔子遗意可寻，他令其子子上（白）不丧出母，就不遵家传之制，这说明子思是不墨守孔子之言的。

> 孟子则于其主在上之时，汲汲焉以王道倡于诸侯，特时非桀于汤之时耳。若周末之王有桀，则孟子必为伊尹以相汤为事矣。……故孟子不屑于为霸，而上又非桀，传食诸侯，以明王道，志可以为大，材亦可以为剧，而云造旧说为五行，则大谬也，孟子之学而觉者也，觉伊尹之觉者也，无其时也。其言曰："武王好勇，公刘好货，大王好色。"其于孔子之言又何如也？

按：孟子以王道干梁惠王、齐宣王，宋人李觏曾非之，曰："孟子忍人也，其视周室如无有也。"（见《李觏集·常语》）余隐之、朱熹尝为孟子辩护，然余仍说："使当时之君不行仁义而得天下，孟子亦恶之，岂复劝诸侯为天子哉？"朱熹稍进，谓李觏非孟"为不知时措之宜"（转引自《宋元学案》卷三《高平学案·常语辨》）。都不如傅氏以"先觉"许之，说得直截了当，与荀子说汤、武革命是"夺然后仁，杀然后义"同一旨趣。傅氏又欣赏孟子敢于承认武王好勇，公刘好货，太王好色（均见《孟子·梁惠王下》），说他与孔子不同。其实，孟子只是在运用"将欲取之，必先与之"的辩说术，从思想体系上看，他是反对战争，也反对好色、好货而只主张仁义的，倒是荀子承认人皆有货利好色之心。这且不论，傅氏对孟子的赞扬之处，也可谓于古无二，他不是赞扬孟子"醇乎醇"，一一合于尧、舜、周、孔之道，而是说他敢于立异。而敢于立异，正是宋人（特别是苏轼）挞伐荀子的基本依据。故傅氏虽未专论荀子，对所引荀子的这段话又有批评，但实际却反驳了宋人对荀子的批评。虽不如李贽将"孟、荀"倒过来为"荀、孟"的反潮流，但在崇尚思想的创造性这一点上却是一脉相承的。这代表着清初学术思想界一种极为可贵的倾向。在某种意义上说，比顾炎武所云"经学即理学"，王夫之所云"六经责我开生面"，更富于积极意义。清代后来的一些学者逐渐由治经转向兼治子书，由专尊孟转而亦尊荀，虽不一定是受到傅氏的启发，却是他这种观点的延续和发展。

张尔岐是清初宗奉程朱理学的经学家，尤精三礼。顾亭林曾称："独精三礼，吾不如张稷若（按：尔岐字）。"他的《蒿庵集》中有《中庸论》（上下）、《天道论》（上下），都是清初学术思想史上的重要文献。这两《论》都有较浓厚的理学色彩，但都对理学有所突破，有与荀学暗合之处，前一篇尤对乾、嘉以后崇尚礼学、因及荀学的影响颇大。

《中庸》相传是子思的作品，宋代学者特别标榜，朱熹以之列入《四书》，成为后来士人的必读书，更是理学家崇拜备至的经典之一。张氏此论是有感于"言中庸而不指名其物，人得本其所见以为说"而作的。他认为《中庸》一篇其至要者只在这两句话："喜怒哀乐之未发谓之中，发而皆中节谓之和。""繇礼而后可以中节""则中庸云者，赞礼之极辞也，《中庸》一书，礼之统论约说也"。据他说，这不是他的创见，而是从汉人把《中庸》收入《礼记》一书悟出来的，"吾之说，汉人之说也"（均见《中庸论》上）。事实可能如此，但其更深刻的历史原因是：宋代理学家把所谓中庸以及其中所说"已发""未发"说得很玄，在实践上却难以把握，于是弄得有些人口头上高谈《中庸》"天命之谓性"的性命之学，实则行同狙狯，遂有伪道学之讥。清初的学人有见于此，力求把道德修养落到实处，顾炎武不谈玄奥的性命之理，只强调"博学于文，行己有耻"，即是为救此弊。张氏对顾说有所不满，认为性命之理还是不可抛弃（见文集《答顾亭林书》，原文略），但时弊是不可不救的，他又精研三礼，故提出要以礼来作为实行和检验性命之理的准绳。这与荀子的崇礼，出发点虽有所不同，其目标却若合符契。乾、嘉以后的大汉学家几乎无不用心礼学，有些人并由此而注意荀子，张尔岐的《中庸论》实有以启之。

张氏的《天道论》与明刘基的《天道论》颇相似，也是以气贯通天人，但在注意天人之分这一方面尚不及刘。但他说："天道者，犹之曰自然而已矣。势之所必至，气之所必至，安得不曰天道也。"（《天道论》上）把天道归之自然，又在气之上加了个"势"，天道实质上成了必然规律的代名词，这是对天人合一说的一种发展。他又说："以天道为必不可知者，非也；不可知，是天不足恃也。以为必可知者，亦非也；必可知，是天可以意也。不足恃，是为不量天；可以意，是为不量己。"（《天道论》下）虽是从可知与不可知立论，但承认天不可以意，在一定程度上还是承认天人有分，在天人合一说中打入了一个楔子。

王夫之的思想也从理学出，他承理学家张载以气贯通天人之说，认为"阴阳二气充满太虚，此外更无他物。……在天而天以为象，在地而地以为形，在人而人以为性"（《张子正蒙·太和篇》注），基本上是天人合一论者。但他颇重视事物的变化和区别，认为"天不听物之自然，是故纲缊而化生"（《思问录·内篇》，下同）。所以也注意天道和人道的区别，曾说：

> 在天而为象，在物而为数，在人心而为理。古之圣人，于象数而得理也，未闻于理而为象数也。于理而立之象数，则有天道而无人道。（疑邵子）

这是说：人们可以根据自然现象推知宇宙人生的道理，但不能像邵雍那样根据推知的某种道理推衍出某种固定的世界图式，用以规范一切人事，从而抹煞人道与天道的区别。他还进一步举例说：

> 知、仁、勇，人得之厚而用之也至，然禽兽亦与有之矣。禽兽之与有之者，天之道也。好学近乎智，力行近乎仁，知耻近乎勇，人之独而禽兽不得与，人之道也。故知斯三者，则所以修身、治人、治天下国家者以此矣。"近"者，天人之词也，《易》之所谓"继"也。修身、治人、治天下国家以此，虽圣人恶得而不用此哉！

又说：

> "立人之道，曰仁与义"，在人之天道也。"繇仁义行"，以人道率天道也。"行仁义"，则待天机之动而后行，非能尽夫人之所以异于禽兽者矣。天道不遗于禽兽，而人道则为人之独。"繇仁义行"，大舜存人道，圣学也，自然云乎哉？（《思

问录·内篇》)

按：这两段是说，人伦道德虽本于天，但必假修为，方能完善，如但凭自然，则人与禽兽无异。这似与孟子认为人虽有仁、义、礼、智的善端，但必须加以学养扩而充之的意旨相近，但船山（夫之号）把这个问题提高到人道与天道的区别来说，就含有天人相分之意了。故可以认为，他是在一定程度上吸取了荀子的性伪之说以修正孟子之说。只是他仍坚持人性本有善因，与荀子认为人之性恶是不同的。

二、清中叶荀学的复兴及其特点

荀学的真正复兴是在乾、嘉以后。它是同考据学的兴盛相联系的。清代的考据学萌发于清初，而大盛于乾、嘉时期，其余波及于晚清。因乾、嘉时的考据学家多推崇两汉的经学，故亦称汉学，又因其研究方法侧重语言、文字、名物、制度方面，且强调实事求是，反对宋明理学家的空谈性理，故又称朴学和实学。由于清乾隆以前对文化的统制很严，文字狱很残酷，在清初一些具有反清思想的明末遗老相继去世后，学者们不敢多接触现实的政治问题，因而考据学家的研究多集中在古文献的研究和整理上面，其研究的范围也越来越广，几乎无所不包。然经学始终是核心，其他可以说是它的延伸和深入。在经学中，三礼中的名物制度最复杂，又成为中心。这是因为它较难触犯时讳，也较易为清朝最高统治者及其满洲贵族集团所接受。但研究经学，不能脱离诸子，先秦诸子尤不能忽视，故诸子也较多地受到注意。尽管乾、嘉时的考证家对诸子的研究亦多局限于版本的校刊，文字训诂的考释方面，对荀子研究也如此，但研究既已开展，人们不能不面对其中所包含的思想观点，也不能完全回避对它的评价。故这时对荀子的研究和对荀学的阐扬，可以分为三个方面：一是对《荀子》文字、训诂的订正和补充；一是从经学史的角度赞扬荀子的功绩；一是以调和孟、荀的方式为荀子争地位，甚至假弘扬孟学之名以张扬荀学。这三者可说是清代中叶荀学发展的特点，其余势且及于晚清。下面试分述之。

1. 乾嘉以后对《荀子》的整理与注释

关于这方面的情况，梁任公《中国近三百年学术史》作了扼要的论述：

> 其书（按：指《荀子》)旧注只有唐杨倞一家，尚称简絜，而疏略亦不少，刻本复本讹夺。容甫（按：汪中字）盖校正多条，然未成专书。专书自谢金圃（墉）、卢抱经（按：即卢文弨）之合校本始。今浙刻二十二子本所采是也。（书前列辑校名氏，除卢、谢外，尚有容甫及段茂堂、吴兔床、赵曦明[敬夫]、朱文游[奂]五人。)此本虽卢、谢并名，然校释殆皆出抱经。（谢《序》云："援引校雠，悉出抱经，参互考证，遂得蒇事。"然则此书实卢校而谢刻耳。）在咸、同以前，泂为最善之本。卢校出后，顾涧蘋（按：即顾广圻）复校所得宋本，续校若干条，为《荀子异同》（一卷)，附辑《荀子佚文》。郝兰皋（按：即郝懿行）亦为《荀子补注》（一卷)，刘端临（台拱）为《荀子补注》（一卷)，陈硕甫（奂）为《荀子异同》，陈观楼（昌齐）为《荀子正误》（卷数均未详)，皆有所发明。而王石臞（按：即王念孙）《读荀子杂志》（八卷）较晚出，精碎无伦，诸

家之说时亦甄采。(惟陈观楼似未见采 [？]。观楼极为石臞所推，其书已佚，可惜也。)次则俞荫甫(按：即俞樾)《荀子平议》(四卷)，体例同石臞。自顾、郝至王、俞，其条释别行，不附本书。最后乃有王益吾(先谦)著《荀子集解》二十卷，自杨倞至清儒诸家说网罗无遗，而间下己意，亦多善解。计对于此书下工夫整理的凡十五家，所得结果令我们十分满意。

按：梁氏乃统清代言之，所举略尽。惟据徐世昌《清儒学案》卷一九零，陈毅(诒重)亦有《荀子集解》，又胡元仪集载有《荀子注·序》，当亦有书，似当补入。然此二书我均未见，不知是否已刻，无从论列。《荀子》一书，传刻本既多讹误，原文复古雅，所用词语，多有他书所罕见者，故通解不易。经清人努力校释，已大体可晓，这确是一个很大的贡献。然亦尚有未尽妥帖或遗漏之处，故近人复有补订，但这已在本书所论之外，就从略了。此外，当清时，日本学人亦于《荀子》的校释有所贡献，以本书只论其在我国的流衍，亦从略。

2. 清中叶荀学衍变的特点与影响

在重视《荀子》校释的同时，对荀学的研究和再评价也因之而起，成为荀学复兴的重要标志。但此时学人对荀学的肯定、吸取，与唐人不同，唐人所发挥的是其天人相分说，此时则因推崇荀子的多为经学家、考据学家，且有不同程度的反理学倾向，故其对荀子的肯定和吸取集中于他在传经方面的贡献及其人性论中的合理因素；又因《孟子》早已定为经，学者们大抵虽尊荀而不批孟，甚至在尊孟的旗帜下去发挥荀子的某些观点。这成了此时荀学衍变的特点。

由于这时推崇荀子的学者认识水平不一，反理学的程度更不一，其对荀子再评价的尺度和阐扬的方面也不一，这里约分为三类。

一类可以谢墉、钱大昕为代表，纪昀、郝懿行等大体相同。

谢墉《荀子笺释序》云：

> 荀子生孟子之后，最为战国老师。太史公作传，论次诸子，独以孟子、荀卿相提并论。……盖自周末历秦、汉以来，孟、荀并称久矣。小戴所传《三年问》全出《礼论》篇，《乐记》《乡饮酒义》所引俱出《乐论》篇，《聘义》子贡问贵玉贱珉，亦与《德行》（按：当为《法行》）篇大同。大戴所传《礼三本篇》亦出《礼论》篇，《劝学》篇即《荀子》首篇，而以《宥坐》篇末见大水一则附之；《哀公问五义》，出《哀公》篇之首，则知荀子所著，载在二戴《记》者尚多，而本书或反缺佚。愚窃尝读其全书，而知荀子之学之醇正，文之博达，自四子而下，洵足冠冕群儒，非一切名法诸家所可同类共观也。……荀子在战国时，不为游说之习，鄙苏张之纵横，故《国策》仅载谏春申事，大旨劝其择贤而立长，若早见及于李园棘门之祸，而为厉人怜王之词，则先几之哲，固异于朱英策士之所为，故不见用于春申，而以兰陵令终，则其人品之高，岂在孟子下？顾以嫉浊世之政，而有《性恶》一篇，且诘孟子性善之说而反之，于是宋儒乃交口攻之矣。尝即言性者论之，孟子言性善，盖勉人以为善而为此言；荀子言性恶，盖疾人之为恶而为此言。要之绳以孔子相近之说，则皆为偏至之论。……然孟子偏于善，则据其上游；荀子偏于恶，则趋乎下风。……然尚论古人，当以孔子为权衡，过与不及，师、

　　商均不失为大贤也。

谢墉的这些话(包括省去的批驳苏轼的一段话)全都有为而发,其
尤可注意者为:他详细地列举了二戴《记》中所载荀子之文,这
似乎只是作一点考证,但二戴《记》是有权威的儒书,小戴《记》
(即《礼记》)且早已列为经。这个事实,宋人不容不知,但在
批荀时却有意无意地忽略了。谢墉(还有汪中)把它揭示出来,这
自然有力地抬高了荀子的地位。他用时代不同来解释荀子提出性
恶说的原因,也颇有见;特别是他用"过犹不及"来平衡孟、荀,可
谓巧于立言。

　　钱大昕对《笺释》所作的《跋》大旨同谢氏。他所补充的
有两点:(1)"宋儒言性虽主孟氏,然必分义理与气质而二之,则
已兼取孟、荀二义;至其教人以变化气质为先,实暗用荀子化性
之说,然则荀子书讵可以'小疵'訾之哉?"(2)"古书伪与为
通。荀子所云'人之性恶,其善者伪也'。此'伪'字即'作为'之
'为',非'诈伪'之'伪'。故又申其义云:'不可学、不可事而
在人者谓之性,可学而能、可事而成之在人者谓之伪。'《尧典》
'平秩南讹',《史记》作'南为',《汉书·王莽传》作'南伪',此
伪即为之证也。"上两点,均非钱氏独创,其前一点,明人孙慎
行已言之(见前章);其后一点,唐杨倞《荀子注》早已拈出。但
人们多视而不见,或故意忽略,钱氏郑重提出,仍然有其意义。伪、
为古相通,杨倞未加说明,钱氏详为之证,使读者不致误会,尤
为有益,不得以今人皆知荀子之"伪"即人为而忽之。

　　郝懿行有《与王引之伯申侍郎论孙卿书》,亦谓荀子"其学
醇乎醇",同于谢、钱两氏;其辨性善、性恶说以为"各执一偏"亦
同。他所补充的是对"孟子尊王贱霸,荀每王霸并衡"作出解释,谓

是"荀矫孟氏之论,欲救时世之急。……因时无王,降而思霸,孟、荀之意,其归一耳"。其言甚约,未畅其旨。然能从时代不同,说明荀子兼采王霸之意,亦为有见。

比之上三家,纪昀对荀子的评价稍低。他在《四库全书总目提要》中,认为"卿之学源出孔门,在诸子最为近正,是其所长;主持太甚,词义或至于过当,是其所短。韩愈大醇小疵之说,要为定论"。其意盖以为性恶之说,宋人虽攻之不当,失其本旨,然"以善为伪,诚未免于理未融"。但纪昀也有一点可贵的补充,这就是他认为不能以荀子曾批孟子而加以挞伐,其言曰:

> 王应麟《困学纪闻》据《韩诗外传》所引,卿但非十子,而无子思、孟子,以今本为其徒李斯等所增。不知子思、孟子,后来论定为圣贤耳。其在当时,固亦卿之曹偶,是犹朱、陆之相非,不足讶也。

这话在今人看来,殊为平常。然在孔、孟并称已成定局的清代,这种说法不但有识、有胆,也是对荀子的有力的辩护。由于《提要》是官书,得到皇帝的许可,更增加了它的分量。嘉道以后一些尊荀的学者即多引《提要》的评价为荀子争地位。

四家之外,尚可提到罗有高和王元文。罗氏在《答彭允初书》中谓孟子之后"道熄文裂,功利之焰炽,荀卿崛起,黜礼祥,明王道,崇礼矫性以摩世;董生阐春秋,文阴阳;扬子衍玄文法言,皆命世豪杰"(转引自《清儒学案》卷四二)。其言无所祖,而眼界开拓。又云:"南宋迄明,标理学,依据最尊,气益矜,心益大,荀、扬、司马(迁)、韩(愈)、欧(欧阳修)诸老,不足当一盼。所著书汗漫散衍,率陈腐熟烂,宝为大道所寓。故文日敝而道愈不明。"其人本崇理学而能作此语,也反映时会不同,宗理学者也不能故步自封了。王元文作有《荀子论》(见《清文汇》乙集卷四八)，他说："盖孟子之言性善，即《尚书》所谓'道心'也；荀子之言性恶，即《尚书》所谓'人心'也。夫天下之物，皆不能无相为对待者，故天有阴阳，世有治乱，事有吉凶，体有小大，而性有善恶。惟其有二，故消长剥复，相为循环而不已，而要以正则扶之，邪则抑之。……故耳目鼻口之欲纵，则仁义礼智之德亡。然德固易亡，欲固易纵，必有孟子之说，始知道心不可不为之主；必有荀子之说，始知人心不可不为之制。"其意大体与谢墉、钱大昕同，其于荀子微有批评，则略近纪昀。他在最后说："噫！荀子不能平其心而诋孟子，而宋儒亦不能平其心而诋荀子。自宋儒以后，左朱右陆，门户纷纷，又何可胜道哉！"则与罗有高之意相近。他们两人之论，似均有调和矛盾之嫌，然对待不同的学术流派，原是不必一概否定或一概肯定的。因为即使应区别对待，也不可排除其中有可互相补充、订正之处。

一类可以汪中为代表。

汪中是清乾隆间大力表彰荀子的一位学者，著有《荀子通论》及《荀卿子年表》并附考辨，于《荀子注》的撰者杨倞亦有考证，在当时均为创始之作。汪氏精于考据之学，然所考荀子生平殊有未密：前既云荀"年五十始游学来齐，则当湣王之季，故《传》云'田骈之属皆已死'也"，后复言"刘向《叙录》以齐宣王时来游稷下，后仕楚，春申君死而卿废。……上距宣王之末，凡八十七年……则春申君死之年，卿年当一百三十七矣"。前后牴牾，而无所辨正，殊觉可怪。但《年表》及所附考证于有关荀子生平之史料搜罗已尽，排比勘合，亦颇用心，于后学不为无功。《通论》凡三段，其第二段辨《韩诗外传》及《战国策》

所记荀子答春申君语出《韩非子》，非荀子语；第三段考证杨倞生平，皆属考据文字。第一段则以"荀卿之学出于孔氏，而尤有功于诸经"两语为纲目，其于第二语论证特详，遍及荀子与诸经传授的关系，本书在第八章曾分别征引并加以辨正。这里不再重复。其于第一语则惟考证其师承，原文说：

> 今考其书，始于《劝学》，终于《尧问》，篇次实仿《论语》。《六艺论》云：《论语》，子夏、仲弓合撰。《风俗通》云：穀梁为子夏门人。而《非相》《非十二子》《儒效》三篇每以"仲尼、子弓"并称，子弓之为仲弓，犹子路之为季路，知荀卿之学实出于子夏、仲弓也。《宥坐》《子道》《法行》《哀公》《尧问》五篇，杂记孔子及诸弟子言行，盖据其平日之闻于师友者。亦由渊源有渐，传习有素而然也。

按：王念孙说："容甫（按：汪中字）才学识三者皆过人。"今读其《述学》内外篇，确有三者兼备之作。以"识"论，如《墨子注序》云：

> 儒之绌墨子者孟氏、荀氏。荀之《礼论》《乐论》，为王者治定功成盛德之事；而墨之节葬、非乐，所以救衰世之敝：其意相反而相成也。若夫兼爱，特墨之一端。然其所谓兼者，欲国家慎其封而无虐其邻之人民畜产也。……彼且以兼爱教天下之为人子者，使以孝其亲，而谓之无父，斯已过矣。后之君子日习孟子之说，而未睹墨子之本书，众口交攻，抑又甚焉。世莫不以诬孔子为墨子罪。虽然，自儒者言之，孔子之尊，固生民以来未有矣；自墨者言之，则孔子，鲁之大夫也，而墨子，宋之大夫也。其位相埒，其年尤相近，其操术不同，其立言务以求胜。此在诸子百家莫不如是，是故墨子之诬孔

子，犹老子之绌儒学也，归于不相为谋而已矣。

这就是有识。联系前引纪昀之论荀子非孟，还可见当时学者对诸子之学有一种新的看法，闪耀着追求学术自由的理性的光辉。然而颇觉奇怪的是：汪氏于孟、荀之争，于荀、孔在思想观点上的继承关系，却不置一词。这是什么原因呢？因无可考，不敢妄测。以其《墨子序》推之，或是以为诸子之学，各有所当，不必详为疏通辨析；也可能是认为荀学的师承既明，其传经之功已定，其他异同，就不足计较了。这也可说是他的一种"识"。因为在儒家经学备受推崇的清代，仅凭传经这一点，就已足恢复汉人孟、荀并称的传统，益以师授渊源有自，荀子作为孔子之后儒学大师的地位就更难动摇了。梁启超在《中国近三百年学术史》第十四章中说："乾隆间汪容甫著《荀卿子通论》《荀卿子年表》，于是荀子书复活，渐成为清代的显学。"可见汪氏此《论》及《年表》确实产生了很大的影响。不过，在当时，汪中以及本章前举谢墉、钱大昕等人尽管在学术界有较大的影响，清朝的官方哲学仍是宋代的程朱理学，故清代国子监文庙从祀孔子者虽几经增益，荀子却始终没有占有一席之地。但一些学者似乎很不服，故嘉、道间严可均作有《荀子当从祀议》，其后姚谌（子展）复有《拟荀子从祀议》之作。

严、姚两家之《议》均颇博采前人（包括汉儒和清谢墉、钱大昕等人）之说为荀子张目辩诬，较汪氏《通论》有详略之别，然严《议》其归要在于说明"孔子之道在六经，自《尚书》外，皆由荀子得传"（转引自《清儒学案》卷一一九），姚《议》亦首称："昔者圣王既没，大道不行，其政教之所遗，载在六籍。六籍之文，自孔子后惟荀卿得其传。"（《清文汇》丁集卷一一）以为荀子当从祀张目。这都是本于汪氏。晚清以来讲经学史者更承汪氏之说,推许荀子传经之功,本书一般不论及清以后,且前已略及,就不说了。

还有一类可以戴震、凌廷堪、焦循、张惠言等为代表。

这一类与上两类人都有所不同:上两类人虽对荀学的复兴有贡献,甚至有较大的贡献,但对荀子思想的精髓没有什么发挥,更少从理论上加以阐述。这几人则从一两个侧面有较深入的发展,而各人又有所不同。

戴震是乾隆时期的考据学大师,也是当时一位杰出的思想家。他的著述颇多,理论著作主要有《原善》和《孟子字义疏证》(另有《绪言》为《疏证》之初稿)。从这两书的标题即可知,戴震是在尊孟的旗帜下展开他的论述的。然正如钱穆在《中国近三百年学术史》中所说:"今考东原思想,亦多推本晚周,虽依孟子道性善,而其言时近荀卿。"(第八章《戴东原》)现略推钱氏所论,从下列几方面证之。

(1)戴氏全部学说的基础是他的人性论。他对人性所下的定义是:"人之血气心知本乎阴阳五行者,性也。"(《疏证》卷上《理》)他认为,血气须得其养,故有欲;心知有觉,故能知遂己之欲亦遂人之欲。故说:"人与物同有欲,欲也者,性之事也;人与物同有觉,觉也者,性之能也。欲不失之私,则仁;觉不失之蔽,则智;仁且智,非有加于事能也,性之德也。言乎自然之谓顺,言乎必然谓之常,言乎本然之谓德。"(《原善》卷上)"欲者,血气之自然,其好是懿德也,心知之自然,此孟子之所以言性善。"(《疏证》卷上《理》)这就是说,仁义(以及礼智等)都是出于同欲,故说性是善,至于不善,那只"纵之至于邪僻,至于争夺作乱"(同上)。这与荀子似若相反,而结论与孟子同。但孟子说:"口之于

味也，目之于色也，耳之于声也，鼻之于臭也，四肢之于安逸也，性
也，有命焉，君子不谓性也；仁之于父子也，义之于君臣也，礼
之于宾主也，智之于贤者也，圣人之于天道也，命也，有性焉，君
子不谓命焉。"（《孟子·尽心下》）意思是说，人的感官欲望与伦理道
德观念都是天生之性，但他认为前者只应归之命，而后者方归之
性。宋人把性分为天理（或义理）之性与气质之性即据孟子此
言。戴震巧为辩说，认为"谓性，犹云藉口于性耳，君子不藉口
于性以逞其欲，不藉口于命之限而不尽材"（《疏证》卷中《性》），是
失孟子之旨的。本书在前面已说过，荀子的性恶论是基于人之有
欲，孟子则是撇开人的基本的食色之欲去谈性善。戴氏与孟、荀
均不同，他认为欲的合理化即是善，反之为恶。这在形式上是调
和孟、荀。但荀子说："人生而有欲，欲而不得，则不能无求，求
而无度量分界，则不能不争。争则乱，乱则穷。先王恶其乱也，故
制礼义以分之，以养人之欲，给人之求。"（《礼论》）故从根本上说，戴
氏实同于荀子，其区别只在于荀子把"养人之欲，给人之求"的
礼义归于圣人之积伪，而戴则归之于圣人因人之自然以归于必然
耳。不仅如此，孟子虽亦强调人的后天学养，但尤重人具有先天
的道德素质。荀子虽言性恶，但强调人的感知和认识事物的能
力，认为"凡以知，人之性也"。这是他认为人之性恶，但圣人
能积伪以生礼义的理论基础。戴氏也强调"心知"的作用，把仁、
智等说成"心知"作用的产物。这正是对荀学的继承。按：前人
（包括明人的罗钦顺、王廷相，清人王夫之、陈确等）也有主张理
在欲中的，但未见有人像戴震这样以为理出于欲，更罕见有人像
他这样把人的认识能力作为人的理性思维和行为的基础，故前人
尚只能说是对程朱理学的批判继承，戴氏则是对荀学的继承和发

展。正惟如此，戴氏又特别重视私与蔽的区分。他认为："人之患，有私有蔽。私出于情欲，蔽出于心知。无私，仁也；不蔽，知也。非绝情欲以为仁，去心知以为智也。是故圣贤之道，无私而非无欲，老、庄、释氏，无欲而非无私。……凡异说皆主于无欲，不求无蔽，重行，不先重知。"（《疏证》卷下《权》）以之批判宋儒"存天理，灭人欲"之说。这与荀子既强调人欲不可绝和重视解蔽亦一脉相承，反映了清人重理智的新思想和新潮流，对宋明理学重主观反省、重不变的天理是一个有力的反驳。

（2）在天人关系上，戴震在表面上亦与荀子不同，他认为："仁义之心，原于天地之德者也，是故在人为性之德，斯二者，一也。"（《原善》卷上）这是天人合一论。但他又说："天道，五行阴阳而已矣，分而有之以成性。"（同上）"自人道溯之天道，自人之德性溯之天德，则气化流行，生生不息，仁。由其生生，有自然之条理，观于条理之秩然有序，可以知礼矣；观于条理之截然不可乱，可以知义矣。"（《疏证》卷下《仁义礼智》）可见其所谓天道，只是一种自然规律，并非神的意志的体现。这在一定程度上继承了荀子的"天行有常"的观点，只是他以人道附会天道，与荀子坚持天人相分不同。不过，戴震论人性、人道，虽说本于自然，而尤强调心知能认识其必然。钱穆认为荀子极重后天人为，"此即东原（按：戴震字）精研自然以底于必然之说也。"仍然是有其道理的。

（3）荀子特重礼。戴氏亦曰："一阴一阳，盖言天地之化不已也，道也。一阴一阳，其生生乎，其生生而条理乎。……条理之秩然，礼至著也；条理之截然，义之著也。"（《原善》卷上）"礼者，天地之条理也。"（《疏证》卷下《仁义礼智》）而"理者，察之而几微必区以别之名也"(《疏证》卷上《理》)，并没有宋儒所云超乎事物之上的天理的存在。可见从人事言，他基本上把理落实到礼。只是理还包括着物理，与礼有不同而已(亦见《疏证》卷上《理》，不具引)。这与荀子在《礼论》中所言，礼之意是"养人之欲，给人之求"，其要在制"度量分界"，其大旨是相同的，只是荀子纯从人为言，戴氏则推本于天罢了。

戴震的这些观点在当时引起了颇大的反响。由于他的学说主要是批判理学家的天理、人欲之辨，而理学家"存天理，灭人欲"之说已流行数百年之久，士大夫习闻其说，自欺欺人已成定例；又晚明王学异端如李卓吾等曾肯定人欲的正当性，产生过人欲横流的负面效应，也使一些士大夫胆战心惊，惟恐那种局面重演，故许多人也如宋人之诋荀子一样对戴氏之说加以诋毁或贬抑，当然，程度不同。宗理学者或谓其"诋毁"程、朱，诅其合当"身灭嗣绝"(姚鼐《惜抱轩诗文集·再复袁简斋书》)；或谓"通遂其欲，不当绳之以理"，为"亘古未有之邪说"(方东树《汉学商兑》)。兼尊宋学的考据学家，则或谓戴别事物条理之"理"与宋儒"天理"之"理"为二，是"文理不通"(见翁方纲《理说驳戴震作》)；或谓《疏证》"非言性命之旨也，训故而已矣，度数而已矣"(洪榜《与朱筠书》，见《汉学师承记》)；或谓"性与天道不可得闻，何图于程、朱之外复有论说！戴氏可传者不在此"(《汉学师承记》洪榜传载朱筠语)。达识之士如章学诚颇能见其精诣，谓"戴著《论性》《原善》诸篇，于天人理气，实有发前人所未发者，时人则谓空谈义理，可以无作，是固不知戴矣"，然亦谓其"丑诋朱子"为"害义伤教"(《文史通义·朱陆篇书后》)。

但戴氏的学说，并不仅如某些人所说，只是从古训出发，以驳正宋人。他是"自十七岁时，有志于闻道，谓非求之六经、孔、孟不得，非从事于字义制度名物，无由以通其语言。为之三十余年，灼然知古今治乱之源在是"（段玉裁所作戴氏《年谱》引戴致段书），才写成《原善》和《疏证》的。故他与当时另一著名学者惠栋，在以通古训为治学基础这一点上虽相似，而其实不同。惠氏唯求古训，在客观上也有某种纠正理学家解经之失，恢复早期儒学面貌的一面，却非着眼于现实。戴氏早年在义理上亦宗程朱，但他在阅历丰富之后，深感理学家"以理杀人"（本集《与某书》中语），才逐渐从早期儒家（以荀子为主）的著作领悟到理义（礼义）出于合理的情欲的道理，经过反复思考，逐步深化，终于勇敢地站出来批判程、朱，从《原善》到《疏证》即反映他这种艰苦探索的过程。这两书的基本精神是一致的，都从欲与觉（或血气与心知）出发论人性，论理、义的产生。但《原善》只正面讲述道理，没有直接批宋儒，《疏证》就直接批程、朱了。这绝非戴氏晚年有"矜气"，不尊重前人，观其《与彭允初书》说：

> 程、朱以理为如有物焉，得于天而具于心，启天下后世人人凭在己之见而执之曰理，以祸斯民；更淆以无欲之说，于得理益远，于执其意见益坚，而祸斯民益烈。岂理祸斯民哉？不自知为意见也。离人情而求诸心之所具，安得不以心之意见当之！

可见他是骨鲠在喉，不得不发。这岂是只考证训故、名物、制度的考据家之言，尤非只是"矜气"者之语，而是抱着深切关心民物的博大胸怀所发出的呼声，是那个万马齐喑时代的呐喊，只是当时正值文字狱猖獗，他不得不穿着古装，借古人的语言来表达己见罢了。正惟如此，其说间不免附会，亦惟如此，其生前身后虽遭到一些人的非议，但能于理学之外自张一帜，反理学的思潮也因之复起,而包括荀学在内的早期儒学的某些精义也因之得到广泛的传播。但承戴氏之风而起者,对戴氏反理学的精意大都理解不够,故一些人流于皮相、琐屑,一些人则逐渐走向调和矛盾的道路。这里不拟详加评述,只举其中于荀学颇有关系的凌廷堪、焦循、张惠言略加评说;黄式三年辈较晚,以其曾较全面申述戴学,亦附及之。

凌廷堪是乾、嘉间张扬戴学和表襮荀学的著名学者。荀子崇礼,戴氏承其师江永之学,亦精于礼,凌氏继其绪,也以治礼著称,兼及乐,著有《礼经释例》《燕乐考原》。前者以发明古礼为主,后者则以通乐律之变为务。又作《复礼论》《好恶论》及《荀卿颂》,推原荀、戴论性之旨和"条理之秩然"即礼之意,提倡以复礼取代宋儒体认天理之说。其《荀卿颂》曰:

> 夫人有性必有情,有情必有欲。故曰:饮食男女,人之大欲存焉。圣人知其然也,制礼以节之……制礼以防之……然后优游厌饫,徐以复性而至乎道。周公作之,孔子述之,别无所谓性道也。……夫舍礼而言道,则空无所附,舍礼而复性,则茫无所从。盖礼者,身心之矩则,即性道之所寄矣耳。……若夫荀卿氏之书也,所述皆礼之逸文,所推者皆礼之精意……后人尊孟而抑荀,无乃自放于礼法之外乎?(《校礼堂集》卷十)

这里除本戴震说以性为善,因有"复性"一语外,其余可谓全同于荀子。他又说:"孟氏言仁,必申之以义;荀氏言仁,必推本于礼。"(同上)此亦得荀子之精义。本此,他继戴氏之后,亦批判宋儒天理之说,甚至对戴氏仍袭用宋儒理、气、体、用等术语也认为不必要,谓"吾郡戴氏,著书专斥洛、闽,而开卷仍先辨理字,又借体用二字以论小学，犹若明若昧，陷于阱攫而不能出也"（《好恶说》下），而他则一扫而去之，说：

> 《论语》记孔子言备矣，但恒言礼，未尝一日及理也。……其所以节心者，礼焉尔，不远寻夫天地之先也。其所以节性者亦礼焉尔，不侈谈乎理、气之辨也。……后儒熟闻乎释氏之言心言性，极言其幽深微眇也……于是窃取其理事之说而小变之……复从而辟之，曰：彼之以心为性，不如我之以理为性也。（《复礼论》下）

又说：

> 考《论语》及《大学》皆未尝有理字，徒因释氏以理事为法界，遂援之而成此新义。是以宋儒论学，往往理事并称。……无端于经文所未有者，尽援释氏以立帜。其他如性即理也，天即理也，尤指不胜屈。故鄙儒遂误以理学为圣学也。若夫体用对举，惟达磨东来，直指心宗，始拈出之。……宋儒体用，实出于此。（《好恶说》下）

按：天理一词，见《礼记·乐记》，以气为有形之始，见《庄子·至乐》篇。宋儒理、气之说皆有所承，惟理、气对举为创造；体、用对举，见王弼《老子》"上德不德"章注，是否外来或王氏自创，不可知，凌氏皆失考。这姑不论，即使前人所无，而为外来，亦未为不可。戴氏只批宋儒孤悬一理于欲之外出于释氏，而不废理、气与体、用两对术语，只给予"天理"以唯物的解释，盖有见于此。凌氏尽扫而去之，虽痛快，却失之隘矣。又凌氏云：

> 是故礼也者，不独大经大法悉本夫天命民彝而出之；即一器数之微，一仪节之细，莫不各有精义弥纶于其间，所谓"物有本末，事有终始"是也。格物者，格此也。《礼器》一

篇，皆格物之学也。若泛指天下之物，有终身不能尽识者矣。盖必先习其器数仪节，然后知礼之原于性，所谓致知也。（《复礼论》中）

这段话尤有病。盖古所谓礼有广、狭二义。荀子谓"礼者，法之大分，类之纲纪""礼者，养也"，皆就其广义言之，其《礼论》中所述礼之节文，则就其狭义言之。狭义虽包含于广义之中，但不相等同。戴震说："礼者，天地之条理也……即仪文度数，亦圣人见于天地之条理，定之以为天下百世法。"即通广狭二义言之，接着说："礼之设所以治天下之情，或裁其过，或勉其不及，俾知天地之中而已矣。"（《疏证》卷下《仁义礼智》）亦不局于仪文。他又说："圣人之言无非使人求其至当以见之行……凡去私不求去蔽，重行不先重知，非圣学也。"（《疏证》卷下《权》）极重认识的明通。凌氏虽亦言礼有"大经大法"，而笔锋一转，惟落实到仪文度数，并谓"格物"即"格此"，则所谓复礼，实只是精习仪节度数而已，考据仪文度数而已，其狭已甚。至于礼之因时损益，自然更在所不谈了。

稍后于凌廷堪的焦循亦甚宗仰戴震，所作《孟子正义》即多采戴说。故其论性亦汇通孟、荀而承荀者为多。但焦循论学，甚注意通变，其论《易》即强调"时行"，于论性、论礼亦然。故他虽不如凌氏尊荀，然其论性、论礼均于荀子有所继承，而又有所发展，如其论性、伪的关系说：

《系辞》传云："以通神明之德，以类万物之情。"即所谓性善也，善即灵也，灵即神明也。……人之有男女，犹禽兽之有牝牡也。其先男女无别，有圣人出，示之以嫁娶之礼，而民知有人伦矣。示之以耕耨之法，而民知自食其力矣。以此教禽兽，禽兽不知也。禽兽不知，则禽兽之性不善，人知之，则人之性善矣。……故非性善无以施其教，非教无以通其性之善。教即荀子之所谓伪也，为也。为之而能善，由其性之善也。（《孟子正义·滕文公上》"滕文公为世子"章）

又论性与利、义的关系说：

《春秋繁露·仁义法》云："义者谓宜在我者。"其性能知事宜之在我，故能变通。上古之民，始不知有父，惟知有母，与禽兽同，伏羲教之嫁娶，定人道，无论贤智愚不肖，皆变化而知有夫妇父子；始食鸟兽蠃蜯之肉，饥则食，饱则弃余，神农教之稼穑，无论贤智愚不肖，皆变化而知有火化粒食；是为利也。……云故者以利为本，明人之所以异于禽兽者，在此利不利之间，利不利即义不义，义不义即宜不宜。能知宜不宜，即智也；不能知宜不宜，则不智也。智，人也；不智，禽兽也。几希之间，一利而已矣，即一义而已矣，即一智而已矣。（《正义·离娄下》"天下之言性也，则故而已矣"章）

按：焦氏所谓"灵""神明"，实即戴氏所谓"心知"与荀子所说的"心有征知"所达到的认识的境界，只是荀子不以可以知之性论善恶为不同。他认为义生于利，亦循荀、戴的思路，惟荀子认为礼义乃为制利而生，戴、焦则认为正其利即为义。从本质上说只是概念上的转换。但正如本书前面已指出的，荀子的性、伪说有一个重大的缺陷：他只说"圣人积伪而起礼义"，却未作历史的说明，也未明确地把礼义与人的知性相联系，只用一"积"字含混了之。戴氏在把心知与善联系起来这一方面比荀子交代得清楚一些，但同样也未能从历史的演变加以考察。焦氏则能通其变，利用已知的古史知识来考察人性的演变，指出人性之异于禽兽，人伦（即礼）之所以产生，有一个历史过程；由求利而知义也有一个历史过程。这就把人类怎样由但有利欲之性到具有义理或礼义之性的过程说得较清楚了。在一定程度上，也指出了人性的完善是一个历史过程，纠正了历代一些人抽象地论人性的错误，具有极为重要的理论意义。近人盛称王夫之的性日生日成说，然船山之说尚是就现实中的人性而言的，还没有提出人性的历史演进问题。焦氏可说是最初注意到了这个问题。这在我国古代人性研究的历史上，实是一个更新的突破和巨大的进步。可惜人们很少注意及之。

焦氏既看到礼义的产生有一个过程，因而他论礼的本身亦强调变。其《礼记补疏叙》云：

> 《记》之言言曰："礼以时为大。"此一言也，以蔽千万世制礼之法可矣。《周官》《仪礼》固作于圣人，乃亦惟周之时用之。设令周公生宇文周，必不为苏绰、卢辩之建官；设令周公生赵宋，必不为王安石之理财。何也？时为大也。且夫所谓时者，岂一代为一时哉？开国之君，审其时之所宜而损之益之，以成一代之典章度数，而所以维持此典章度数者，犹必时时变化之，以披民之偏而息民之诈。

礼有因革，孔子已言之，但后世儒者多不敢昌言，而动以先王为法，或假复古以革新，荀子是杰出思想家，犹必假"法后王"为辞，然此"法后王"，犹引起宋儒的弹击。焦氏则扫去迷雾，径以通变为言，从某种意义上说，这也是对荀学的一种发展。

张惠言是戴震同门金榜的学生，对戴亦甚景仰，称："戴君阃通，众流并泳。"（《茗柯文四编·祭金先生文》）当曾见《原善》《孟子字义疏证》等书。但他对人性问题似不深究，只采取较为通脱的态度，惟承江永、金榜及戴震之绪，于礼则甚为重视。故所作《读荀子》论性惟以孔子性近习远之说为宗，认为"一言而本末者，圣人之言也具"，孟子则"揉其本"，荀子乃"揉其末"，而"揉其末者，未有不甚弊者也"，因为"由荀子之说，则道者，圣人所以矫揉天下之具，而人将厌苦而去之"，这大体上即前人反对性恶说的理由，无新意。不过张氏又认为："孔子言仁而孟子益之以义，荀子则约仁义而归之礼。夫义者，仁之裁制也；礼者，仁义之检绳也。孟子之教，反身也切；荀子之教，检身也详。"因此，他说："韩子曰：求观孔子之道，必自孟子始。后之学者，欲求其途于孟子，自荀子始焉可也。"这与戴震、凌廷堪等人对仁、义、礼三者的关系的看法大体相同，反映乾、嘉时一些学者反对宋儒空谈性理，而强调以礼检束行为的共同倾向，也是当时一些学者重视荀学的一个重要原因，只是张氏说得更为省括扼要罢了。他还有一篇《原治》，于礼之重要言之尤详，其略曰：

> 盖先王之制礼也，原情而为之节，因事而为之防。民之生固有喜怒哀乐之情，即有饮食、男女、声色、安逸之欲，而亦有恻隐、羞恶、辞让、是非之心。（按：此论礼之起兼采孟、荀论性之说）故为婚姻、冠笄、丧服、祭祀、宾乡、相见之礼，而因以制上下之分，亲疏之等，贵贱长幼之序，进退揖让升降之数，使之情有以自达，欲有以自遂，而仁义礼智之心油然以生，而邪气不得接焉。……故先王所以能一道德、同风俗，至于数十百年而不迁者，非其民独厚，其理自然也。

> 是故先王之制礼也甚繁，而其行之也甚易；其操之也甚简，而施之也甚博。政也者，正此者也；刑也者，型此者也；乐也者，乐此者也。

这与荀子的《礼论》，大体上是相发明的。张氏尚有《吏难三》亦此旨；而其《文质论》论礼之质文尤具新意，其言曰：

> 衣之于裘葛，食之于和味，舟车宫室器械之用，世更世变，要于其便而止，此所以生人者，非所以为文质也。文质者，又非奢俭之谓也。文质者，其要在于父子君臣之序，六亲上下之施，其事正于坐立、拜跪、祸袭、差杀、升降之际，而出入于性情之间。质之敝也，民之喜怒好恶肆然而自遂……文之敝也，天下务饰其具，机巧诈伪相冒。……故文者，作其不容己之情而已；质者，反其不容伪之诚而已。

按：历来论文质者多从物质条件的粗恶、精美与日用的奢俭着眼，张氏谓此皆非是，而以是否适于性情而又不放荡或饰伪为准。这是对礼意的一种发挥。本此，则富贵、贫贱、丰欠无不可行礼，无怪他说礼是"行之也甚易"了。

但张氏的特出之处还不在于他对荀子的礼说有所发挥，而在于他注意到了自荀子以来的天人相分说，并写了《续柳子厚天说》一文，这篇文章是用杂文的笔调写的。文章开头指出：柳宗元的《天说》是以天为无知作前提的，如天真无知，"柳子之说备矣"。接着张氏从假定天为有知加以续说。他认为："凡有知者，孰过于人？"如以上帝比作人，人居天地之中，就如"蛲蛕之居且食于藏（按：脏）者"。"蛲蛕之在于藏也，未有知之者也，其死而出于后，然后知藏之有蛲蛕也。"名医扁鹊知病人腹内有虫，"药而下之"，但只是扁鹊知，那个病人是不知的；从前鲁人误食芜华而腹中之蛭自毙，鲁人原是不知的。人既不能知藏内有虫，故虫之死生亦不诉于人，则人之生死祸福亦不当诉于天，"而怨之，而哀之，而望其赏与罚焉者，非惑邪？"这篇文字颇诙谐，与王充认为天神为王者之居深宫，不能知人暗过，颇相似。但王充把人间祸福委之于气与命，张氏则只作为一种假设，故虽不像荀子及柳宗元那样说得斩截，但结论是相同的：人是人，天是天，人虽在天地间，但天不能知有人的存在，因而自不能对人进行赏罚。自宋以来，天人合一说居于绝对统治地位，学者们虽或把天说成理、道或气，但大都对上帝之有无采取暧昧的态度，也不敢斥言天不能施行赏罚。张氏未能免俗，对上帝之有无也采取暧昧的态度，却断然声言天人相分，这不能不说是空谷足音！

附带说一下黄式三。他主要生活于道、咸间，但能承戴震之绪，作《申戴氏气说》《申戴氏理说》《申戴氏性说》，又作有《约礼说》《复礼说》《崇礼说》(均见《儆居集》，又《清儒学案》卷一五三引)，以申以礼为理之说，均于荀学有所继承。然黄氏之时，学术上的汉宋之争已渐近尾声，故他虽详辨戴氏与程、朱之别，亦屡引程、朱等理学家之言以证其合。荀学的色彩已颇淡，故这里就不加申述了。

合观以上三类学者的言论，可见清中叶荀学的研究虽有巨大的成绩，也有较明显的缺陷。主要是对荀子的天人相分说缺乏必要的注意，而对荀子礼学的张扬又或失之偏颇，忽视了荀子以礼包法，礼法兼施的传统。这是不足怪的。因为清中叶，特别是乾隆时，文化统制是很严的，文字狱很残酷，假借天道以反对理学家违反人情的天理，抬出早期儒家所强调的礼以代替理学家的天理，犹恐有触朝廷的忌讳；若公然揭露天道与人道相分，更易招致大逆不道之罪。故虽极重视人的后天学习如戴震，亦不得不借天道之生生不已委曲言之；敢于说天人相分的张惠言，不得不以诙诡暧昧之词以文饰之。我们是不能脱离他们的环境加以苛求的，法亦然。本书前已指出：自汉以来，历代的统治者无不参用法治。然他们又无不在不同程度上讳言法治或破坏法治，甚至可以说，当统治者愈是严刑峻法时愈无法治可言。这也不足怪。因为即使是封建社会之法，也带有一定的平等性和公平性。统治者要逞其专制淫威，必然以权代法，以私见代法，从而使公法成为私法。因此，胁于专制淫威的士人，也就讳言法，而用"君使臣以礼"的礼来做挡箭牌，以求得较为宽松的待遇。戴震说理学家的"天理"实为"意见"（见前引），凌廷堪以下鼓吹以礼代"理"，实均有感而发。盖礼虽"制分"，明君臣上下之别，但在早期儒家的经典里君臣上下各有一定的规范，彼此都不能逾越，逾越则非礼。张惠言在《原治》中说："是故君者，制礼以为天下法，因身率而先之也。百官有司者，奉礼以章其教，而布之民者也。"强调君要率先行礼，即此意。这实际也是其他清儒强调以礼代理的一个重要出发点，我们如仅以复古视之，那就未免失其本旨了。

正因为当时一些学者对荀学的发挥有其现实的针对性，故戴震等对宋儒"天理"说的批判和对理出于血气心知、理即礼之说的鼓吹，固然激起了一些人的共鸣，导致荀学的复兴；也引起了一些人的反对，并推本其说而归咎于荀学。于是议论荀子的文章也就多起来。从我所见到的对荀子持否定意见的文章来看，有的大体仍循宋人的思路，甚至更严酷。如张履的《性说》上说：人之性乃"从其心之本言之，而气质之末非性也。物有善恶，皆性，人之性则从其善而名之，而恶非性也。荀子曰性恶，则人无人性也"（引自《清文汇》乙集卷六四）。这基本上循宋儒只以天理之性为性，以气质之性为非性的思路而稍变之。然宋儒只就荀子之说驳，"性已不识，更说甚道"，此则斥为抹煞"人性"，更苛刻了。又王昙

《子顺辩性》谓:"天下将乱,其言妖哇。去善从恶,训其残贼。六国不数年,其卒为秦并。持之有故,言之成理,足以欺惑愚众,其荀卿之自道也。"(《烟霞万古楼集》,又《清文汇》乙集卷五四)以性恶说为妖言,这也是宋儒尚不说的。然亦有虽对荀子持批判的态度,而立言尚有分寸者,如黄彭年《释性》虽主性善说,反对性恶说,但只就荀子的论点加以驳辩,且加注云:"荀子《正名》篇:'生之所以然谓之性,性之和所生,精合感应,不事而自然之谓性。'又曰:'性者,天之就也。'然则性恶之说殆有激而言,荀子亦不专言性恶也。"(转引自《清儒学案》卷八四)采取调护的态度。陈澧说:"荀、扬、韩各自立说,以异于孟子,而荀子之说最不可通。其言曰:'人之欲为善者,其性恶也。'(《性恶》篇)黄百家驳之云:'如果性恶,安有欲为善之心乎?'(《宋元学案》卷一)荀子又云:'涂之人可以为禹。''涂之人者皆内可以知父子之义,外可以知君臣之正。其可以知之质、可以能之具在涂之人,其可以为禹明矣。'(《性恶》篇)戴东原云:'此于性善之说不惟不相悖,而且若相发明。'(《孟子字义疏证》)澧谓涂之人可以为禹,即孟子所谓人皆可以为尧舜,但改尧舜为禹耳,如此,则何必自立一说乎?"(《东塾读书记·孟子》)他和戴震一样,均未细审荀子之意,又不知荀子不以可以知之性论善恶,故有此论。然荀子所言,确有不够爽朗处,其驳论仍是可谓有理有据,非谩骂可比。他又以荀子非思、孟乃"欲求胜于前人耳"(同书《诸子书》),颇失荀旨,但亦有分寸。而在批荀的人中最能见出清人研究水平的当推汪缙。

汪缙与戴震同时,他自称:"缙为学知尊孔子而游乎二氏者也。学于孔子之徒,知尊朱子而出入于河汾、金溪、余姚诸儒者也。"(《二录·自叙》)是一个比较通达的理学家。所著《三录》中有《准孟》《绳荀》《案三家》(指刑家、兵家、阴符家)三组文章。(原书未见,《清儒学案》卷四二及《经世文编》卷一《学术》,曾引其《自叙》与《准孟》《绳荀》,所引多少不一,合之略得其概。)其《三录自叙》云:"有天下者,将以正人心、扶道术、济民生,必衷诸至圣。至圣之道一,天道也。……尧、舜、禹、汤、文、武、周公以是授受,至孔子集其大成。……孔子殁,曾、思继之,作《大学》《中庸》定其宗,传之孟子。……孟子下,智足以知尊孔子者,荀子而已。……上录曰《准孟》,准也者,立万世准则也。……中录曰《绳荀》,绳也者,绳其出入也。荀子知尊孔子矣,于其本乎天者未明也。知放弃邪说矣,根株未断也。循其说以公制私,以顺胜逆,为汉唐之治而有余矣。下录曰《案刑家》《案兵家》《案阴符家》。案也者,案其得失也,案其小有得而不胜其失也。"按:历来批评荀子者多端,但多集中于他的性恶说,而忽视其天人相分说。宋叶适注意了他的天人相分说,但其批判极为粗浅(即抬出上帝来压荀子);又不知天人相分说乃荀子思想的核心,凡其所倡导的性恶、善伪说,礼、义源起说,乃至宇宙观、认识论等,莫不以天人相分说为基础,故尽管前人的批判有精粗之别,要言之,都不免支离,未能抉出荀子思想在理论体系上的特点。汪氏在这里首先提出孔子之道是天道,其正确与否且不论,但他指出荀子"于其本于天者未明"(实即人道不本于天道),从天人合一的观点来看,却是抓住了荀子理论体系的特点的。正惟如此,他对荀子的批评便比别人站得"高",也看得较深。如其关于性善、性恶之辨,就不只是一般地以孟子视仁义礼智为内、荀子则为外为满足,而是更深一层从致知的角度立论。其言曰:

孟子所谓性善，善其仁义礼智也。后学之所谓性善，善其知觉运动也。孟子直致其知，直致其仁义礼智也。后之直致其知，直致其知觉运动也。将得为圣学乎？将不得为圣学乎？……荀、扬以耳目口鼻之欲为性，以耳目口鼻之精为知，名之曰恶者，诚见乎恶之根在是焉。积学以夺其性，则锢蔽解矣，神明出矣。然其说通乎下不通乎上。后之号圣学者，以知觉运动之精为性，即以知觉运动之精为知，诚见夫圣之舍在是焉。任天以率其性，则一灵卓矣，万有含矣。然其说通乎上不通乎下。……且夫知之为体也虚，神以之灵，圣以之凝，学以之成，业以之精。达者以形形色色沈埋至宝，乃从本原消其滓浊，因虚而应，体化无偶，天下人禽浑为一物，此归根复命之功也。充灵明空洞之说殆可语于斯，吾岂敢薄之哉？然不可以为圣学，盖灵明空洞之体，百家之总纽也。入乎管（按：仲）、韩（按：非）则为管、韩，入乎荀、扬则为荀、扬，入乎圣学则为圣学，可以之彼，可以之此。若之何遽以是号为圣学哉？（汪绂《准孟八》，引自《清儒学案》卷四二《南昀学案》）

按：此段所谓"后儒"，盖指王廷相、戴震。前已指出，王氏认为仁、义、礼、智"皆人之知觉运动为之而后成"，戴氏亦强调心之知觉，其说实本于荀子，汪氏分为上下，未当。至于其所谓"灵明空洞之体"，据汪氏在此文前面所引荀子、扬雄、管子、韩非等人的言论来看，乃指人的智慧、思想所达到的触类旁通、无所塞碍的境界。宋时理学家也追求这种虚灵的境界，朱熹就说过"虚灵是心之本体"的话。但各家的出发点不同，故观照事物的结果不一。汪氏认为，只有像孟子那样，"于性善洞然无疑，致其良知焉”（见同篇），才算圣学真传；故惟循此以达到“虚灵”方是圣学，上段引文中所说“从本原消其淳浊”“归根复性”即其意。这实际是理学家所遵循的道路和企求达到的境界，故他说“不敢薄”；而荀、扬、管、韩等则不循此径，故他认为不是圣学。不难看出，汪氏在此仍是因袭理学认为致知即体认“天理”的旧观点，从认识论和真理观的角度看，都属于唯心主义。但人的思想出发点不同，其所达到的某种知类通达、神明无碍的境界确实不同，从而形成各自不同的思想理论体系。故他的批判，较之前人只限于说孟子是内仁义，荀子是外仁义，或简单地说荀子不识性，或简单地调和孟、荀，都深入了一层。它同时也告诉我们：对于古人某些类似的言论，要从其理论体系加以考察，既见其同，也见其异，不可马虎看过。

本着圣人之道即天道的观点，汪氏在同篇对荀子的礼说也进行了批判。他说：

> 昔者先王深观天人之际，有以得其枢，三极、纽万化之理，经经纬纬，制之为礼。浑合天人，不可分判者也。然且判之，则是知礼者之有弗至也。夫天人合一，礼之大全也。天人解散，礼之一曲也。举其大全，知之兼至者也；泥其一曲，知之偏至者也。……荀子之学，礼为宗；荀子之学，礼，人为宗。礼固有天有人，以人为宗，岂知礼之大全乎？（引自《清儒学案》卷四二汪缙《绳荀》）

汪氏这段话缺乏历史观点，礼本起于民俗，把某些民俗加以规范化、制度化、仪轨化，使之成为社会生活的共同准则，就有礼。故礼之本是人道而非天道。但是原始人类就有崇拜自然和把自然界神化的风俗，人类进入阶级社会后，对神权的尊奉也长期是礼的一部分，中国汉字的"礼"从示，《说文》："示，天垂象，见吉凶，所以示人也。从二（即上），三垂，日月星也。观乎天文以察时变，示神事也。"其说不一定尽合造字的原意，但从"示"之字多与祭祀有关，大意应是不错的。故汪氏说"礼有天有人"还是对的。但说礼是天人合一则不对。人道在历史上有尊卑上下贵贱之别，为礼之主要内容，天道自然则无之，说天道也分贵贱、尊卑，是人造出来的。荀子说礼义起于圣人之积伪，从基本的方面说是对的。且荀子言礼并未忽视天，只是他完全是从人事的需要来说天，故云："礼有三本：天地者，生之本也；先祖者，类之本也；君师者，治之本也。……故礼，上事天，下事地，尊先祖而隆君师。"不过，在荀子的礼说中，事天、事地只是"礼者，养也"推拓开来的附属品，以表示尊重生养来源之意；这与当时统治者把尊天事地作为国之大事（《左传》"国之大事，在祀与戎"）来看的现实确不相符。在当时的条件下，汪氏可说是对荀子将了一军，同时，也给礼治的鼓吹者提出了一个严肃的问题。

不过，汪缙对荀子也非一笔抹煞，他在《绳荀》中就提到荀子的群分说，并加以肯定（尽管他只注意"群而无分则争"，而于群之义缺乏认识），又特别重视荀子以礼"养人之欲，给人之求"之说，并有所发挥。其言曰：

> 且夫君天下者，亿兆人中之一人焉也。以一人养亿兆人之欲，欲给养焉盖难矣。虽然，得其说而养之，无难也。夫能养亿兆人之欲也，必其能先养一己之欲者也。能以礼养亿兆人之欲也，必其能先以礼寡一己之欲者也。（引自《皇清经世文编》卷一《学术》汪缙《绳荀》）

按：荀子从人君以至百姓，都只言节欲，不言寡欲。孟子则说"养心莫善于寡欲"，汪氏专移以说人君，对孟、荀之说都是一种修正，也可说是针对人君多欲而对荀说的一种发挥，这是可取的。此外，他还对荀子所言"君者民之原也，原清则流清，原浊则流浊"之说也有所发挥，但比较起来，算是儒者之常言，不是独有得于荀子之意了。

三、晚清尊荀与反荀学的论争

近人所说的晚清，大致从鸦片战争算起。但从荀学的流衍来看，前四十余年（大致算到 1884 年中法战争前）基本上没有出现什么新现象，尊荀者（例如包世臣等）与反荀者（例如陈澧等）大都因循前人的观点。就是在后二十余年，也有一些学者仍循前人的轨辙。其中有的著述，虽对弘扬荀学不无贡献（例如前已提到的王先谦的《荀子集解》，又胡元仪的《郇卿别传》在考据荀子的生平上也对汪中《年表》有所补订），但对荀子思想的认识缺乏新的进展。且有的学者和著述，前面已提到，故我只在这里交代一下，不再加以申述，而主要讲后二十余年间带有某种新意的著述及论争。不过，这个界限也不是绝对的，有的人生活年代是跨前后两个阶段的。而其论荀的著述的具体年月又难以考定（例如吴汝纶及其《论荀子》），很难保证没有出入。

清代最后二十余年的时间虽短，但文化思想上的变化却大，其主要表现是：前此中国的知识分子中虽已有些人接触了欧美的物质文明和自然科学，对欧美的哲学、社会科学却知之甚少，仅个别人略有所闻。中法战争，特别是 1894 年的中日战争以后，就开始经过各种渠道为较多的士人所知了。康有为等倡导的维新变法运动以及后来孙中山等倡导的民族民主革命,仅从意识形态方面说,就是在欧美资产阶级哲学、社会科学的影响下产生的。在这种影响下,对荀子的评价遂亦不同。这在吴汝纶的《读荀子》中已颇见端倪,而谭嗣同、梁启超等之反荀,与章太炎之尊荀,则形成两军对垒。

吴汝纶生于1840年,卒于1903年。同治四年(1865)进士及第,曾为曾国藩、李鸿章的幕僚,与张裕钊、黎庶昌、薛福成合称曾门四弟子。后在河北深州、天津、冀州做地方官多年。因病乞休,受李鸿章延聘主讲莲池书院(在保定)。1901年(光绪廿七年)张百熙为学部大臣,荐其充京师大学堂总教习,次年曾赴日本考察教育,回国后不久卒。曾、李均为同、光间洋务运动的主要倡导者,黎庶昌、薛福成均颇知洋务,曾先后出使外国,薛尤为洋务派中的佼佼者,所著《筹洋刍议》(作于光绪五年,即1879年)首倡变法,为后来维新变法运动的先导。吴汝纶曾为《筹洋刍议》作序,盖于西方情事亦早有所了解。其后严复译《天演论》(该书成于1895年,1898年正式出版),又请吴作序。同时,他在执教莲池书院时与外国来华学人也有往来,故他应属于对西方文明较早有所了解的人物之一。不过,他的基本思想仍属于中学为体、西学为用的一派,于西方的哲学、社会科学知之不多。他于先秦诸子多有评论,其《读荀子》两篇未详作于何时,然以作于在莲池书院主讲时的可能性较大,其时盖在中法战争以后矣。

吴氏为文宗桐城,学问则颇博通,不拘汉、宋门户。其《读荀子二》将《荀子》书中之文分为自作之议论、赋及弟子所记问答三类,又辨其中杂有他人之语,皆有见,且多为前人所未及《读

《荀子一》则主要评论荀子的思想。其中辨孟、荀论性的异同，大体承前人之绪，为调和之论，不过他说："吾谓孟子固尝以声色臭味安佚为性矣，其言性善，盖本气质纯美，又病学者外仁义不为而溺于声色臭味安佚之中，故曰君子不谓性，是亦榜檠矫直之意。"比前人说得较平实而通达。然其颇能发前人之所未发者，在于对荀子礼说的论述：

> 昔孔子罕言命仁，以《诗》《书》执礼为教……其与闻性道，则曾氏一人而已。孟子晚出，私淑而得其宗，然于礼乐之意，鲜所论列。而荀卿则以为人不能生而为圣人，必由勉强积渐而至。勉强积渐，则必以礼为之经纬蹊径，故其为学，达乎礼乐之原，明乎先王以礼治天下之意。……而谓养欲给求，知通统类，又未尝以礼为桎梏也。

这最后三语，可谓深得荀子之旨，特别是"知通统类"一语，简括地道出了荀子在思想方法上的严谨性、创造性。而这一点，前人多未之识，或稍知而忽之。吴氏盖于西方自然科学的研究方法有所领悟，甚至可能对西方的逻辑学有所闻，故能于二千年后抉发其幽光。又其论荀子之非思、孟说：

> 夫学者之传，源远则末益分。故孔子之后，儒分为八。当孙卿之世，吾意子思、孟子之儒，必有索性道之解不得，遂流为微妙不测之论者，故以"僻违闭约"非之。又其时骓衍之徒，皆自托儒家，故《史记》以附孟子。卿与共处稷下，所谓"闻见博杂""案往旧造说五行"者，谓是类也。

按：荀子之非思、孟言五行，是儒学中一大公案，至今未得到切实的证据。吴氏此说，把孟子与骓衍之徒联系起来，虽未免带有推测的成分，然不失为一种较合理的解释。又他虽维护孟子，只归咎于其后学，然"索性道之解而不得"，则鼓吹性与天命者必有以启之，吴氏不过引而不发耳。这当亦由于他对科学精神略有所闻，故有会于心。

假如说，吴氏对荀子的再评价，带有某种由传统的评价到新评价的过渡性质的话，那么，清末谭嗣同、梁启超与章太炎对荀子的评论就较具新的眼光了。然双方取的角度不同，结论几乎完全相反。

就我所见，从新的角度批荀而见诸著述的当推谭嗣同，然其议实发于梁启超与夏曾佑（字穗卿），而梁、夏又可能本于康有为，现先从夏、梁之诗文说起。

《清诗纪事》载有夏曾佑《怀任公》（二首之一）诗云：

> 壬辰（按：光绪十八年，1892）在京师，广坐见吾子。草草致一揖，仅足记姓氏。洎乎癸甲间（按：指光绪十九年癸巳，1893；光绪廿年甲午，1894），衡宇望尺咫。春骑醉莺花，秋灯挟图史。冥冥兰陵门，万鬼头如蚁。质多举只手，阳乌为之死。袒裼往暴之，一击类执豕。

梁启超（任公）有《亡友夏穗卿先生》一文（见《饮冰室全集·文集》之四四）详述此诗的本事，云：

> 这首诗是他甲辰年（按：1904 年）游日本时赠我的。距今恰恰二十年了。……（按：癸、甲间）他租得一个小房在贾家胡同，我住的是粉房琉璃街新会馆——后来又加入一位谭复生（按：谭嗣同入京在乙未，即 1895 年冬），他住在北平半截胡同浏阳馆。……我们几乎没有一天不见面。……穗卿和我都是从小治乾、嘉考证学有相当素养的人，到我们在一块儿的时候，我们对于从前所学生极大的反动，不惟厌他，而

且恨他。穗卿诗里头"冥冥兰陵门，万鬼头如蚁。质多举只手，阳乌为之死"。"兰陵"指的是荀卿，"质多"是佛典上的魔鬼的译名……"阳乌"即太阳。……清儒所做的汉学，自命为"荀学"。我们要把当时垄断学界的汉学打倒，便用"擒贼擒王"的手段去打他们的老祖宗——荀子。到底打倒没有呢？且不管……我们主观上认为打倒了。……我们的"新学"要得要不得，另一问题，但当时确用"宗教式的宣传"去宣传它。

此文是梁氏晚年（1924）写的。过来人回忆往事，应该有很大的真确性。但细读却觉有不甚明白处：首先，乾、嘉考证学者有以"汉学""郑（玄）学"自命者，而以荀学自命者，我读书不多，未之见。惟同、光间李慈铭五十以后曾自号荀学老人，名其室曰"荀学斋"，并有《荀学斋日记》。然李氏本词章之士，虽博涉经史，颇事考证，殆未足代表考证学；且其人颇诡异，室名别号至多，除荀学斋外，尚有孟学斋、越缦堂、莼客等三十余种，其《越缦堂日记》即包括孟学斋、受礼庐、祥琴室、息荼庵、桃花圣解庵、荀学斋等部分，未可据其一以名其宗尚。但李在光绪间甚有名，人称其"长于三礼之学"（张鸣珂《寒松阁谈艺琐录》语）。其《荀学斋日记》序又对荀子有赞扬。称"汉初六艺皆自卿出，即所传《荀子》三十篇，醇粹美富，无所不包"，自言"夙志钻研，冀绍微绪"。《日记》当时虽未刊，其语或传于外，梁氏等盖以时闻为据，故有此说。这且不论，再就考证学的本身说，其含义也不确定，故有汉学、经学或朴学等异名，前已言之。梁氏所言何所指，也欠明确。又夏氏斥之为"质多"，殊为严峻，上述诸名的含义，似均不足以当之。梁氏这里所说的考证学，似应是特指汉学中的古文经学和

《礼记·礼运》中的小康之说，而其本则当是其师康有为。

康有为的思想前后有变化，在同一时期，其言论也存在矛盾，对荀子的评议亦然。他于光绪十七年（1891）所著的《长兴学记》中有云："汉学则本于《春秋》之《公羊》《穀梁》，而小戴之《王制》及《荀子》辅之。"稍后著《伪经考》亦只批刘歆，不批荀。就是光绪二十四年（1898）作的《孔子改制考》，也有多处赞美荀子。然其作于光绪十年（1884）的《礼运注序》则云："吾国二千年来，凡汉唐宋明，不别其治乱兴衰，总总皆小康之世。凡中国二千年先儒所言，自荀卿、刘歆、朱子之说，不别其真伪精粗美恶，总总皆小康之道也。"又光绪二十七年（1901）所作的《孟子微》亦云"二千年来皆荀子、歆学"，以其最痛恨之刘歆与荀子并提，虽有"不别真伪精粗美恶"一语，可能含有将荀、刘加以区别之意，无疑仍有一定的贬意。钱穆曾在《中国近三百年学术史》中联系康氏《大同书》加以考证，谓康氏书序所书年月不可靠：《大同书》据康氏自作《题词》，作于甲申（光绪十年，1884），其弟子梁启超则谓当时尚未成书，实作于辛丑（1901）、壬寅（1902）之间，当以梁说为是；因推论《礼运注》亦当作于此时。其言甚辩。然据梁启超所述，康氏将孔子儒学分为大同、小康两说，盖已久（见梁氏《中国近三百年学术史》）。且梁氏已在一部分同志中宣传（谭嗣同《仁学》已采康氏大同之说可证），故即使钱氏的考证可信，我认为，梁启超、夏曾佑的批荀，也可能是受康氏以荀子只传小康之学的启发。盖清代乾嘉考证学者的治经，虽不分古文经学与今文经学，而侧重在古文经学，又多注重治《礼》；康氏则认为古文经多经过刘歆的窜改或伪造，而奉今文经传的《公羊春秋》作为其托古改制的依据。故梁、夏等即以考证学为歆学，而溯其始于荀子，乃一并反对之。不过，在康氏看来，大同之学始终只是一种理想，故他在《改制考》中仍不妨对荀子有赞美，梁、夏当时盖已参用大同说来考察历史，故变本加厉，斥之为"员多"了。其说传至谭嗣同，则又有发展。然综观谭氏之论，他在不同的论著、文章中所说也有区别。

谭氏对荀学抨击得最厉害的是其《仁学》一书。其中有云：

> 孔学衍为两大支：一为曾子传子思而至孟子，孟故畅宣民主之理，以竟孔之志；一由子夏传田子方而至庄，庄故痛诋君主，自尧、舜以上，莫或免焉。不幸此两支绝不传，荀乃乘间冒孔之名，以败孔之道。曰"法后王，尊君统"，以倾孔学也。曰"有治人，无治法"，阴防后人之变其法也。又喜言礼、乐、刑、政之属，惟恐箝制束缚之具之不繁也。……故常以为二千年来之政，秦政也，皆大盗也；二千年来之学，荀学也，皆乡愿也。惟大盗利用乡愿，惟乡愿工媚大盗。二者交相资，而罔不托之于孔。被〔执〕托者之大盗乡愿，而责所托之孔，又乌能知孔哉？（《仁学·二十九》）

又云：

> 方孔之立教也，黜古学，改今制，废君统，倡民主，变不平等为平等，亦汲汲焉动（按：当是"勤"之讹）矣。岂谓为荀学者，乃尽亡其精意，而泥其粗迹，反授君主以莫大之权，使得挟持一孔教以制天下；彼为荀学者，必据伦常二字，诬为孔教之精诣，不悟其据乱世之法也。且即以据乱之世而论，言伦常而不临之以天，已为偏而不全，其积重之弊，将不可计矣；况又妄益之以三纲，明创不平等之法，轩轾凿枘，以

苦父天母地之人。……由是二千年来君臣一伦，尤为黑暗否塞，无复人理，沿及今兹，方愈剧矣。(《仁学·三十》)

按：谭氏《仁学》作于他在北京与梁启超相会之后的 1896 年至 1897 年元月。梁在《谭嗣同传》中言谭"自甲午战事后，益发愤提倡新学……时南海先生（按：指康有为）方倡强学会于北京及上海，天下之士走集应和之。君乃自湖南溯江，下上海，游京师，将以谒先生，而先生适归广东，不获见。余方在京师强学会任记纂之役，始与君相见，语以南海讲学之宗旨，经世之条理，则感动大喜跃，自称私淑弟子，自是学识更日益进"，这是纪实。上引《仁学》之文把孔子、孟子打扮成民主思想的提倡者和继承者，又以汉何休《春秋公羊传》注中的张三世（指乱世、升平世、太平世）之说解释孔子的言论有三个不同的层次，都本于康有为（尽管康氏将其言笔之于书或在其后），可证其以二千年之学为荀学之说亦本于康氏。但康氏除在《大同书》中正面描绘了他的类似空想社会主义的理想外，只鼓吹以民权限制君权（即主张君主立宪制），未尝像谭氏这样猛烈地抨击君主制。梁氏、夏氏在戊戌变法前，既比荀学为"质多"，思想可能比康激进一点，但从梁氏当时公开发表的言论来看，也未达到谭氏这个地步。故从近代思想发展史的角度考察，谭氏的这类批判，显然是高出于其同辈之上的革命性的言论。

但正如当时梁启超、夏曾佑等人一样，谭氏对荀子的批判是片面的，可说是攻其一点（尽管是荀子思想中颇为重要的一点），不计其余。而且，即使是就一点而言，也缺乏历史的分析。对此，谭氏自己当时即有觉察。现将他在其他书札、论著的言论摘抄如下，并略考其年代：

　　荀卿生孟子后，倡法后王而尊君统，务反孟子民主之说，嗣同尝斥为乡愿矣。然荀卿究天人之际，多发前人所未发，上可补孟子之阙，下则衍为王仲任之一派，此其可非乎？（见《谭嗣同全集·致唐才常二》）

按：据《谭嗣同全集》编者注，此书"发于 1896 年（光绪二十二年），时在金陵"。此年谭氏正在写《仁学》，故有"尝斥为乡愿"语，然平心而论，已有别说矣。

　　更若先圣之遗言遗法，尤莫备于周、秦古子，后世百家九流，虽复充斥肆宇，卒未有能过之者也。《庄子》长于诚意正心，确为孔氏之嫡派……余如《韩非》《吕览》长于致知……如《内经》《素问》《问髀》《墨子》长于格物……如《荀子》长于修齐。（全集《与唐绂丞书》）

按：唐绂丞即唐才常。此书后面说及沈兆祉，有"迩忽得书，言于《时务报》见嗣同著有《仁学》，为梁卓如（即梁启超）所称"等语，《时务报》于 1897 年 8 月创刊于上海，次年 8 月易名为《昌言报》，则此书当亦作于其时，称荀子"长于修齐"，于韩非子等人亦有所取，当否可不论，然可见亦非一笔抹倒。

　　荀子曰："人之所以异于禽兽者，以其能群也。"是则但为人之智力所能为，而禽兽所不能为者，无不可以学而学，会而会，且通为一学一会也。……大哉学会乎？所谓无变法之名而有变法之实者此也。（全集《壮飞楼治事十篇》第九《群学》）

按：此文原刊 1898 年 4 月 18 日《湘报》第三十七号，大旨在讲组织民众团体的意义，而推本于荀子之言，尤见其读《荀子》有得。

上引三条，第一条、第三条最可注意。盖荀子之学，天人相分说与群分说最具创见，然隐晦亦久。天人相分说虽有继承发挥，然或本其意而晦所从出（如柳宗元等），或采其精义而以气一元说或天人合一加以牵合、文饰（如刘基、戴震等），以致与谭氏同时的学者严复，在论及天人关系时亦但知有柳、刘（禹锡），而忘记有荀子（严说见所编《天演论》按语）。荀子以能群与否作为人与禽兽的重要区别之一，其义尤久晦，今所知惟班固在《汉书·刑法志》曾略本其说，严复曾加激赏，而亦不详所出（请参阅本书第十章）。谭氏于群分之说的"分"虽不遗余力地抨击，却能发现其"能群"之说的意义，这更是一种卓识。

谭氏之评荀子，前后三年间，其言若相凿枘，并不奇怪。盖中国古代文化遗产本极丰富，可谓五花八门，无奇不有，大抵各有所得，亦各有所失，当时代变化，西方资产阶级新学如潮水般涌来时，旧学何者当承，何者当去，尤不易拣择。谭氏"蒿目时艰，亟欲……别开一种冲决网罗之学"（全集《与唐才常二》），在假借古人衣冠以鼓吹其改革主张时自不免有东拼西凑或任意剪裁之失。但他毕竟博学，于古文化尤其有较深的涵养，稍加反思，便会觉得所言或有未周。对古人如此，对近人亦如此。他在殉难前的三年间，于康有为是甚为推崇的，然其对康氏之说经"亦有不敢苟同者"。在前引《与唐才常二》中即说：

> 孔子作《春秋》，其微言大义，《公羊》固得其真传，顾托词隐晦，虽何休之解诂，亦难尽晓。至于左氏之书，则不尽合经，疑后人有所附益，然其叙事详，且皆可稽。苟说经而弃是书，则何由知其本事，而孔子之施其褒贬，亦何由察其深意？此章实斋所谓道不可以空诠也。……然今之鸿生硕

> 彦，争趋乎此而腾空言者，其意不在稽古，盖取传中之片言
> 只字而引申为说，欲假之以行其道也。……抑闻天地之道，一
> 阴一阳，物之变者宜也，而物极必反，则变而不失则也。今
> 之治经学者，独重《公羊》，固时会使然，而以意逆志，意之
> 肆而或凿空，奚翅达乎极也，意者将稍稍反于本义与？

这既是谭氏对康有为等的批评，在一定程度上也可看作是他的自
我反省或自我批评。他一边在《仁学》中指荀子为"乡愿"，一
边又在与朋友的书中对荀子有肯定，稍后还揭示其"人能群"的
主张，就是自我反省的记录。不过，我们也不能因此就认为谭氏
在《仁学》中对荀子的批判只是"以意逆志"，是"凿空"；他
的说法尽管有片面性，仍是严肃的、认真的，并代表着反封建专
制的时代潮流。

《仁学》完成于 1897 年 1 月，公开发表于 1899 年 1 月，而
从 1897 年下半年起，章太炎即公开揭橥尊荀的旗帜。以后十余
年间，他陆续写了《后圣》《尊荀》《儒术真论》《视天论》《菌
说》《正学报缘起》《原名》《明见》《辨性》等文，对荀学的各
个方面作了阐扬和评论。这些文章是否含有批评谭氏之意，他未
明说。据《太炎先生自订年谱》，他于 1897 年春"会平阳宋恕
平子……平子以浏阳谭嗣同所著《仁学》见示，余怪其杂糅，不
甚许也"。可见他读过《仁学》。又 1900 年前他在政治上虽大体
与康、梁同道，而于康氏的尊孔、欲创立孔教及其治学门径（尊
今文经学，抑古文经学）和治学方法（断章取义，随意解经等）已
有不合，他离开《时务报》即以此，则其论含有矫正谭等之意，殊
有可能。观其 1898 年所作《正学报缘起》在批判守旧的"迂儒"与
仅识西学皮毛的"偬子"之后说："有巧文辩慧者出，铺观中西，能

言其利弊，而歆羡西方之乐，顾重出诸口，乃取太古久远之事，以矫拂近世，从而建平等之议，倡无分民之法，持之有故，足以傅经义，使人人得以陵轹其上，孤弃其宗族，而曰是西政之可怀也。若是，则偃子不足以为大诟，而议竟行矣。悲夫！惩创于迂儒之激，使学术不由其正，始以快一二人，终以荡析其一洲之黔首，吾如彼何哉！"而在其所附《例言》中即提出"九流腾跃，以兰陵（按：荀子）为宗，历史汗牛，以后王为法"，似均隐指康氏大同说与谭氏"冲决网罗"之论。然章氏之尊荀，绝非只是与康、梁及谭等立异，而是有其深刻的学术渊源和思想基础。

太炎为晚清朴学（考证学）大师俞樾的学生，其学承清乾、嘉诸大师之遗风，重实事求是，然不专治经，于子、史尤所关心，自称："年十七，浏览周、秦、汉氏之书"，"一以荀子、太史公、刘子政为权度。"（转引自汤志钧《章太炎生平活动年表》，见《章太炎政论选集》附录）这话不仅可见他于荀子早有会心，而且在一定程度上也提示了章氏学术发展的基本趋势。按：章氏《订孔》（据《訄书》重印本）说："孔氏，古之良史也，辅以丘明而次《春秋》，料比百家，若旋机玉斗矣。谈、迁嗣之。后有《七略》，孔子死，名实足以伉者，汉之刘歆。"此处子政（刘歆父刘向字）或当是子骏（刘歆字）之讹，也可能因刘歆《七略》乃继其父子政《别录》而作，故以向包歆，犹谈（司马谈，司马迁父）、迁连言，而实以迁为主。章氏一生颇注意通古今之变，又注意辨章流别，反对任意调和比附，即是对司马迁《史记》和刘歆《七略》（今残，然班固《汉书·艺文志》本于《七略》）的继承和发展。他治先秦诸子，除荀子外，于老、庄、商鞅、韩非均情有独钟，于《墨经》及惠施名学亦有所取，后好佛学，又心契法相宗之唯识论，亦与初好荀学有关。盖一方面由好荀子的名理之学，因旁推交通而及道、佛，一方面由荀子兼采法家说，遂进而心契法家之说。故章氏与谭嗣同等不同。谭氏是因在政治上反法家的专制思想，遂推原于韩非、李斯的老师荀卿，因而反对荀学；章氏则在政治上主张儒法结合，以任法为主，遂于儒家中首推荀子。故他在提出尊荀的同时，还写了《儒法》《商鞅》《秦献记》等一系列尚法的文章。下面试就章氏推崇荀子的一些主要方面及其前后的变化作概略的论述。又因本书所论，大体上以清末为下限，故只以此前章氏认识的变化为主，此后则只附及之。

大致地说，章氏在 1911 年以前都是很推崇荀子的，然其间亦微有变化，这与章氏政治态度、政治观点的变化有关，亦与章氏对诸子研究的深入和对佛学认识的变化有关。他在这时所阅读的西方哲学、社会科学乃至自然科学书籍也起了一定的影响。

前已提到，1897 年间，章氏即对康氏及其门徒们的尊孔有异议。但及至 1900 年秋以前，他与变法派仍保持联系，基本视为同道。故他在这以前写的《后圣》《尊荀》《儒术真论》《视天论》《菌说》，尊荀而不批孔，仍称孔子为"素王"（《客帝论》，1899年 5 月 20 日），说他"凌驾千圣，迈尧、舜，轹公旦"（《儒术真论》，1899），说他的"圣德，自可度越前哲"（《今古文辨义》，1899），其尊荀，只是认为荀子能得孔学之真传。故《后圣》说："仲尼而后，孰为后圣？……惟荀卿足以称是。"《尊荀》则谓："夏德不亡，商德不作；商德不亡，周德不作；周德不亡，《春秋》不作。《春秋》之作，以黑绿不足以代苍黄，故反夏政于鲁，为新王制，非为汉制也。荀子所谓后王者，则素王是；所谓法后王者，则法《春秋》是。"这都是在尊孔的前提下尊荀。不过他又说："同乎荀卿者与孔子同，异乎荀卿者与孔子异。"（《后圣》）"九流腾跃，以兰陵为宗。"（《正学报缘起》附《例言》）则隐然有用荀学修正孔学之意。至其具体论述，尤多如此。如《后圣》篇对荀学的概括是："是故《礼论》以键六经，《正名》以键《春秋》之隐义，其他《王制》之法，《富》《强》之论，《议兵》之略，得其枝叶，犹足以比成、康。"似均推其本于孔子，然其着重点是《正名》和《礼论》。而其称《礼论》，则曰："《礼论》未作，人以为祝史之事；作矣，人以为辟公之事。孟氏未习，不能窥其意。"言外之意，孔子对礼意也未说明白，把礼从祭祀的礼仪变为经世治国之法，实始于荀子。其称《正名》，则除赞扬荀子得制名之"枢要"（按：指荀子所言"形体色理以目异"至"说故喜怒哀乐爱恶欲以心异"等说人对事物的认识过程之语）外，还强调荀子所言"有王者起，必将有循于旧名，有作于新名"之说，谓："斯其制作也，则迥乎三统，竟乎文祖地祇之毙。"也把孔子撇开了。《儒术真论》和《视天论》《菌说》三篇则不惟以荀正孔，还吸取西方自然科学和哲学、社会科学的成果以丰富和发挥荀子的学说。

这三篇论文，是互相联系、互相补充的整体，其所论主要是天人关系，至其展开，则涉及了荀学中的一些重要观点。

一是对自然界的看法。

章氏在论述这个问题时亦假借孔子，《儒术真论》说："按仲尼所以凌驾千圣，迈尧、舜，轹公旦者，独以天为不明及无鬼神之事。"但其所引，乃《墨子》中所载儒者公孟子之言，而孔子直接说到天地鬼神之语反略而不举，接着说："《荀子》曰：'道者，非天之道，非地之道，人之所以道也。'（《儒效篇》）此儒者穷高极远测深厚之义。"则为定论。在《菌说》中，他同样也是虽引公孟子之言，随后即引荀子《天论》中所云："夫日月之有蚀，风雨之不时，怪星之党见，是无世而不常有之。上明而政平，则是虽并世而无伤也；上暗而政险，则是虽无一至者无益也。"而终之曰："是则五行感应之说，儒者已显斥之。"这都说明他实际是以荀子之说为孔子的思想。不过，章氏也不只是重复荀子之说，他根据其所知的西方关于天体的科学结论，作《视天论》，又参照西方生物进化学说，论证万物乃自生，非上帝所造，使荀子的天人相分说和无神论思想得到新的发挥和补充论证。

二是对人性的看法。

章氏对荀子性恶说的看法，前后稍有不同，1899年所作《菌说》与1910年刊行的《国故论衡·辨性》可为代表。《菌说》云："彼无善无恶者，盖佛之所谓性海，而非言人之性也。……孟、荀所言，专为人言也。虽然，以符验言，则性恶为长，然非谓其同于鸟兽也。……孟举其善而忘其恶，荀则以善恶皆具，不能纯善，故以恶名之。"这段话有两个要点：一是反对以佛教之"性海"言人性，一是说人性兼有善恶的成分，而稍偏袒荀子。《辨性》则首标佛教"万物皆无自性"之旨，并引入佛教相宗（唯识宗）的八识以论性。相宗以眼、耳、口、鼻、身、意、末那（一译意根）、阿赖耶（一译藏识）这八识描述人的认识（包括善、恶）的产生和形成过程。章氏本其教义，认为八识"其宗曰如来藏"（即佛性），它是"无所对"的，一切唯识所变。阿赖耶识"藏万有"，既是变现万物的种子（"初种"），又是接纳（通过意根）前六识所产生的认识的。而"意根常执阿赖耶以为我，二者若束芦，相依以立，我爱、我慢由之起"。意思是说：人的"初种"本无我见，亦无所谓我爱、我慢，由于有前六识的作用，意根中才有人我之见，才有我爱我慢，所以他说，孟、荀"二家皆以意根言性"，而告子是以人之"初种"论性（无善无恶），扬雄是以受熏染后的种子论性。但他认为，我爱、我慢都可以向善向恶发展，因说孟、荀各有所是，又各有所偏。不过，他又说："我见者，知人人皆有我，知之故推我爱以爱他人，虽非始志哉，亦不待师法教化。……极我慢者，耻我不自胜，于我而分主客，以主我角客我，自以胜人，亦不自胜也，胜之则胜人之心解，孙卿谓之礼义辞让，是无恶也。夫推之极之皆后起，弗可谓性，然而因性以为是，不离其朴。"就是说，即使从意根论性，也不能说性善、性恶之说是完全正确的。但比较起来，推爱及人，虽有可能，而非"本志"；由慢人思欲胜人而不能自胜，进而归于礼义辞让，乃是"不离其朴"。意向仍偏袒于荀子的性恶说，与《菌说》所言不相远。按：荀子《性恶》说："凡人之欲为善者，为性恶也……苟无之中，必求于外。"殊为粗略，章氏的解释则较为顺理成章，可谓对性恶说的一种补充和发挥。

不过，章氏对这个问题的贡献主要不在于此，而在于他在《菌说》中吸取了西方社会学关于人类进化的观点和遗传学上后天拾得性也可以遗传的观点，从而得出下列的结论：

> 泰古豨韦之民，犷悍贪暴，以水火毒药相亏害，夫人而有此性也。自先觉者教化之，至于文明之世，则相亏而相害者，固不能绝，而具此性者稍少。故学可以近变一人之行，而又可以远变千世之质。《荀子》首篇《劝学》，即曰："青，取之于蓝而青于蓝；冰，水为之而寒于水。"夫固谓一人锲而不舍，则行美于本性矣；千世锲而不舍，则性亦美于桃埠矣。

本书曾指出，荀子性恶说的缺陷是缺乏历史的论述，焦循曾有所补充，但不如章氏这段话说得透辟。"远变千世之质"一语尤精。

三是对荀子群分说的阐扬。

本书曾指出，荀子的群分说在后世最少反响；与章氏同时的严复大讲群学，亦遗荀子；谭嗣同注意及之，而无发挥。能充分注意荀子的这个观点的是章氏。不过，章氏重提这个观点的出发点与荀子有所不同，侧重点亦有异。荀子是从人与自然界的斗争和人与人之间的利害冲突的角度提出这个问题的，于群与分这两个方面尤重在分，对群的意义较少发挥。章氏则接受了西方物类生存竞争的学说，从保种（黄种）保族（以汉族为主的中华民族）的角度阐扬这个观点，故侧重在合群。其言曰：

> 抑人之易地也，神识未殊，而何以能变？（按：主要指人种的进化与退化）得无与以思自造之说（按：指由生存竞争的需要而使生理机能和智力得到发展）缪耶？曰：思力所至，形体自更，此谓无阻力耳。苟有阻力，则不足以宣通矣。要使力能抵之，则固足以自立。其道奈何？曰：荀子曰："人力不若牛，走不若马，而牛马为用，何也？曰：人能群，彼不能群也。人何以能群？曰：分。分何以能行？曰：义。故义以分则和，和则一，一则多力，多力则强，强则胜物，故宫室可得而居也。故序四时，裁万物，兼利天下，无他故焉，得分之义也。"（《王制篇》）是故合群明分，则足以御他族之侮；涣志离德，则帅天下而路。（《菌说》）

他在这里没有对如何"分"作说明，其后文有补充，也只说"是故徒善而无法者，煦煦孑孑，必不足与校，唯知合群明分，则足以御之尔"。按：荀子以礼义制分，礼实兼法，故章氏直以法代之，然亦别有寓意。盖章氏虽反对绝对平等之说，主张"以不平平，其平也不平"（见《章太炎政论选集·平等论》，又《訄书》有《平等难》一文，就前文略有修改），但盛称法家之齐一于法，并主张把德教与法律分开，相辅而不相混，反对董仲舒之流以儒乱法。（参阅《儒法》《商鞅》《原法》等文）故他在此不以礼包法，而以法代礼，把法治置于首要地位。这可说是他对荀学的一种修正和发展。

四是对"命"的申论。

荀子从其无神论和天人相分的观点出发，断然否定命定之说。但他论及个人命运，主要从向善或趋恶的角度立说，强调个人可以主宰自己的命运，而对个人的贫富升沉，未详加申述，只用"节遇谓之命"（《正名》）一语概括之。章氏则颇注意这一方面，然殊少发明，甚至为个人遭遇命定说留下口实（如说"支干甲子所应非诬"，只是所应在小节，"无关大体"而已）。但其总体结论云：

> 要之，一人际遇，非能自主，合群图事，则成败视其所措，故一人有命，而国家无命。荀子曰："人之命在天，国之命在礼。君人者隆礼尊贤而王，重法爱民而霸，好利多诈而危，权谋倾覆幽险而尽亡矣。"（《天论篇》）此以见一人之命有定限，而一国之命无定限也。又曰："从天而颂之，孰与制天命而用之。"是则以天为不足称颂，而国命可自己制，其何有天哉！曰天者，自然而已；曰命者，遭遇而已。从俗之言，则曰天命，夫岂以苍苍者布命于下哉？嗟乎！愚者之颂天，宋偃之射天，上官安之骂天，其敬慢不同，而其以天为有知，或则哀吁，或则怨望，其愚一也。（《菌说》）

其表述虽不如荀子之完整，然自柳宗元之后，能为此论者殊少，"制天命而用之"一语，即柳氏亦忽之，可谓千古绝响。合以前所论观之，我们可以毫不夸张地说：章氏可谓是清以前持天人相分说的杰出的殿军。

1900年后到辛亥革命（1911）前，章氏渐与变法派决裂，转向革命。这一期间，他对荀子的评价微有变化，主要表现在两个方面：一是他由照顾尊孔转而公开批孔。其批孔的一个方面，是认为"儒家之病，在以富贵利禄为心"，而推其本于孔子之教弟子"惟欲成就吏材，可使从政"。因亦兼讥孟、荀，说荀以为"大儒之用，无过三公，其志亦云卑矣"（《诸子学略说》，1906）。这当是他有感于戊戌变法后某些人贪图利禄，不再坚持改革而发，不是就学说的是非高下立论。章氏不满于孔子的，主要是他不过是对"六艺"（即六经）作了"删定"的工夫，而他自己的言论，则是"《论语》者晻昧，《三朝记》与诸告饬、通论，多自触击也。下比孟轲，博习故事则贤，而知德少歉矣"（《訄书·订孔》，1902）。就是说，他的言论不成体系，自相矛盾，同孟子相比，只是对历史的了解较多，对道德的理解已不如了。因此，章氏说："荀卿以积伪俟化治身，以隆礼合群治天下。不过三代，以绝殊瑰；不贰后王，以綦文理，百物以礼穿窬，故科条皆务进取而无自戾（原注略）。其正名也，世方诸认识论之名学，而以为在琐格拉底（按：今译苏格拉底）、亚历斯大德（按：今译亚里士多德）间（桑木严翼说）。由斯道也，虽百里而民献比肩可也。其视孔氏，长幼断可识矣。"（同上）就是说，荀子的理论远比孔子高明，其称颂可谓无以复加。他的这个评价，如其注中所云，盖从日本学者之论得到启发，但亦是章氏一向尊荀的思想的必然发展。二是章氏本亦好庄子，1903年因"《苏报》案"系狱时又精研佛家唯识之学，因得汇通庄、释。庄子与唯识之学同荀子从理论体系看截然不同，一重玄理，一重实际，然都重视名理、名相的研究，而研究名理、名相，不管其推论至如何玄远的境界（如佛之空幻、庄之齐物我），总不能完全否定在日常生活中人对现实事物的认识过程和所作出的常识范围内的判断与概括，故彼此亦有相通之处。章氏正是这样来看待这三家之学的。不过，在名理、名相的究竟上，他此时更倾向于庄子和唯识说，故他在此时所作《原名》《明见》乃至《辨性》诸文（均见1910年所刊《国故论衡》）时，大都以庄周或唯识家言作为终极的依据，而只把荀子之说作为一种常识的或较粗见解看待；其论治，则兼采法、儒之长而以道家庄子之说为极致："庄周明老聃意，而和之以齐物，推万类之异情，以为无正味正色，以其相伐，使并行而不害。其道在分异政俗，无令干位。故曰得其环中以应无穷者，各适其欲以流解说，各修其行以为工宰，各致其心以效微妙而已矣。"（《国故论衡·原道下》）就是说，要做到章氏一贯主张的"以不平平，其平也不平"（《平等论》，见《章太炎政论文选》上），即法令只在保证各种势力、各种人不致相"伐"，其余则任其自由发展。这就是所谓"分异政俗"。尽管他未明说，这实际上包含着对荀子那种一切以礼义为准的观点的批评。

辛亥革命后，章太炎对荀子的评价又有变化。1914年，他编定《章氏丛书》，把《訄书》改为《检论》，对其中的《订孔》作了较大的增改，分为两篇，其上篇言孔子整齐六艺之功，许为良史，与1902年原文大意少出入。下篇则是对原文扬荀抑孔的检讨，说他在因反袁被囚禁期间重读《周易》《论语》诸书"有所瘳"，认识到"圣人之道，罩笼群有，不啻以辩智为贤"，"上观《周易》，物类相召，执数相生，足以彰往察来"，"诚非孟、荀辈所逮闻也"。《论语》"时地异制，人物异训，不以一型锢铸，所谓大道固似不肖也"。并谓浮屠、老聃、仲尼、庄周等"东极之圣",能"退藏于密,外虞机以制辞言,从其品物,因变流形",即能因时因事的变化随机处理,不拘守一方,而"持其枢者忠恕也"。他认为"心能推度曰恕,周以察物曰忠",说墨子"辩以经说,主以天志,行以兼爱尚同",虽"尽恕"而"远忠","荀卿虽解蔽,观其约束,举无以异墨氏",只是主文主质有不同。并在注中特举"《墨子·尚同篇》极论一人一义,十人十义,百人百义之非,欲令万民上同于天子,天子所是必是之,天子所非必非之,荀卿论治,正与相符",于荀、墨的强调君主威权,提出非议。按:章氏主张"周以察物",达到"道通为一"(亦本篇语),含有因顺现实,不求根本变革之意,与谭嗣同之力求冲决旧世界的网罗异,但在反对君主专制这一点上却走到一起来了。

不过,从章氏后期的治学方法来看,他遵守的仍是荀子名学中据实定名和广泛运用类聚类推的原则,既未能超越朴素的进化观点以跻于历史的辩证法,也未陷入庄子"是非莫得其偶"的相对主义。他的政治观也始终沿着荀子法后王的思路,力求从中国古代政教法令、典章制度中总结出可行于今世的方案,既反对社会主义,又拒绝西方资产阶级的民主制度。他自己也说:"庄生之玄,荀卿之名,刘歆之史,仲长统之政,诸葛亮之治,陆逊之谏,管宁之节,张机、范汪之医,终身以为师资。"(《菿汉微言》)所谓"仲长统之政,诸葛亮之治",其实也是儒法兼用之治,是荀学一流。故即使联系其后期来看,他也是衍荀学之绪的一位殿军。至于"五四"以来,也有一些人(包括梁启超后期)对荀子作了积极的评价,但大都纯从学术着眼,与政治少关联,且在本书论述范围之外,就概从略了。

从章氏对荀学的表彰和谭、梁等对荀子的批评，我觉得可以得出这样的教训：对古代那些成体系的思想学说，我们都不可抱鲁莽的态度，断然加以摈斥，但又不能全盘加以肯定，更不能企图从古代的思想学说中找到今世的现成药方，专尊一家而排斥其余，尤为偏颇。任何一位古人，哪怕是文化史上的巨人，其对世界的认识都是有局限的。我们要继承发扬的只能是他的真知灼见，是他的智慧的光辉，而要摈斥那些属于历史的陈迹的东西。对世界文化遗产应当这样，对中国传统文化也应这样。"文革"时期的批儒评法，当然是可悲的滑稽剧，但法家的法治思想难道不要批判地吸取么？在儒家中，当然不能忘记孟子，也不能忘记理学家；但忘记荀学一流，只看到从孟子到理学家的一流，就算得上是儒学的全体么？在天人观上更是如此，只看到古人的天人合一说含有合理的因素，而忘记更接近科学，更接近辩证唯物论的天人统一观的天人相分说，恐尤未必允当。受到某种科学洗礼的谭嗣同、章太炎，对荀子的某些观点采取截然相反的态度，对其天人观的看法却相近，值得深思。盖我国古代的天人合一说，是一个几乎无所不包的庞大的理论体系。其中确有一部分是讲人类的生产、生活应适应自然规律而不能任意破坏或违反的，在中国的传统农学、医学中尤为突出，这无疑是我们应当充分重视和研究的。但是，如前所述，持天人相分说的荀子也很重视自然规律对人类生产、生活的制约，并积极采取相应的对策。而且，我认为，即使从人类的生产、生活与自然界的关系言，我们也不能忘记天人相分说，因为自然界的规律与人类生存的发展要求毕竟是存在矛盾而不合一的。现在全世界都在谈论环境的破坏，就是这种矛盾的集中体现。如果我们不能像老、庄所鼓吹的那样，归真返朴，回到蒙昧状态，就必须首先承认这两者的区别和矛盾，对自然界的特殊规律加以研究，然后才能把这两者适当地协调起来。这且不论，更为重要的是：中国古代的天人合一说的主要部分（或说其核心部分）并不在此，而是分别把所谓"天命""天志""天道""天理"乃至"元气"等作为决定和解释人类社会一切现象的根本，把它当作人类社会的规律或准则，它们的精粗高下有别，其历史意义更不同，但都是同人类社会发展的实际历史不符的，实际上是历史上某种阶级或利益集团的代表把他们所认定的"人道"移到天上去，然后又把它搬到人间来。由于自然界的规律与人类社会的规律在某些方面确有相同或相似之处（例如事物都有盈亏消长、矛盾变化等），天人合一论者在这一上一下之中也抉发了某些客观真理，他们的某些脱离这个轨道的论述更不乏精彩之处。但其天人观却在不同程度上被束缚在形而上学的"合一"的框架中，有些还被神学迷信所笼罩。我们当然不能忽略其中任何一点理性的光辉，但对其整体理论体系是不能不有所警惕的。

质之当世关注中国传统文化的学者，未审以为何如？

《荀学源流》成书有感并序

　　五十余年前，予在前国立师范学院国文系肄业时，在骆绍宾师指导下，以《荀子通论》为题作毕业论文，于荀子之学，颇有所得，尤心契其天人相分说，叹为其时振聋发聩之伟论，而惜后世罕传。《通论》约三万言，以国师国文系成规：学生课业不得用语体，乃仿魏晋轨式，作骈散兼行之体。其后尝欲用语体改作，以忙于他事，又以五十年代至六十年代初，荀学颇为治哲学史者所表彰，觉无庸多议，遂置之。未久遭遇"文革"，藏书旧稿多被抄没，《通论》亦杳若黄鹤，不知所往。惟绍宾师所遗手批《荀子集解》幸存，偶得披阅，未免惆怅，然欲作之事甚多，遂又置之。

　　近数年来，天人合一之说声价日高，几于雅俗共赏。雅士或倡导回归自然，俗人则奔骛相卜。至于借之以张扬环境保护之说，其义尤严正。而天人相分之说，遂罕有人过问矣。窃谓天人虽相联系，其运行、发展规律亦有类似处，然不等同于合一。天人合一论者或以天知人，或以人测天，虽精粗高下不同，然非谬托鬼神，即多涉玄想。玄想之中，间存精义，究非科学，神学迷雾，尤当扫去。即以人与自然之关系而论，自古及今，亦未尝合一。古之洪水滔天与今之环境破坏，虽有在天与在人之别，皆不一之证。今固当使之协调，而不能自毁家园。然不知天人相分，致力于自然规律之研究，焉能规利避害，求得适宜之方？有感于此，爰理旧业，而加以扩展，从源探流，以明荀学兴起之由及其在后世之演变。以其天人观为主，兼及其他。于天人合一说之演变，亦略加评述，以资对照。年老精衰，论难精到，然研习之余，亦时有一得，源流之论，或可补前人之所未及。惟主意所存，未免与时贤异趣，颇觉惶恐。然非好异，盖不得已。历时二年，属草方毕。掷笔长叹，百感交集。因成绝句三章，聊以咏志。

飙风骤雨百余年，左右东西屡踬颠。

难识庐山真面目，休将一概论前贤。

汉唐气概古无伦，臧否何曾到孟荀？

欲起九原程正叔，萧斋重与辨天人。

衡山传学恍如前，世路迂回五十年。

手泽犹存尘劫后，白头强起续论天。

马积高

于岳麓山大风雨楼

1998 年 5 月 20 日

出品：崇文书局人文学术编辑部·我思

联系：027-87679738，mwh902@163.com

我
思
敢于运用你的理智

崇文学术译丛·西方哲学 [待出]

1.〔英〕W. T. 斯退士 著，鲍训吾 译：黑格尔哲学

2.〔法〕笛卡尔 著，关文运 译：哲学原理 方法论

3.〔美〕迈克尔·哥文 著，周建漳 译：于思之际，何者入思

4.〔美〕迈克尔·哥文 著，周建漳 译：真理与存在

崇文学术译丛·语言与文字

1.〔法〕梅耶 著，岑麒祥 译：历史语言学中的比较方法

2.〔美〕萨克斯 著，康慨 译：伟大的字母 [待出]

3.〔法〕托里 著，曹莉 译：字母的科学与艺术 [待出]

崇文学术译丛·武内义雄文集（4种）

1. 老子原始　2. 论语之研究　3. 中国思想史　4. 中国学研究法

中国古代哲学典籍

1.〔明〕王肯堂 证义，倪梁康、许伟 校证：成唯识论证义

2.〔唐〕杨倞 注，〔日〕久保爱 增注，张觉 校证：荀子增注 [待出]

萤火丛书

1. 邓晓芒　批判与启蒙